경제읽어주는남자의

디지털
경제지도

DT

디지털 트랜스포메이션의 현장을 가다

경제읽어주는남자의
디지털 ◉
경제지도

• 김광석 지음 •

nomad
지식노마드

파도는 막는 것이 아니라
타는 것입니다

음악을 듣고 있지만 테이프나 CD가 없습니다. 사진을 보고 있지만 사진첩이 없지요. 많은 정보를 탐색하고 있지만 신문이 아닙니다. 물건을 살 때 물건을 만져볼 일도, 지폐를 주고받는 일도 없어지고 있습니다. 직원과 목소리 한번 나눠보지 않고 5분 안에 5천만 원의 대출을 받게 되었습니다. 집에 누워서 혹은 이동하는 지하철에서 유튜브에 접속해 '경제읽어주는남자'를 시청하며 매주 중요한 경제 현안을 이해하고 있습니다.

아날로그에서 디지털로 대체되면서, 실체가 사라지는 거대한 변화의 물결이 일고 있습니다. 모든 것이 디지털로 전환되는 '디지털 트랜스포메이션'이 진행 중인 것입니다. 국내 기업들은 '디지털 트랜스포메이션'을 캐치프레이즈로 내걸고, 전략적 방향성과 구체적 대응 방안을 엄중하게 고민하고 있습니다. 정부는 규제완화, 플랫폼 육성, 신산업 진출, 스타트업 활성화 등 디지털 경제로의 전환을 전격 지원하고 있습니다. 특히 스마트 공장 3만 대 보급은 디지털로 전환되는 경제 상황에서 중소 제조업체를 살리기 위한 정부의 구체적인 실행방안이 되고 있습니다.

필자인 저는 국책 및 민간 경제연구원을 거치면서, 다양한 산업에 걸쳐 디지털로 전환하는 국내외 기업들의 최신 동향과 사례를 축적해 왔습니다. 산업통상자원부, 행정안전부, 과학기술정보통신부, 중소벤처기업부, 특허청 등 다양한 정부 부처의 디지털 기술 정책과 관련해 자문위원 및 기획·심사위원으로 활동하면서 한국의 디지털 트랜스포메이션 전략을 위한 지략을 제시해 오고 있습니다. 국내외 다양한 포럼이나 특강을 통해 만난 기업의 리더들 및 실무자들과 디지털로 전환되는 극단의 모습을 공유하면서 인사이트를 전달해오고 있습니다.

엄청난 구조적 변화 속에서 '나'만 혹시 소외되고 있다고 느끼십니까? 혹시 '나'만 모르는 거대한 변화가 일고 있다고 생각하십니까?《경제읽어주는남자의 디지털 경제지도》는 세상이 어떻게 변화하고 있는지를 펼쳐놓듯 그려놓았습니다. 다양한 산업에 걸쳐 디지털화가 어떻게 진행되고 있고, 어떤 기업들이 변화를 이끌고 있는지 수많은 사례를 통해 제시합니다.

이 책은 크게 4부로 구성되어 있습니다. 1부에서는 주로 일상에서 체감할 수 있는 디지털 경제로의 전환을 설명하는 데 집중했습니다. 2부에서는 디지털 트랜스포메이션이 전개되는 양상을 5가지로 설명했습니다. '비대면화(Untact)', '탈경계화(Borderless)', '초맞춤화(Hyper-Customization)', '서비스화(Servitization)', '실시간화(Real Time)'로 설명되는 디지털 트랜스포메이션을 실제 기업들의 사례를 통해 현장감 있게 전달하고 있습니다. 3부에서는 디지털 트랜스포메이션이라는 거대 물결의 기반이 되는 11가지 기술과 산업들을 분석했습니다. 마지막 4부에서는 거대한 변화의 중심에서 우리는 무엇을 준비하고, 어떻게 대응해야 할지를 제시해 놓았습니다.

거대한 파도는 개인이 거스를 수 없습니다. 파도는 막는 것이 아니라 타는 것입니다. 거대한 파도가 어디서 어떻게 밀려오고, 강도는 어느 정도인지, 어떤 특징을 갖고 있는지 정확히 이해해야 합니다. 그래야 파도를 탈 수 있습니다. 이 책은 디지털 트랜스포메이션이 비즈니스와 우리의 생활을 어떻게 바꿀지, 어떤 기회와 위협이 있는지 한눈에 이해할 수 있게 해 줄 것입니다. 파도에 휩쓸리지 않게 해줄 것입니다.

3장
디지털 트랜스포메이션과 미래 비즈니스

4장
바다에서 경주하는 '토끼와 거북이' 편

1장
디지털 경제와
변화의 중심

1.
디지털 트랜스포메이션,
가까이에 있다

광장에서 SNS로

디지털과 가장 멀 것 같은 정치라는 영역을 먼저 생각해 봅시다. 과거에는 정치가 어떻게 이뤄졌습니까? 선거 기간 때 풍경을 생각해보세요. 한 명의 유권자라도 더 만나겠다고 길거리, 시장을 가리지 않고 다니면서 한 표를 부탁하는 후보

출처: 유튜브채널 'TV홍카콜라'(오른쪽 위) 네이버TV '유시민의 알릴레오'(오른쪽 아래)

자의 모습이 떠오르시죠? 지금까지 정치는 이른바 광장 정치였어요. 광장 한복판에서 수많은 청중을 앞에 두고 '우렁찬 목소리로 설득력 있는 연설을 할 수 있는 사람이 유능한 정치인이었습니다. 그런데 지금은 어떻습니까? 현대는 랜선 정치입니다. 온라인 채널과 유튜브, 페이스북과 트위터 같은 소셜네트워크서비스(SNS)가 광장을 대신합니다. 이런 현상을 저는 이렇게 해석합니다. '정치가 아날로그에서 디지털로 전환됐다.' 다시 말해 '정치가 디지털 트랜스포메이션 됐다'고 합니다.

신문에서 스마트폰으로

과거 우리가 정보를 얻는 곳은 신문이었습니다. 경제 흐름이나 최신 비즈니스 경향, 업계 현황, 유망 신기술을 가장 먼저 알려주는 곳이 신문이었죠. 또 가장 믿을 수 있고 손닿기 쉽기도 했고요. 지금은 어떻습니까? 너나할 것 없이 포털 사이트의 뉴스 카테고리에 들어가서 눈에 띄는 제목을 클릭하거나 관심 주제를 검색하지요. 집이든 지하철이든 인터넷만 되면 언제든지 세계 곳곳의 소식과 최신 정보를 검색은 물론 모으고 편집할 수 있습니다. 또한 수집된 정보를 언제 어디서든 동시에 수백, 수천 명에게 전달할 수도 있죠.

실생활에 필요한 소소한 정보를 얻는 일에도 디지털의 힘은 역시 작용합니다. 오랫동안 운전을 해 오신 분들은 '도로안내' 책이 낯설지 않으실 겁니다. 내비게이션이 없던 시절 초

VS

출처: 네이버 홈페이지

온라인 환경에 맞는 뉴스 제공을 위해 영국의 〈인디펜던트〉는 2016년 3월 26일자로 종이 신문 발행을 중단했다. 한때 발행부수 40만 부를 기록하다가 온라인 전환 당시 약 4만 부에 불과할 정도로 디지털 위협은 거셌다.

빠른 길을 아는 지식은 더 이상 특별하지 않다. 심지어 교통량을 실시간으로 점검해 막힌 길을 우회하는 길도 안내하는 기기의 존재가 이제는 자연스럽다.

보 운전자는 이런 책 없이는 길을 헤매기 일쑤였죠. 요즘도 지도책 펴는 사람이 있나요? 스마트폰을 통해서 얼마든지 가장 빠른 길을 알 수 있습니다. 이렇게 길 찾는 방법도 달라졌습니다. 이런 현상을 저는 이렇게 해석합니다. '정보의 원천이 아날로그에서 디지털로 전환됐다.' 즉 '정보의 원천이 디지털 트랜스포메이션 됐다'고 합니다.

딸랑이에서 유튜브로

자녀의 성장 과정을 담은 사진은 어디에 보관하시나요? 사진첩이라고 불리는 앨범에 보관하시나요, 아니면 컴퓨터 폴더나 USB에 보관하시나요? 대부분은 컴퓨터 폴더에 수천 장의 사진 파일로 보관 중이실 거고 그중 몇 장만 인화해서 액

앞으로 '빛바랜 사진 속 추억'이라는 말은 점점 더 낯설어질 것이다. 추억은 생생하게 이미지 파일로 저장돼 바래지는 일 없이 영구 보관될 것이기 때문이다.

자화하셨을 겁니다. 소중한 추억이 어떻게 저장되고 있습니까? 아날로그 저장에서 디지털 저장으로 전환됐습니다. 즉 사진 보관법도 디지털 트랜스포메이션 됐습니다.

또 우는 아기는 어떻게 달래시나요? 딸랑이를 흔들고 모빌을 보여주나요, 아니면 유튜브 동영상을 틀어주나요? 필자가 어릴 적만 해도 아기가 칭얼대면 까꿍 놀이를 하거나 업어주는 등 그야말로 노동(?)을 해야 했습니다. 그런데 요즘은 어떻습니까? 너나없이 다들 스마트폰을 열더군요. 자, 이쯤 되면 아기를 달래는 육아의 작은 일에까지 디지털 트랜스포메이션이 일어났다고 말할 수 있겠죠?

2015년 2월에 등장한 유튜브 키즈는 아이들이 좋아하는 애니메이션, 음악, 놀이, 영어학습 등의 동영상 콘텐츠를 필터링해서 제공한다.

디지털 네이티브, 디지털 이미그런트의 탄생

요새 아이들은 디지털 디바이스가 낯설지 않습니다. 아니, 디지털 디바이스에만 익숙합니다. 필자를 포함해 저의 윗세대 분들은 아날로그와 디지털 양쪽 세계를 경험하고 있지만 저들은 아닙니다. 이 아이들이 유치원에서 어떤 교재로 공부하는지 아세요? 교재가 '인쇄된 책'의 형태일 거라고 생각하는 분이 계시나요? 책이 아닙니다. 아이패드 같은 디지털 디바이스로 공부합니다. 미래에 그렇다는 말이 아닙니다. 현재의 모습입니다. 이미 교육산업에도 디지털 트랜스포메이션이 일어났습니다.

지금 초등학교 1~2학년 아이들은 디지털 교과서로 학습을 시작합니다. 이 아이들은 성인이 되어서도 디지털화된 책을 읽고 디지털 방식으로 여가를 즐기고 디지털 네트워크상의 사교 생활을 이어갈 것입니다. 당연합니다. 이 아이들은 아날로그 세상을 경험한 적이 전혀 없기 때문입니다. 처음부터 디지털 세상에 태어나 성장한 이 세대를 가리켜 디지털 네이티브(digital native)라고 합니다. 즉 디지털 세상의 원주민, 토

착민입니다. 이 책을 읽는 대부분의 독자는 디지털 네이티브가 아닐 겁니다. 아마도 '디지털 이미그런트'겠지요. 아날로그 세상에 태어나 구슬치기, 딱지치기 하면서 자랐지만 디지털로 바뀐 세상에 힘써 적응한 사람이라는 뜻입니다. 아날로그 세상에서 디지털 세상으로 이주해온 것으로 볼 수 있습니다.

91퍼센트의 소비 스타일

우리가 만나는 사람의 91퍼센트는 디지털 세상의 시민입니다. 다시 말해 91퍼센트는 디지털 네이티브이거나 디지털 이미그런트라는 얘기입니다(나머지 9퍼센트에 대해서는 뒤에 설명을 하겠습니다). 이런 사실을 기업들은 어떻게 받아들일까요? 우선 그들은 91퍼센트의 디지털 세상의 시민을 소비자로서 새롭게 규정해야 합니다. 어떻게 정의했을까요? 바로 '스마트 컨슈머(smart consumer)'입니다. 스마트 컨슈머란 어떤 소비자일까요? 그들은 똑같은 물건을 다른 가격으로 구매합니다. 소비 행태도 다릅니다. 온라인으로, 즉 디지털로 더 저렴한 가격으로 소비를 합니다. 그런데도 제품의 질은 더 좋아요. 그리고 사은품도 더 얻어내지요.

소비 장소는 에스컬레이터

그야말로 똑똑한 소비자, 스마트 컨슈머의 중요한 특징을 두 가지로 말씀드리겠습니다. 첫 번째는 '소비하는 데 시간을 별도로 들이지 않는다'는 사실입니다. 그러니까, 특정한 날을 정해놓고 장보러 가거나 쇼핑센터를 방문하지 않는다는 겁니다. 스마트 소비자는 언제 소비를 할까요? 일하다가도 소비를 하고요, 길을 걸으면서도 소비를 합니다. 필자의 경우 심지어 운전하다가 신호 대기 중에도 소비를 합니다. 무슨 의미일까요? 한마디로 스마트 소비자는 에스컬레이터에서 소비를 합니다. 백화점에서 소비 안 합니다. 백화점에서 마음에 드는 옷을 입어보고 이동하는 에스컬레이터에서 모바일로 방

금 입어본 것과 똑같은 제품을 더 싼 가격으로 구매한다는 의미입니다. '시간을 따로 떼어놓지 않고 일상생활 중에 짬을 내서 소비한다', 이것이 스마트 컨슈머의 가장 큰 특징입니다. 두 번째 특징은, 이렇게 절약한 시간을 자기 가치를 올리는 데 고스란히 투자한다는 것입니다. 외모 가꾸기에 신경을 쓴다던가, 외국어 공부를 하는 식으로 말이죠. 이렇게 달라진 소비 스타일, 라이프스타일에 대응하지 못하는 기업은 91퍼센트의 시장을 포기하는 것과 같습니다.

쇼루밍 현상은 오프라인 매장에서 상품을 살펴보고 온라인 몰에서 구매하는 소비 행태를 말한다. 쇼루밍은 오프라인 매장은 제품 전시실(showroom)일 뿐이라고 생각하는 스마트 컨슈머의 소비 스타일을 잘 보여준다. 또 가격대비성능(가성비)에 민감한 그들의 소비 심리를 대변하기도 한다.

저무는 기업의 특징

2018년 4월 글로벌 완구 유통업체 토이저러스(Toys R Us)가 창사 70년 만에 폐업 신고를 했습니다. 앞에서 보신 바와 같이 세상과 소비자는 디지털 트랜스포메이션 됐는데, 토이저러스는 디지털 트랜스포메이션을 하지 않은 겁니다.

126년의 역사를 가진 시어스(SEARS), 한국으로 치면 이마트 같은 대형 유통매장입니다. 이 시어스도 2018년 10월 파산보호를 신청했습니다. 세상은 디지털 트랜스포메이션 되고 있는데, '우리는 지금까지 해오던 방식을 그대로 유지해도 돼. 이렇게 해서 성공했고 업계 최강자의 자리에 올랐으니까' 하는 태도를 가졌던 겁니다. 과거의 성공 패턴을, 그 루틴을 금과옥조로 생각하면서 혁신은커녕 유지에 급급했기 때문에 그렇게 된 겁니다.

미국 최대의 서점 체인인 반스앤노블(Barnes and Noble)도 2018년 10월 매각을 결정했습니다. 이 역시 세상은 디지털 트랜스포메이션 되는데 반스앤노블은 디지털 트랜스포메이션 안 한 겁니다. 마지막으로, 너무 잘 알려진 사례를 소개하겠습니다. 바로 필름 만드는 회사 코닥입니다. 1888년에 설립된 코닥은 100년 이상 필름 시장에서 1위 자리를 차지했습니다. 한참 잘나가던 1976년 미국 시장점유율은 필름 분야 90퍼센트, 카메라 분야 85퍼센트에 이르렀습니다. 그야말로 독보적이었지요. 이런 기업, 이런 제품, 이런 산업은 이제 없습니다.

그런데 이 코닥이 필름 시장에서 거인으로 군림했던 1975년 디지털 카메라 기술을 개발한 기업이 나타났습니다. 누구일까요? 바로 코닥입니다. 여기서 당시 코닥의 임원 회의실을 가상 실연해보겠습니다. 코닥 회장과 중역들이 쭉 앉

아 있고 R&D센터의 연구원이 디지털 카메라를 들고 이렇게
말합니다. "회장님, 우리 코닥은 디지털 카메라 시장으로 가
야 합니다." 이 말을 듣고 회장님은 뭐라고 대답했을까요? "정
신이 있는 거야 없는 거야? 우리가 뭐로 먹고살고 있어? 필
름 팔아먹고 사는 회사인데, 디지털 카메라가 보급되면 필름
팔 수 있어 없어? 대체 무슨 생각을 하면서 회사를 다니는 거
야?" 디지털 카메라를 들고온 R&D 직원은 쫓겨났죠.

거스를 수 없는 디지털 트랜스포메이션

'나'는 디지털 트랜스포메이션 안 하더라도 세상은 디지털
트랜스포메이션으로 대이동하고 있습니다. 개인이 거스르려

야 거스를 수 없는 흐름입니다. 코닥이 끝까지 버텼지만 결국 어떻게 됐습니까? 우리나라 기준으로 1990년대 말 2000년대 초 모든 카메라가 디지털 트랜스포메이션 됐죠. 필자인 저도 2000년대 초반에 처음 유럽 배낭여행을 가면서 카메라를 빌렸던 기억이 납니다. 필름을 일곱 개 가져갔으니까, 필름 한 개당 스무 장씩, 그러니까 140장 찍어야지 하는 생각으로 말이죠. 당시 유럽에서 사진 찍는 사람들을 보니 디지털 카메라 사용자와 필름 카메라 사용자 비율이 반반 정도였습니다. 그때도 코닥은 디지털 트랜스포메이션을 선택하지 않았습니다. 그러고는 끝내 몰락해버렸습니다. 앞의 네 기업의 이야기는 한국 기업들에게, 또 개인에게 '변화와 대응'이라는 문제에 큰 시사점을 주고 있습니다.

2.
혁명이라 할 만한 네 번째 변화

1분 경제학

디지털 트랜스포메이션의 실체를 정확히 이해하기 위해서, 요즘 회자되는 개념 하나를 먼저 짚고 넘어가겠습니다. '4차 산업혁명'입니다. 이미 일반화된 이 용어를 통해 시대 변화를 추적해 보고자 합니다. '경제'라는 기본 개념에서 시작해 점진적으로 디지털 경제, 4차 산업혁명과의 관계로 확장해 나가겠습니다.

경제의 큰 사이클을 구성하는 것은 생산, 분배, 소비입니다. 생산은 재화와 서비스를 만드는 것입니다. 생산된 것을 유통과 판매를 통해 소비자에게 전달되는 전 과정을 분배라고 하고, 분배된 재화와 서비스를 돈과 시간, 노력 등을 들여 사용하는 것을 소비라고 합니다. 이때 소비가 생산보다 더 많으면 추가 생산이 발생하겠죠. 이렇게 생산, 분배, 소비의 전 활동을 '경제가 운영된다'고 하기도 하고 단순히 '경제'라고

01
03
02

분배

생산

소비

도 합니다. 기존 경제에서는 일반적으로 생산의 주체로 기업, 분배의 주체로 기업과 정부, 소비의 주체로 가계, 이 셋을 묶어 경제의 3대 주체라고 부릅니다. 생산과 분배와 소비가 원활하게 일어날 수 있도록 도와주는 주체는 정부고요. 정부가 기업 간 담합을 감시하고 유해물질 사용을 제재하는가 하면 도로를 개설하고 정비하는 활동 등을 통해 경제 흐름을 원활하게 하는 거죠. 이것이 경제입니다.

디지털 경제=기술, 정보 중심으로 돌아가는 경제

이제 생산의 구조를 면밀히 살펴봅시다. 생산의 3요소가 무엇입니까? 노동, 토지, 자본입니다. 과거 농업기반 사회에서는 토지가 중요했죠. 지금은 토지 없이도 생산할 수 있습니다. 서비스 산업이 그런 경우죠. 따라서 노동, 토지, 자

본은 기존 경제에서의 생산의 3요소입니다. 디지털 경제에서의 생산의 필수 요소는 이 세 가지 요소에 정보 혹은 지식, 기술이 추가됩니다. 정보와 기술을 함께 일컬어 흔히 IT(Information+Technology)라고 합니다. 또는 정보통신기술, 즉 ICT(Information+Communication+Technology)라고 합니다.

현재 생산에 있어서 시가총액 기준으로 상위 10위 안에 있는 기업을 보십시오. 삼성이나 구글에게 토지가 중요한가요, 노동이 중요한가요? 그들에겐 기술, 정보가 중요합니다. 이제는 생산의 3요소가 아닌 생산의 5요소라고 해야겠지요. 디지털 경제를 어렵게 정의하지 마십시오. 기술, 정보를 중심으로 돌아가는 경제가 디지털 경제인 것입니다. 정리하면, '생산과 분배, 소비가 맞물려 돌아가는 구조를 경제라고 하고, 지금은 아날로그 기반의 경제에서 디지털 기반의 경제로 전환됐다.' 참 쉽죠?

아날로그 경제에게 굿바이!

이제 누구나 디지털 경제 속에 살고 있습니다. 아날로그 경제라는 단어는 오늘날의 디지털 경제와 비교해 과거의 경제를 규정할 때 사용하는 말일 뿐입니다. 디지털 경제라는 말이 등장하기 전까지는 모든 활동이 다 경제였기 때문입니다. 그러나 지금은 디지털 경제로 전환됐기 때문에 기존의 아날로그 경제를 일컫는 '경제'라는 말은 잊어도 좋습니다. 이제 우리는 디지털 경제에 맞는 삶의 방식, 비즈니스 전략, 투자평가, 의사결정이 무엇인지 고민해야 합니다.

다음 페이지의 표 'OECD 회원국의 디지털 의존도 현황'은 디지털 경제의 모습을 단적으로 보여줍니다. 이메일, 상품 정보, 뉴스 읽기, 일자리 찾기, 온라인 구매 등 수많은 영역이 디지털에 의존해 작동하고 있다는 사실을 알 수 있습니다. 참고로 우리나라의 경우 특히 전자 금융 영역에서 가장 높은 의존도를 보이고 있지요.

'4차산업'이란 말은 없다

많은 사람들이 '4차 산업혁명'이란 말을 오해하고 있습니다. 심지어 '4차 산업혁명' 전문가로 자처하는 분들마저도 이용어를 잘못 이해할 정도입니다. 단도직입적으로, '4차산업'이란 말은 없습니다. 머릿속에서 4차산업이란 단어를 지워버리십시오. 굳이 쓴다면 4차 산업혁명이지 4차산업은 없습니다. 1차산업이 뭡니까? 농업, 어업, 수산업입니다. 2차산업은 뭡니까? 제조업입니다. 로봇을 만들어도 2차산업이고 항공기를 만들어도 2차산업, 스마트폰을 만들어도 2차산업입니다. 4차산업이 아닙니다. 3차산업은 모든 서비스업, 예를 들어 교육서비스, 출판서비스, 금융서비스, 보험, 컨설팅, 법률,

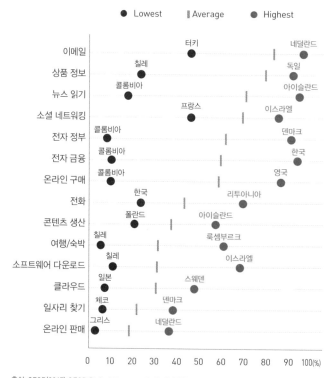

OECD 회원국의 부문별 디지털 의존도 현황

출처: OECD(2017) OECD Digital Economy Outlook 2017

경제읽어주는남자의 디지털 경제지도

이렇게 첨단의 로봇을 만든다고 4차산업이 아니다. 로봇제조는 2차산업이다. 4차산업이란 말은 없다. 4차 산업혁명이 있을 뿐이다.

용역 등 다양한 사업서비스 등을 말합니다. 경제전문가 모임을 가도 1·2·3차 산업의 개념이 무분별하게 사용되고 있으니 일반인들은 오죽할까요.

4차 산업혁명이란
네 번째 생산성 혁명이라는 의미

그렇다면 왜 '4차 산업혁명'입니까? 지금의 혁명이 네 번째이기 때문입니다. 첫 번째 혁명은 '증기'가 도입되면서 일어났습니다. 석탄을 말로 나르다가 증기기관차로 나른다고 생각해보세요. 생산성이 엄청나게 급증하잖아요. 이것이 산업혁명입니다. 산업 생산성이 놀라우리만큼 폭등하는 것, 그래서 산업혁명인 겁니다.

마찬가지로 전기가 도입되면서 두 번째 혁명이 도래했습니다. 또 생산성이 놀라울 정도로 커졌습니다. 세 번째 혁명은 우리가 이미 경험한 인터넷 혁명입니다. 인터넷과 PC가 발명되면서 모든 산업에서 혁명적인 일이 일어났죠. 필자의 대학 은사님이 한참 공부하실 때만 하더라도 일본 동경대학교의 논문을 입수하려면 직접 동경대 도서관에 가서 복사를 해와야 했습니다. 그런데 요즘은 어떤가요? 10분 안에 100개의 논문을 다운받을 수 있습니다. 이런 변화가 혁명적 변화입니다. 인터넷을 도입하기 전과 후가 이렇게 극명합니다. 그래서 산업혁명입니다. 저만 하더라도 몇 십 명 앞에서도 강연을 할 수 있지만 인터넷만 있으면 3만 명, 3천만 명을 상대로도 강연할 수 있습니다.

네 번째 산업혁명은 2000년대 들어 흔히 말하는 인공지능, 빅데이터, 사물인터넷, 클라우드, 로보틱스, 블록체인 등이 등장하면서 생산성이 급증한 것을 말합니다. 다시 말해 4차 산업혁명이란 정보통신기술이 제조업 등 다양한 산업들과

4차 산업혁명의 도래

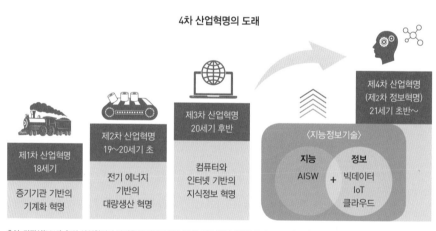

출처: 김광석(2017), "4차 산업혁명이 불러온 '초연결사회'와 산업 패러다임의 변화," 삼정KPMG 채널3월호.

경제읽어주는남자의 디지털 경제지도

4차 산업혁명의 주요 기반 기술

빅데이터(Big Data) 다양한 대용량 정보를 빠르게 처리할 수 있는 분석기반		사물인터넷(IoT) 사물 간 네트워크를 통해 정보를 교류하는 지능형 인프라 기술	
	고객 맞춤형 금융 서비스 제공, 보험 Fraud Detection 등 활용		초간편결제, 자율주행차, 스마트홈 등 활용
클라우드(Cloud) 물리적 자산없이 IT인프라를 활용할 수 있는 기술		로보틱스(Robotics) 단순 반복업무를 순서에 따라 자동 처리하는 디지털 기술	
	ERP 클라우드, 개발환경 통합 등 활용		금융 영업점 업무 Automation, ERP 데이터 입력 등 활용
인공지능(AI) 데이터를 기반으로 의사결정을 학습·수행하는 디지털 기술		블록체인(Blockchain) 참여자들 간 정보공유/인증으로 안정성을 확보한 보안기술	
	Robo Advisory, AI 대출심사 모델, AI 사고처리 모델 등		가상화폐, 중개기관 없는 송금 등 활용

결합하면서 지금까지는 볼 수 없었던 새로운 형태의 제품과 서비스, 비즈니스를 만들어내는 것을 의미합니다. 이렇듯 인류는 이러한 혁명에 의해 생산성을 고도화시켰고, 그때마다 사회와 산업의 구조까지 획기적으로 바뀌었습니다.

일상으로 파고든 디지털 트랜스포메이션

디지털 트랜스포메이션은 3차 산업혁명과 4차 산업혁명 두 개가 합쳐진 결과입니다. 그런데 디지털 트랜스포메이션이 더 본격화된 것이 4차 산업혁명이기 때문에 보통 4차 산업혁명의 결과로 우리는 디지털 트랜스포메이션을 겪고 있다고 말하는 것이죠.

　디지털 트랜스포메이션은 일상생활에서 얼마든지 볼 수 있습니다. 과거에 우리는 시장에서 장을 봤습니다. 지금은 어디에서 보세요? 마트에서 봅니다. 또 옷은 어디서 구입하세요? 온라인 쇼핑몰에서 삽니다. 이것이 디지털 트랜스포메이션입니다. 아날로그적인 요소가 없어지는 것, 이것이 디지털 트랜스포메이션입니다. 다음의 그래프를 보면 우리나라 온라인 쇼핑과 오프라인 쇼핑의 비중이 어떻게 달라지는지 알 수 있습니다. 우리나라의 도소매 판매에서 온라인 쇼핑 거래액이 2019년 들어 25퍼센트, 4분의 1까지 이를 것으로 예상됩니다. 온라인 쇼핑이 전체 쇼핑에서 상당한 비중을 차지하기

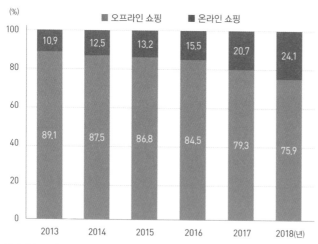

오프라인 쇼핑과 온라인 쇼핑 거래액 비중

주: 1) 전체 도소매판매액 대비 온라인 쇼핑 거래액 비중 기준
　　2) 2017년부터 온라인 쇼핑 동향 조사 표본 개편
출처: 통계청

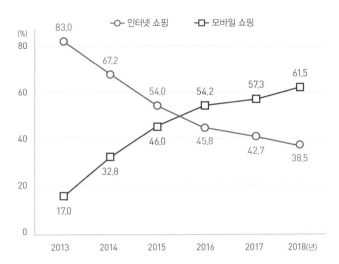

판매 매체별 온라인 쇼핑 거래액 비중

주: 2017년부터 온라인 쇼핑 동향 조사 표본 개편
출처: 통계청

시작했습니다. 이것이 디지털 트랜스포메이션입니다.

또 다른 그래프를 보면 온라인 쇼핑 자체에도 디지털 트랜스포메이션이 일어나고 있다는 사실을 알 수 있습니다. 온라인 쇼핑은 통계청의 통계자료에 근거해 두 가지로 나뉩니다. 모바일 쇼핑과 인터넷 쇼핑. 우리나라는 이미 2015년에서 2016년 사이에 모바일 쇼핑이 인터넷 쇼핑을 앞질렀습니다. 그런 의미에서 이제 PC시대가 아니라 스마트폰 시대, 모바일 시대입니다. 이미 모바일 쇼핑으로 이동했습니다. 모든 산업이 모바일로 구매가 가능하도록 움직여야 합니다. 교육산업도 마찬가지고, 출판산업도 마찬가지입니다. 인터넷에 머물면 절대 안 됩니다.

맨몸으로 결제하는 세상

평소에 현금을 얼마나 소지하십니까? 아예 안 갖고 다니시나요? 있다면 얼마입니까? 1천 원, 2천 원, 1~2만 원? 그렇다면 현금을 소지한 이유는 무엇입니까? 현금의 용도가 거래를 하기 위한 것이 아니라 예비적인 목적이 아닙니까? 디지털 기반의 지급 결제 수단을 이용하지 못할 경우를 위해서 한시적으로 현금을 보유하는 예비적 용도가 지배적일 것입니다. 한국은행이 2016년 지급수단 이용 행태를 조사한 결과에 따르면, 실제로 현금지급 사용 비중이 2014년 17.0퍼센트에서 2016년 13.6퍼센트로 줄었습니다. 이미 현금 사용 비중이 크게 줄었고 현금의 용도 자체가 거래적 용도에서 예비적 용도로 전환됐습니다. 결국 우리는 지급 결제에 있어서 현금을 이용하다가 카드로 대체했고 이제 모바일 결제로 넘어왔습니다. 모바일은 3차 산업혁명의 모습입니다. 여기에서 또 한 번 4차 산업혁명, 디지털 트랜스포메이션으로 진화한 광경이 펼쳐집니다. 아무 도구 없이 결제하는 것입니다. 2장에서 소개하겠지만 생체인증 기술(biometrics)을 통해 본인임을 인증시키면 자동결제 되는 모습이 이미 등장했습니다. 기존 경제가 디지털 경제가 된 겁니다.

덴마크에서는 노숙자마저 모바일로 기부를 받는다. 동전과 지폐 생산도 2017년부터 다른 나라에 맡겼다. 스웨덴은 2030년까지 완전히 현금 없는 사회가 되는 것이 목표다. 2016년 기준 스웨덴의 현금 사용률은 1.4퍼센트에 불과하며, 현재 지하철·버스와 같은 대중교통 이용 시 현금 사용이 불가능하다.

경제읽어주는남자의 디지털 경제지도

3.
디지털 경제야,
플랫폼 아래 헤쳐모여!

플랫폼, 디지털 경제의 토대

4차 산업혁명의 결과로 각 분야에서 디지털 트랜스포메이션이 진행되면서 전체 산업 지형이 근본적으로 바뀌고 있습니다. 디지털 트랜스포메이션의 향방을 좌우하는 힘이 플랫폼입니다. 플랫폼을 중심축으로 디지털 경제가 작동한다고 보면 됩니다.

플랫폼(flatform)하면 떠오르는 게 기차역이잖아요, 맞습니다. 플랫폼은 처음에 사람들이 기차를 쉽게 타고 내릴 수 있

도록 평평하게 만든 장소를 뜻했습니다. 단어 그대로 flat(평평한)+form(모습)의 합성어지요. 이러한 플랫폼은 '무대', '놀이터', '그릇' 등의 비유적 의미로 확대 사용되다가 특정 행동이나 일을 하는 '장(場)'을 가리키는 단어가 되었습니다. 현재 일반적으로 플랫폼은 다양한 상품을 생산하고 소비하는 경제활동에 사용되는 일종의 '토대'로 정의합니다. 토대로서의 플랫폼은 제품·서비스·자산·기술·노하우 등 어떤 형태로든 가능합니다. 그리고 플랫폼이 진화하면서 플랫폼에 대한 기업의 의존도가 증대되는 현상을 플랫포마이제이션(Platformization)이라고 합니다.

콩나물 어디에서 사세요?

플랫폼 개념을 구체적으로 말씀드릴게요. 필자가 어릴 때 어머니는 콩나물 심부름을 자주 시켰습니다. 저는 부랴부랴 시장으로 달려가 노상 시루에 있는 콩나물을 사오곤 했습니다. 성인이 되고부터는 대형마트로 가서 포장된 브랜드 콩나물을 구매했죠. 요즘은 직접 갈 것도 없어요. 인터넷 온라인 쇼핑몰에 접속해 클릭 몇 번만 하면 집까지 배달해주니까요.

통계청이 2019년 3월에 발표한 '2019년 1월 온라인 쇼핑 동향'에 따르면, 온라인 쇼핑 거래액은 10조 7,034억 원으로 전년 동기 무려 17.9퍼센트나 증가했다. 유통산업의 급격한 변화를 보여주는 결과다.

시장조사업체 '이마케터'에 따르면 2018년 미국 내 스타벅스의 모바일 결제 서비스 사용자는 2,340만 명으로 애플페이 사용자 2,200만 명, 구글페이 1,110만, 삼성페이 990만 명을 넘어섰다. 2018년 미국 스타벅스 내 전체 결제의 40퍼센트는 스타벅스 앱을 통해 이뤄졌다.

제가 앞에서 얘기한 시장, 마트, 온라인 쇼핑몰이 다름 아닌 '플랫폼'입니다. 어렵지 않죠? 이 플랫폼의 성격이 어떻게 바뀌고 있나요? 시장이라는 전통적 오프라인에서 인터넷 쇼핑몰이라는 온라인 기반으로 이동하고 있지 않습니까. 이것이 바로 소비의 플랫포마이제이션입니다.

현금이세요, 카드세요?

플랫폼의 두 번째 예는 지불 또는 지급 방식 변화에서 찾을 수 있습니다. 콩나물 가격을 어떻게 치르셨나요? 현금으로 지급했나요, 아니면 카드나 스마트폰 앱을 통해 지불하셨나요? 앞에서 생체인증 결제도 가능한 날이 멀지 않았다고 말씀드렸죠? 현금에서 카드, 생체인증을 통한 방식으로 결제 플랫폼이 진화하는 모습을 볼 수 있습니다. 이것이 바로 지급 결제의 플랫포마이제이션입니다.

금융서비스의 대대적인 플랫포마이제이션

플랫폼의 세 번째 예는 금융서비스입니다. 예금을 인출할 때 어떻게 하시나요? 은행지점을 방문해 은행원에게 요청하

Mobile Banking

나요, 아니면 ATM이나 CD기를 이용하나요? 혹시 인터넷 뱅킹 또는 모바일 뱅킹을 이용하시진 않나요? 은행지점, ATM 이나 CD기, 인터넷 뱅킹 시스템. 모두 플랫폼입니다. 금융서비스 기반도 오프라인에서 온라인으로 이동하는 모습을 확인할 수 있습니다. 금융서비스의 플랫포마이제이션입니다.

대출서비스도 마찬가지입니다. 크라우드 펀딩(Crowd funding)이라고 들어보셨을 겁니다. 간단히 말씀드리면 대중들로부터 입시일반으로 돈을 모집하는 것입니다. 한 명의 대형투자자나 기관투자자가 50억 전부를 투자하는 것이 아니라 5억 투자자 10명 또는 5천만 원 투자자 100명, 500만 원

크라우드 펀딩 개념

온라인을 통해 대중으로부터 자금을 조달하는 것

경제읽어주는남자의 디지털 경제지도

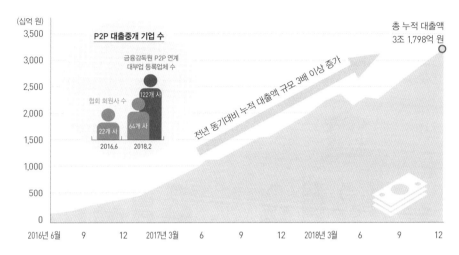

국내 P2P 대출 누적 취급액 추이

(십억 원)

총 누적 대출액
3조 1,798억 원

P2P 대출중개 기업 수

금융감독원 P2P 연계
대부업 등록업체 수

전년 동기대비 누적 대출액 규모 3배 이상 증가

협회 회원사 수

122개 사

22개 사 64개 사
2016.6 2018.2

주: 한국P2P금융협회 회원사 누적 대출액 기준
출처: 한국P2P금융협회

투자자 천 명 등 수많은 사람들이 조금씩 투자해서 50억을 만드는 것입니다. 실제로 크라우드 펀딩 구조에서 500만 원 투자자들이 많지요.

처음에는 크라우드 펀딩 규모가 제한적이었습니다. 2018년 2월 전까지 크라우드 펀딩 특히 P2P 투자 한도 금액이 천만 원이었어요. P2P 투자의 평균수익률이 6~7퍼센트가 되니까, 다들 금액을 올리고 싶어했죠. 그런데 2018년 2월부터는 투자 제한 금액이 천만 원에서 2천만 원으로 상향조정되었습니다. 규제가 완화된 거죠. P2P 대출에 대한 의존도는 더 커지고 있습니다. 위 그래프가 말해주듯이, 2018년 12월 국내 P2P 누적 대출액은 3조 1,798억 원을 기록해, 누적 대

자본 조달 방법의 변화

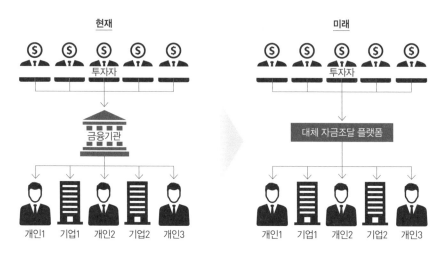

출액 1조 원을 돌파한 지 1년도 되지 않은 시점에서 2조 원을 넘어서며 가파른 성장세를 보이고 있습니다.

많은 사람으로부터 소액의 자금을 모금하는 이러한 P2P 대출은 어떻게 이루어질까요? 오프라인 금융기관을 통해서? 아닙니다. 온라인 플랫폼을 통해서 이뤄집니다! 이것은 금융 산업의 놀라운 혁신입니다. 기존 금융산업의 모습을 살펴봅 시다. 은행이 있습니다. 수많은 사람이 은행에 저축을 합니다. 은행은 모아진 저축액을 돈이 필요한 사람에게 빌려줍니다. 예를 들어 2퍼센트 이자로 예금을 받고 5퍼센트로 빌려주면 3퍼센트포인트의 예대금리차액을 갖고 장사하는 곳이 바로 은행입니다. 기존 금융시스템의 대표적인 특징이 뭐냐면 저 축하는 투자자와 피투자자 간에 만날 일이 없다는 것입니다. 내가 저축한 100만 원을 누구에게 얼마나 빌려줬는지 모르는 구조죠. 그런데 새로운 환경, 크라우드 펀딩 하의 P2P 경우에는 자금조달 플랫폼을 이용해서 투자자가 돈을 빌린 사람을 만날 수 있습니다. 확실히 달라졌죠.

당신 기업은 플랫폼을 가졌는가

이렇듯 플랫폼은 콩나물을 사고파는 살림살이 현장부터 거대한 금융산업의 패러다임까지 디지털 경제의 근간을 이루고 있습니다. 이제 기업의 경쟁력은 보다 '진화된 플랫폼'을 소유하고 있느냐 그렇지 않느냐에 따라 결정됩니다. 과거에는 양질의 제품, 친절한 서비스, 빠른 배송, 독보적인 기술력 등이 중요했습니다. 이제는 이 모든 요소들을 유기적으로 묶어주며 효율적으로 작동하게 하는 토대, 즉 플랫폼의 소유 여부가 결정적입니다.

플랫폼의 중요성을 누구보다 빨리 간파한 기업이 바로 애플과 구글입니다. 애플의 아이폰으로 우리는 무엇을 합니까? 일차적으로는 다른 사람과 소통을 하죠. 소통만 합니까? 뉴스 검색, 길 찾기, 날씨 확인, 스포츠 중계 시청, 책 읽기, 이메일로 업무 처리, 음악 감상, 심장 박동 체크, 주식 거래, 인터넷 쇼핑, 일정 관리… 우리는 스마트폰으로 모든 것을 합니다. 스마트폰이라는 하드웨어 플랫폼이 현대인의 모든 활동이 이루어지는 장(場)이 된 겁니다. 괜히 초일류 기업이 아닙니다. 어떤 기업보다 탁월한 플랫폼을 소유하고 있기 때문에 글로벌 리더가 된 겁니다.

　구글은 어떻습니까? 구글은 소프트웨어 플랫폼의 최강자
입니다. 구글검색은 지식 세계의 공급자와 수요자에게 만남
의 장을 열어주었고, 구글어스는 세계 곳곳의 고해상도 위성
사진을 통해 우리가 사는 공간을 새로운 시각으로 즐길 수
있는 기회를 제공했습니다. 음성 인식 스피커 구글홈, 인공지
능 비서 구글어시스턴트, 지역정보와 지도와 운전경로 등을
알려주는 구글맵스 등 구글은 이제 단순한 검색엔진이 아니
라 생활 전반의 토대가 되었습니다.

　덧붙여 마스터카드의 변신을 살펴봅시다. 현재 마스터카드
는 전 세계 수많은 은행과 상거래 업체들을 연결하고 금융생
태계를 운영하는 플랫폼 기업으로의 변신을 꾀하고 있습니
다. 과거에는 지급결제 플랫폼이 카드사의 비핵심 서비스로
간주되어 왔습니다. 지급결제 프로세스 특히, 카드결제대금
의 승인 및 중개 업무는 결제대행업체(Van 사)와 같은 제3의
외부업체에게 맡겼고 카드사는 발급, 정산 및 결제와 같은 핵
심 서비스에만 집중했었지요. 그러나 오늘날 카드회사의 지

　　　　　　　　　　　　　경제읽어주는남자의 디지털 경제지도

마스터카드의 'Groceries by MasterCard'　　　　마스터카드의 'MasterPass'

▲
삼성전자의 IoT 냉
장고와 마스터카드
의 지급결제 플랫폼
결합

출처: 마스터카드 홈페이지, 각 기관 자료 종합

① 페이스북 메신저　② 메뉴 선택 후 주문　③ 카드번호를 입력해
에서 챗봇과의 대화　　및 배달 결정　　　　야 하는 불편함 없이
를 통해 원하는 메뉴　　　　　　　　　　　등록된 마스터카드로
검색　　　　　　　　　　　　　　　　　간편 결제

출처: 마스터카드 홈페이지, 각 기관 자료 종합

급결제 플랫폼은 전략적 핵심일 뿐만 아니라 차별화 요소로 부각되며, 비접촉식 결제 및 모바일 지갑과 같은 기술투자를 통한 혁신으로 고객에게 원활하고 차별화된 지급결제 경험을 제공해야 할 필요성이 높아졌습니다.

　이에 마스터카드는 기존의 시장 지위에 안주하지 않고 오히려 자신의 경쟁우위를 스스로 파괴하여 디지털화 및 비금융회사의 진입 등에 의해 촉발된 지급결제 시장의 변화 속에서도 주도권을 확보해 나가고 있습니다. 강점을 가지고 있는 플라스틱 카드 시장에 집중하기보다는 새롭게 등장하는 채널을 위한 지급결제 플랫폼 등을 선제적으로 출시함으로써 시장의 변화를 주도하겠다는 것입니다. 마스터카드는 삼성전자와의 협력을 통해 삼성전자의 IoT 기반 냉장고에서 온라인 쇼핑이 가능하도록 하는 지급결제 플랫폼 'Groceries by MasterCard'를 개발했습니다. 뿐만 아니라 IT기업 페이스북

과의 협업을 통해 페이스북 메신저와 챗봇을 결합한 주문 결
제서비스 'MasterPass'를 구축, 미국 내 서브웨이(Subway),
치즈케익 팩토리(The Cheesecake Factory), 프레시 다이렉트
(Fresh Direct), 터키의 모바일 유통기업 게티르(Getir) 등에서
활용할 수 있게 하였습니다.

4.
긱 이코노미,
디지털 경제에서 일하는 방식

긱 이코노미 부상

'긱(Gig)'은 사전적으로 소규모 회장에서의 연주회를 뜻합니다. '긱'이란 단어는 1920년대 미국의 재즈 공연장 부근에서 단기계약으로 연주자를 필요에 따라 섭외해 공연한 데서 유래했지요. 이후, '긱'이란 단어에는 '임시로 하는 일'이라는

	내용
1	모바일 앱이나 인터넷 접속이 가능한 IT기기를 활용한 P2P 거래
2	플랫폼의 신뢰도 제고를 위해 공급자와 수요자를 상호 평가할 수 있는 시스템 보유
3	서비스 공급자가 자신이 일하고 싶은 시간 및 기간을 선택할 수 있는 시간적 유연성
4	서비스 공급자가 소유한 도구와 자산을 이용해 서비스를 제공

출처: 미국 상무부

의미가 담겼습니다.

긱 이코노미(Gig Economy)는 기업이 필요에 따라 단기 계약직이나 임시직으로 인력을 충원하고 대가를 지불하는 형태의 경제를 의미합니다. 과거에는 각종 프리랜서와 1인 자영업자 등을 포괄하는 의미로 사용됐지만, 최근에는 온라인 플랫폼 업체와 단기 계약 형태로 서비스를 제공하는 공급자를 의미하는 단어가 됐습니다. 미국 상무부(Department of Commerce)는 긱 이코노미를 위의 표와 같이 정의합니다.

플랫폼 노동의 등장

지금까지는 회사가 직접 직원을 채용해서 정식 계약을 맺고 보유한 노동력으로 제품이나 서비스를 제공해 왔다면, '긱 이코노미'에서는 기업이 수요에 따라 초단기 계약형태로 공급자를 활용해 시장에 대응합니다. 이러한 과정에서 플랫폼 일자리와 플랫폼 노동이 등장하기 시작했습니다. 디지털 플랫폼으로 서비스를 공급하는 사람은 누군가에게 고용되어 있

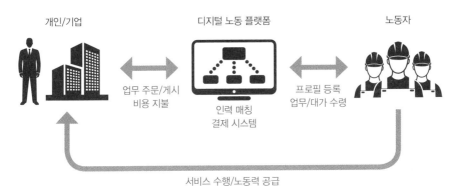

디지털 노동 플랫폼과 플랫폼 노동 개요

개인/기업 　　　　디지털 노동 플랫폼 　　　　노동자

업무 주문/게시
비용 지불

인력 매칭
결제 시스템

프로필 등록
업무/대가 수령

서비스 수행/노동력 공급

출처: 한국은행(2019)

지 않고 필요할 때 원하는 시간에 원하는 만큼만 일시적으로 고용해 소비자가 원하는 노동을 공급함으로써 수익을 창출합니다. 대표적인 예가 바로 차량공유업체 '우버'입니다. 전 세계 300만 명에 달하는 기사를 직접 고용하는 것이 아니라, '드라이브 파트너'로 계약해 독립 계약자(independent contractor) 형태로 서비스를 제공하고 있지요.

다양한 산업에 걸쳐 빅데이터, 인공지능, 사물인터넷 등의 기술이 도입되면서, 디지털 트랜스포메이션이 확산되고 있습니다. 이용자는 디지털 플랫폼을 통해 각종 제품이나 서비스를 요구하고, 해당 수요를 적극 채워주는 주문형 서비스, 즉 온디맨드 경제(OnDemand Economy)로 변모하고 있는 것입니다. 주로 온라인으로 수요가 발생하면, 오프라인으로 서비스를 공급하는 O2O(Online to Offline)의 형태로 서비스를 원하는 소비자와 서비스 제공자를 연결해주고 있습니다. 현

재 교통(우버, 카카오택시 등)과 음식배달 뿐만 아니라, 세탁, 청소, 숙박, 세차, 보험, 대출, 장보기, 타이어 교환에 이르기까지 우리 삶 전체에 걸쳐 온디맨드 경제가 부상하고 있지요. 온디맨드 경제의 등장과 함께 온디맨드 서비스 제공에 요구되는 노동 수요가 함께 증가하면서 플랫폼 노동이 새로운 노동 트렌드로 자리 잡고 있습니다.

디지털 노동 플랫폼(Digital Labor Platform)은 모바일 어플리케이션 또는 웹사이트를 통해 특정 서비스의 수요와 공급이 연계된 시스템을 말합니다. 디지털 노동 플랫폼은 크게 웹 기반(web-based)과 지역 기반(local-based) 플랫폼으로 나뉩니다(ILO, 2018). 먼저 웹 기반 플랫폼은 노동시장이 특정 지역에 국한되지 않고 글로벌하게 형성된다는 특징이 있습니

공정거래위원회 조사 결과에 따르면, 국내 배달앱 이용자 수는 2013년 87만 명에서 2019년 2,500만 명으로 5년 만에 2,773퍼센트 급증했다. 2018년 배달 앱 시장규모는 약 3조 원으로 추산되며, 전체 음식배달 시장규모 15조 원에서 20퍼센트를 차지한다.

다. 데이터 입력, 인터넷 고객센터 등의 단순 업무에서 IT개발, 디자인, 첨삭 등 전문성이 요구되는 업무까지 범위가 다양하지요. 반면 지역 기반 플랫폼은 해당 서비스가 제공되는 지역(오프라인)을 중심으로 수행됩니다. 운송, 배달, 청소, 심부름 등의 물리적 서비스를 수행함에 따라 수요자와의 직접적인 상호작용이 이루어지죠.

국내외 플랫폼 노동 동향

디지털 노동 플랫폼 산업은 2010년대 초반에 시작되었고 지속적으로 성장하고 있습니다. 2017년 글로벌 디지털 노동 플랫폼 산업 규모(총매출액 기준)가 약 820억 달러로 전년 대비 65퍼센트 성장한 모습만 봐도 알 수 있지요. 업종별로는

글로벌 10대 디지털 노동 플랫폼 기업

기업명	2017년 총매출 (백만 달러)	본사 위치	유형	설립년도	주요 사업
우버(Uber)	37,313	미국	지역 기반	2009	택시
디디 추잉(Didi Chuxing)	17,900	중국	지역 기반	2012	택시
리프트(Lyft)	5,263	미국	지역 기반	2012	택시
그랩택시(GrabTaxi)	2,320	싱가포르	지역 기반	2012	택시
업워크(Upwork)	1,360	미국	웹 기반	1999	프리랜서
고젝(GoJek)	995	인도네시아	지역 기반	2010	택시(오토바이)
올라(Ola)	921	인도	지역 기반	2010	택시
어러머(Ele.me)	801	중국	지역 기반	2008	음식배달
게트(Gett)	600	이스라엘	지역 기반	2010	택시
MBO 파트너스(MBO Partners)	525	미국	웹 기반	1986	전문가

출처: Staffing Industry Analysts(2018)

국내외 주요 플랫폼 노동 사례 현황

노동 방식	서비스 유형	외국 사례	국내 사례
용역 서비스 플랫폼	전문가	Upwork, Freelancer.com	로켓 로이어, 위시캣, 크몽
	심부름, 돌봄대행	TaskRabbit, Care.com	띵동, 다방, 직방, 데일리더홈
	운전	Uber, Lyft	카카오 대리
	음식배달	Deliveroo	요기요, 배달통, 푸드플라이
	세탁	FlyCleaners	백의민족
	애완견 돌보기	DogVacay	펫닥, 페팸
물건 팔기 플랫폼	–	eBay	11번가, 쿠팡, 옥션
자산 임대 플랫폼	–	Airbnb, SnappCar, Lending Club	이지램스

주요 3개 운송플랫폼(우버, 디디 추잉, 리프트)이 글로벌 플랫폼 전체 매출액의 73퍼센트를 차지하고 있습니다. 특히 우버의 경우 순매출액이 지난 5년 동안 약 100배 증가하는 등 높은 성장세를 기록하였으며, 중국 운송 플랫폼 업체인 디디 추잉의 경우 2017년 15대 인터넷 기업(시가총액 기준)에 포함되는 성과를 올렸습니다. 글로벌 10대 디지털 노동 플랫폼 기업 중 웹 기반 기업은 두 개(업워크와 MBO 파트너스)에 불과하며, 기업별 매출액도 지역 기반형 기업에 비해 아직 소규모입니다.

긱 경제가 앞으로도 빠른 성장이 예상되는 만큼 주요국들은 전통산업의 대체보다는 새로운 디지털 경제를 창조하는 방식의 발전모형 구축을 위해 다양한 정책적 노력을 추진 중입니다. EU와 독일, 영국, 미국 등 각국에서는 긱 경제를 신성장동력으로 발전시키기 위해 다양한 방안 마련에 나서고 있습니다. 디지털 플랫폼 산업을 지원하는 한편, 기존 산업과의 공정한 경쟁을 유도하고 긱 종사자들을 보호하기 위한 방안을 찾는 데 분주합니다.

한국에서도 에어비앤비, 배달의민족과 같은 디지털 플랫폼 업체들이 급성장하면서, 플랫폼을 통해 일하는 '플랫폼 노동자' 또한 급증하고 있습니다. 한국노동연구원에 따르면, 배달 앱 종사자만 5천~1만 9천 명으로 추산됩니다. 업계에서는 플랫폼 사업의 발전과 최저임금 상승 여파로 플랫폼 노동자 규모가 5만 명 안팎으로 늘어난 것으로 보고 있습니다. 한국고용정보원과 과학기술정책연구원은 최근 발간한 미래 연구 보고서에서 2020년 한국에서 발생 가능성이 가장 높은 이슈로 '플랫폼 노동자 확산'을 꼽고 있습니다.

플랫폼 노동에 관한 전망과 이슈 및 HR 시사점

한국은 세계 최고 수준의 인터넷 네트워크와 모바일 상거래 시장을 바탕으로 긱 경제의 도입과 확산이 상당한 속도로 가속화될 것으로 보입니다. 긱 경제가 기술혁신을 바탕으로 지속적으로 진화하는 특성이 있는 만큼 상황을 면밀히 파악해 적절한 발전방안을 모색해야 합니다.

한편 국내 플랫폼 노동자는 근로기준법에 명시된 노동자 개념에 포함되지 않아, 법적으로 노동자의 권리를 보호받기 어렵습니다. 실제로 일하고 있고 업무를 요청하는 사업체가 명확하더라도 임금 협상도, 복지도, 보험도 요구할 수 없는 파편화된 개인이 돼버린 것이지요. 이에 따라 긱 이코노미가 주로 비정규직·임시직을 늘려 고용의 질을 떨어뜨리고 임금 상승 둔화의 원인이라고 지적하는 견해도 있는 것이 사실입니다. 긱 이코노미에 종사하는 근로자들은 플랫폼 업체들과 개별 계약을 맺기 때문에 노동법에서 보장하는 최저 임금이나 건강보험 혜택 등을 받을 수 없기 때문이지요.

플랫폼 노동자도 특수고용형태 근로종사자와 마찬가지로 노동기본권을 보장받고 있지 못하지만, 사용자와 노동자의 개념을 명확히 규정하기 어려워 대책 마련이 힘든 상황입니다. 예를 들어 '배달 대행 앱'을 통해 음식 배달을 하는 노동자의 사용자가 음식점인지 배달 대행 플랫폼인지를

최저임금 인상과 4대보험 등에 부담을 가진 자영업자들이 라이더(배달원)를 직접 고용하는 대신 배달대행 서비스를 선택함에 따라 배달 앱 라이더의 수는 더 많아질 것으로 보인다.

경제읽어주는남자의 디지털 경제지도

가려내야 하는가 한편, 배달원 자체를 노동자로 볼지 자영업자로 보아야 할지에 대한 논의도 정리가 안 되어 있지요. 기업들은 HR 관점에서 부상하는 플랫폼 노동의 트렌드에 주목하고, 법·제도적 논의과정과 전개 양상을 예의주시 해야 합니다. 특히 플랫폼 노동자를 활용하는 기업은 그러한 변화에 선제적으로 대응함으로써 기업이 처할 문제를 사전에 방지해야 하겠지요. 모든 기업은 기존의 노동력이 다양한 영역에 걸쳐 디지털 노동으로 대체될 가능성을 염두해두고, 인력의 교육·훈련과 배치 등에 공격적으로 임해야겠습니다.

5.
디지털 트랜스포메이션은
이렇게 움직인다

디지털 트랜스포메이션의 5대 물결

 디지털 트랜스포메이션의 모습은 다섯 가지로 전개됩니다. 비대면화, 탈경계화, 초맞춤화, 서비스화, 실시간화 이 다섯 가지는 각각 독립적으로 자생하지 않습니다. 한두 가지가 더 두

디지털 트랜스포메이션의 5대 물결

드러지게 나타나고 중심이 될 수는 있으나 다른 특징을 결코
배제하지는 않습니다.

1. 비대면화(Untact)

요즘 소비하는 과정에서 사람을 만날 일이 얼마나 있나요?
별로 없을 겁니다. 그건 디지털 트랜스포메이션의 결과입니
다. 다시 말해 사람을 통하지 않고도 모든 활동이 가능하도
록 디지털 플랫폼을 구축하려는 경향이 강하다는 것을 말합
니다. 이미 소비 트렌드가 온라인 쇼핑으로 전환되고 있기 때

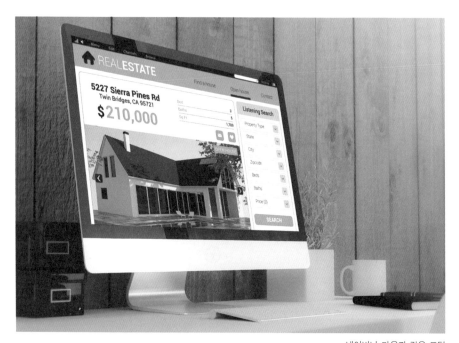

문에, 비대면화의 특성은 길게 설명드릴 필요가 없을 것 같습니다. 절로 고개가 끄덕여지시지요?

물건을 사지만 점원을 만나지 않아도 되고, 택시를 타지만 노선에 대해 기사님과 대화를 나누지 않아요. 돈을 이체하고 대출을 받는 과정에서 은행원을 만날 일이 없네요. 살 집을 알아볼 때도 집주인이나 공인중개사를 꼭 만나지 않아도 됩니다. 꽤 오랜 상담을 받고 생각해 보니, 실제 사람의 목소리를 듣고 대화하지는 않았고요. 나름대로 많은 돈을 투자하는데 자산관리사 없이도 내 투자 성향까지 파악해 누군가 적절히 투자해 줍니다. 기업 조직 안에서도 마찬가지입니다. 결제를 올리고 승인을 받는 데 상사를 만나지 않아도 성

경제읽어주는남자의 디지털 경제지도

주요 유형별 비대면 금융 플랫폼

구분	주요 사례
은행	은행권 오픈 플랫폼(Open API), 인터넷전문은행, 챗봇, 로보어드바이저 등
보험	보험 상품 비교 플랫폼, 보험 상품 추천 플랫폼, 보험 판매 유통 플랫폼, 크라우드 보험 플랫폼 등
증권	비대면 증권계좌 개설 플랫폼, 블록체인 기반 인증 플랫폼 등
카드	비접촉식 결제, 간편결제 앱, 모바일 POS, 클라우드 기반 결제, 가상화폐, 구매단계 통합 등

출처: 삼정KPMG 경제연구원

사됩니다. 이렇게 비대면화를 가능케 해주는 기술을 통틀어, uncontact에서 유래한 언택트 기술(Untact Technology)이라고 합니다.

기업들은 디지털 플랫폼에 의존해 제품과 서비스를 제공하고 있고 소비자 또한 디지털 플랫폼을 선호합니다. 이러한 상황이 사람을 만나지 않아도 경제 활동이 가능한 조건이 되는 것이지요. 비대면화 특성을 가장 잘 보여주는 곳 중 하나가 금융산업입니다. 전통적으로 본인 인증이 무엇보다 중요해 대면 업무 형태로 지속되리라 예상했던 금융업에서 오히려 비대면화가 빠르게 진행되고 있습니다. 은행, 보험, 증권, 카드 등 산업별로 비대면 금융 플랫폼을 구축하기 위한 다양한 움직임이 나타나고 있습니다. 은행들은 인터넷전문은행 출시, 챗봇과 로보어드바이저 도입 등을 통해 비대면 금융 서비스를 확대하려고 합니다. 보험의 경우 비대면 금융 플랫폼 구축을 통해서 공급자 중심의 보험 상품에서 수요자 중심의 보험 상품으로 패러다임을 바꾸고 있습니다. 증권계에서는 비대면 증권계좌 개설과 블록체인 기반 인증 플랫폼 구축이

한창입니다. 카드산업의 경우 다양한 간편결제 플랫폼들이
경쟁적으로 확대·구축되고 있고요.

2. 탈경계화(Borderless)

산업 간 경계가 무너져 기존의 산업 구분이 무의미해지고
업종 사이의 융합이 빈번해지는 경향을 말합니다. 기존 산업
들이 IT산업과 만나는 과정에서 자연스럽게 나타나는 현상
이라고 볼 수 있습니다. 예를 들어 볼까요? 카카오그룹이 IT
업체입니까? 운송업체는 아닌가요? 금융업체이기도 하지 않
습니까? 전통적인 의료산업이 스마트 헬스케어로 전환되는
과정에서 나이키는 스포츠 의류 제조업체일 뿐만 아니라 헬
스케어 빅데이터 제공업체이기도 합니다.

IT기업으로의 변화를 시도하고 있는 골드만삭스

핀테크 기업 투자

Revolution Money	카드 결제 및 P2P 송금 플랫폼 기업에 4,200만 달러 투자
앤투이트(Antuit)	빅데이터 분석 솔루션 개발 기업에 5,600만 달러 투자
데이터마이너(Dataminr)	실시간 SNS 데이터분석 기업에 1억 3천만 달러 공동투자
Context Relevant	최신 머신러닝 기술보유 기업에 1,300만 달러 공동투자

IT 전문인력 확충

■ IT 인력　　■ 비 IT 인력

정규 직원
3만 3천 명

골드만삭스의 IT 인력 비중: 27.3%(약 9천 명)

VS. 페이스북 총 직원 수: 9,199명
링크드인 총 직원 수: 6,897명
트위터 총 직원수: 3,638명

주: 각 사의 인력 현황은 2015년 기준
출처: 골드만삭스, 비즈니스인사이더 등 각 기관 자료 종합

　　향후에는 탈경계화가 더욱 가파르게 진행될 것입니다. 통신사는 자율주행서비스를 제공하는 운송업에 진출할 겁니다. 편의점은 인터넷전문은행과 만나 무인은행으로 진화하면서 금융서비스업에 진출할 것으로 보입니다. 일본에서 성공한 모델인 세븐뱅크(Seven Bank)를 보면, 이미 미래가 아닌 현재이기도 하네요.

　　147년의 역사를 자랑하는 세계적인 투자은행 골드만삭스(Goldman Sachs)도 급변하는 경영환경에 적극적으로 대응하고 있습니다. 최근 골드만삭스는 저성장의 장기화에 대비하기 위해 성과 창출형 비용절감 노력과 함께 향후 발전 가능성이 높은 신성장·신기술 분야에 과감한 투자를 함으로써

지속적인 성장을 도모하고 있습니다. 골드만삭스의 최고 경영자 로이드 블랭크페인(Lloyd Blankfein)은 골드만삭스를 금융기업이 아닌 IT기업으로 소개할 정도로 IT 분야에 집중적으로 투자하고 있지요. 현재 골드만삭스 정규 직원의 약 27퍼센트가 IT 관련 엔지니어와 프로그래머이며, 대표적인 IT기업 중 하나인 페이스북이나 트위터보다 더 많은 IT 전문인력을 보유하고 있습니다. 골드만삭스는 금융기업일까요, IT기업일까요?

3. 초맞춤화(Hyper-Customization)

기존의 개인 맞춤화에 빅데이터를 더한 극대화된 맞춤화를 통해 한 사람의 기호와 성향을 완벽히 만족시키려는 경향을 말합니다. 실제로 단순 빅데이터 분석을 넘어서 테크 기반의 디지털 솔루션을 활용하여 고객의 취향과 감정을 복합적으로 읽어 들인 후 개개인의 스타일에 맞게 상품을 추천해주는 타깃 마케팅을 통해 고객을 사로잡고자 하는 업체가 늘고 있습니다.

초맞춤화 경향을 보여주는 의류산업

백화점 '이세탄(Isetan)'	인공지능 기반의 애플리케이션 '센시(Sensy)'로 패션 아이템 추천
패션유통 '유니클로(Uniqlo)'	인공지능 기술이 접목된 신경과학 디지털 스타일리스트 '유무드(U Mood)' 디스플레이를 통해 소비자 기분에 맞춰 옷을 골라 추천
온라인 '자란도(Zalando)'	인공지능 의류 제작 서비스 '프로젝트 뮤제(Project Muse)'를 통해 3D 제작 의류 제공

출처: 언론 보도자료, 삼정KPMG 경제연구원

빅데이터에 기반한 비자 카드의 소비성향 예측

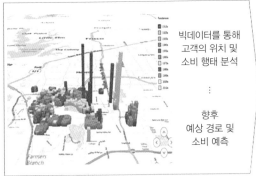

빅데이터를 통해
고객의 위치 및
소비 행태 분석

⋮

향후
예상 경로 및
소비 예측

출처: 비자 카드

이미 유튜브는 우리가 즐겨보는 영상들을 추천해 주고 있지 않습니까? 아날로그 방식의 TV는 '내가 채널을 찾아 돌려야' 하지만, 디지털 방식의 유튜브는 '나의 기호와 성향에 맞춰 채널을 찾아 주는' 것이죠. 이 또한 초맞춤화 경향을 보여주는 디지털 트랜스포메이션 사례입니다.

필자인 제가 직접 인터넷전문은행을 이용해 대출을 받아보았습니다. 5분 정도 걸렸을까요, 순식간에 대출이 이뤄지더군요. 인터넷전문은행은 빅데이터에 기초에 각자의 채무 상환능력 즉 '빚을 갚는 태도와 능력'을 판단해 초맞춤 대출 서비스를 빠르게 제공하고 있었습니다. 한편 미국 신용카드결제 사업자인 비자(Visa)는 소비자의 결제 위치, 시간, 구입 품목 및 성향을 분석해 초맞춤화 서비스를 제공하고 있습니다. 소비자가 위치한 인근 매장의 할인 쿠폰을 발송하는 RTM(Real Time Messaging) 서비스를 제공함으로써 초맞춤화 마케팅을 실현하는 것이지요.

4. 서비스화(Servitization)

단순한 제품 판매가 아닌 제품과 서비스를 완전히 통합하여 더 나은 가치를 창출하려는 경향을 말합니다. 기업들은 단순히 제품을 공급하는 기업에서 서비스 기업으로의 전환을 이미 시작했습니다. 물론 서비스 기업으로의 전환은 디지털 트랜스포메이션이라는 흐름과 관련 없이도 진행되고 있었죠. 정수기와 공기청정기를 공급하는 전자제품 제조사는 유형의 제품 판매가 아닌 랜털 서비스와 주기적 관리서비스를 통한 수익모델을 추구하고 있습니다. 1인 가구 트렌드와 맞물려 성장하는 가정간편식(home meal replacement: HMR) 시장도 물리적 제품과 조리 서비스를 융합함으로써 새로운 가치를 선보인 성공적인 예라고 볼 수 있습니다. 이러한 의미에서 서비스화의 선두주자 중 하나는 IBM이지요.

1914년 토마스 왓슨이 설립한 IBM은 1990년대까지 명실상부한 최고의 컴퓨터 제조기업이었습니다. 한때 컴퓨터 제조의 공룡기업으로서 "컴퓨터=IBM"이라는 공식이 보편화되기까지 했었지요. 이후 비즈니스 환경이 IT와 밀접히 결합하는 방향으로 바뀌면서, 고객은 문제해결을 위한 기계가 아닌, 문제해결을 함께 모색하는 서비스를 필요로 했습니다.

IBM은 주력 사업군을 제조업에서 서비스업으로 바꾸기 시작했습니다. 구조조정의 해결사로 영입한 CEO 팔미사노

(Palmisano)는 "IBM은 더 이상 컴퓨터 회사가 아니다"라고 선언했습니다. IBM은 2002년 7월 PwC 컨설팅 사를 인수한 반면, 12월에는 PC 제조사업을 레노버에 매각했습니다. 소프트웨어 자산관리업체인 아이소곤 등의 회사를 인수해 소프트웨어와 서비스업에 집중하기 시작했습니다. 2007년에는 프린터 부문을 분리 선언하고, SPSS 데이터 솔루션을 인수하는 등 70개 이상의 소프트웨어 및 서비스 기업을 인수합병했습니다.

IBM은 전략수립 컨설팅, 업무 프로세스 개선, IT 솔루션 개발 및 구축 등을 제공하는 토털 서비스 제공 기업이 되었습니다. 현재 IBM 수익의 82퍼센트가 소프트웨어와 서비스 부문에서 나옵니다. 이제 IBM은 170여 개국에서 활동하는 세계 최대의 서비스·컨설팅·소프트웨어 기업, 글로벌 서비스기업이 되었습니다. IBM은 제품과 서비스가 통합된 형태로 고객에게 전달되어야 한다는 "서비타이제이션(servitization)"이라는 이니셔티브를 세계에 던지고 있습니다.

디지털 트랜스포메이션은 이러한 서비스화를 더욱 가속화시킵니다. 스마트홈을 제공하는 건설사는 주택이라는 유형의 제품을 판매하는 것이 아니라, 주거서비스를 판매하는 것입니다. 자동차회사는 공유서비스를 제공하고, 의류회사는 헬스케어 서비스를 제공합니다. 사물인터넷 기반의 냉장고를 공급하는 제조회사는 이제 물건을 스스로 구매하고 결제해주는 유통·금융서비스를 제공하기 시작했습니다.

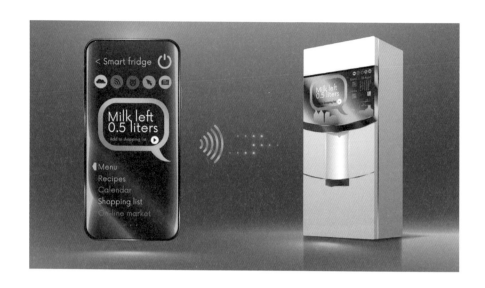

서비스화의 대표적 사례가 자율주행자동차입니다. 자율주행차가 등장하기 전까지 자동차는 이동수단이었습니다. 기능이 아무리 좋다 한들 운전 중에는 다른 일을 할 수 없었습니다. 자동차는 제품의 원 기능인 이동성에 충실했습니다. 그런데 이제 자동차는 더 이상 이동수단이 아닙니다. 두 손과 두 발, 두 눈의 자유를 주기 때문에 달리는 차 안에서도 신문을 읽고 스마트폰으로 검색을 하고 비즈니스 업무를 처리할 수 있습니다. 자동차는 이동수단에서 '모바일 생활공간'으로 바뀌고 있습니다. 자동차도 5G 통신서비스에 가입해야 하는 것이죠. 자동차라는 제품이 서비스화된 것입니다.

5. 실시간화(Real Time)

데이터가 입력과 동시에 어떤 지연도 없이 즉시 처리되는

경제읽어주는남자의 디지털 경제지도

컨설팅기업 맥킨지앤드컴퍼니에 따르면, 전 세계 모빌리티 시장 규모는 2015년 300억 달러(약 33조 5천억 원)에서 2030년 최대 1조 5천억 달러(약 1,600조 원)에 이를 것으로 전망한다.

일련의 작업 방식이 일반화되는 경향을 말합니다. 사물인터넷, 센서, 빅데이터 기술들은 실시간화를 주도합니다. 버섯 농장을 운영하는 농부는 하루에도 여러 번 농장을 들러 확인할 필요가 없지요. 실시간으로 농장의 온도, 습도 등의 운영 조건을 스마트폰을 이용해 확인할 수 있기 때문입니다. 블록체인은 관계되는 수많은 사람과 정보를 실시간·분산적으로 저장해 주기 때문에, A와 B가 체결한 계약 내용을 일일이 C에게 전달해 줄 필요가 없습니다. 또 앞서 등장한 인터넷전문은행은 다양한 빅데이터에 기초해 실시간으로 '나'의 채무상환능력을 판단하기 때문에, 대출을 신청한 금융소비자를 기다리게 할 이유가 없습니다.

실시간화의 가장 대표적 예가 바로 '스마트 공장'입니다. 스마트 공장이란 설계, 개발, 제조 및 유통 등 전체 생산 과정에

정보통신기술을 적용하여 맞춤형 제품을 적시에 생산하는 지능형 공장을 말합니다. 제조업 위기의 돌파구로 주목받고 있는 스마트 공장은 GE, 인텔, 지멘스 등 세계적 기업을 중심으로 급속히 확산되고 있습니다. 2016년 시장 조사업체 마켓앤드마켓(MarketsandMarkets)에 따르면 세계 스마트 공장은 2016~2022년간 연평균 성장률 10.4퍼센트로 성장을 지속하여 2022년 74.8억 달러 규모에 이를 것으로 보입니다. 스마트 공장을 구성하는 주요 요소 중 하나인 스마트 기계는 기업 안팎의 클라우드 네트워크와 실시간으로 데이터와 정보를 주고받으며 최적의 생산효율을 가능하게 하며, 가상현실시스템(CPPS)은 실제 생산 프로세스와 동일한 상태를 사이버상에 구현함으로써 기업의 생산성 증진에 기여합니다.

디지털 트랜스포메이션의 5대 물결은 다음 장에서 다양한 사례들로 자세히 들여다볼 것입니다. 한 번 더 강조하지만 이 흐름은 결코 거스를 수 없습니다.

2장
디지털 트랜스포메이션의 5대 물결

비대면화

카톡 사직서

한 가지 웃픈 사례로 비대면화 중심의 디지털 트랜스포메이션의 모습을 말씀드릴까 합니다. 지금도 회사는 여전히 결재판을 사용하지요? 상사가 결재하기까지 멀뚱히 서서 기다리는 광경이 아직까지는 남아있지요. 저와 제 윗세대에겐 익숙한 풍경입니다. 그러나 밀레니얼 세대에게는 직접 결재를 받는 일이 매우 거북한 업무입니다. 그들은 대면 결제를 꺼립

니다. 제가 CHO(최고인력관리자) 모임에서 들었던 사례입니다. 거기서 모 일간지 기자를 만났는데, 이런 말을 하더군요. "얼마 전에 사직 의사를 밝힌 밀레니얼 세대 기자가 있는데요, 그만두겠다는 말을 카톡으로 보냈더라고요. '저 내일부터 안 나옵니다' 이렇게요." 밀레니얼은 직접 대면하기를 꺼려하는 세대입니다. 과거에는 무조건 대면이었습니다. '저 휴가 좀 다녀오겠습니다', '먼저 퇴근합니다'라는 말을 어떻게 만나지 않고 합니까? 그런데 요즘은 ERP시스템이 중간 다리 역할을 합니다. ERP로 결제 올리고 상신올리고 휴가 올리고 퇴직 과정도 시스템이 진행합니다. 디지털 트랜스포메이션의 한 모습입니다.

최근 은행창구를 방문한 횟수

지난달에 은행을 몇 번 다녀오셨습니까? 2016년 한국을 포함한 17개국 11만 4,616명에게 설문조사한 결과에 따르면, 한 달 평균 은행 방문 횟수가 1회가 안 됩니다. 정확하게 0.8회입니다. 왜일까요? 은행창구를 이용할 일이 거의 없기 때문이겠죠. 과거에는 은행서비스를 이용하기 위해서는 은행

경제읽어주는남자의 디지털 경제지도

직원을 직접 만나야 했습니다. 그러나 이제는 ATM으로 해결하는 경우가 절대 다수입니다.

그렇다면 다른 질문을 하나 더 드려볼게요. ATM을 이용하는 경우가 많습니까, 온라인 모바일 뱅킹 서비스를 이용하는 경우가 많습니까? 온라인 모바일이죠. 이것이 디지털 트랜스포메이션입니다.

지점 수는 주는데 금융 규모는 커지는 현상

실제로 은행지점 수도 줄고 있습니다. 아래의 표는 2018년까지 국내 증권사, 보험사, 은행의 영업점과 전포 수가 줄고 있다는 사실을 보여줍니다. 이런 경향을 전문용어로 금융산업의 '자산 경량화' 트렌드라고 합니다. 금융회사들이 영업

주요 금융사 영업점포 현황

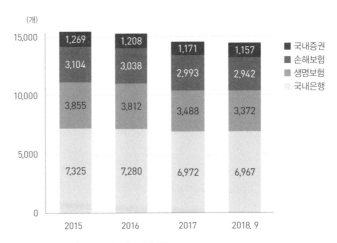

출처: 금융감독원, 금융통계정보시스템, 금융통계월보

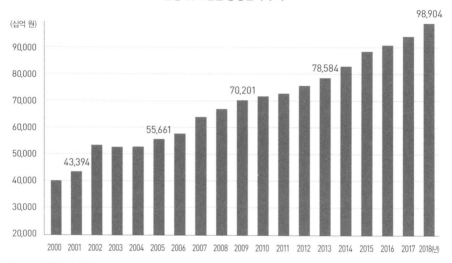

금융 및 보험업 총생산액 추이

(십억 원)

98,904

78,584

70,201

55,661

43,394

2000 2001 2002 2003 2004 2005 2006 2007 2008 2009 2010 2011 2012 2013 2014 2015 2016 2017 2018(년)

주: GDP 원계열 실질 기준임
출처: 한국은행, 국민계정

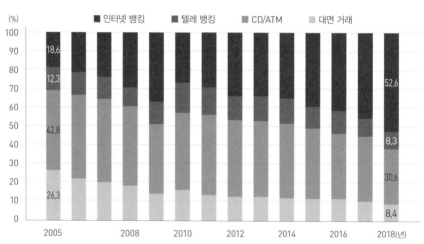

입출금 거래의 채널별 업무처리 비중

(%)

■ 인터넷 뱅킹 ■ 텔레 뱅킹 ■ CD/ATM ■ 대면 거래

18.6

12.3

42.8

26.3

52.6

8.3

30.6

8.4

2005   2008   2010   2012   2014   2016   2018(년)

주: 2018년은 3분기 기준임
출처: 한국은행, 지급결제(전자금융통계)

경제읽어주는남자의 디지털 경제지도

점포와 지점을 줄여나가고 있다는 겁니다.

지점이 이렇게 줄면 금융산업의 규모도 함께 작아지고 있는 걸까요? 아닙니다. 금융산업의 규모는 오히려 커지고 있습니다. 디지털 트랜스포메이션이 일어나고 있기 때문입니다. 대면 거래가 주는 대신 인터넷 뱅킹이나 비대면 거래가 늘고 있다는 것입니다. 2005년만 해도 입출금 거래를 할 때 대면을 통한 처리 비중이 4분의 1이 넘었습니다. 그런데 점점 줄어서 2018년에는 8.4퍼센트밖에 안됩니다. 아마 2019년은 이보다 더 낮아질 겁니다. 제가 앞장에서 디지털 네이티브, 디지털 이미그런트가 아닌 아날로그에 머무는 사람의 비중이 9퍼센트가 된다고 했는데, 그 말의 근거가 바로 여기에 있는 겁니다. 2018년에 이미 50퍼센트 이상이 인터넷 뱅킹에 의존하고 있었습니다. 이것이 은행산업의 디지털 트랜스포메이션입니다.

이미 1990년대 중반에 빌게이츠는 다음과 같이 말했습니다. "Banking is necessary. But Banks are not." 은행서비스는 필요하지만 은행점포나 지점은 필요 없다는 거죠. 비대면화가 이끄는 디지털 트랜스포메이션의 모습입니다.

패스트푸드점에는 주문받는 직원이 없다

최근 버거킹 매장에 가서 햄버거 주문해보셨습니까? 점원을 통해 주문하셨습니까, 무인계산대(kiosk, 키오스크)를 통해 주문하셨습니까? 2018년 한 조사에 따르면 86퍼센트의 응답자가 키오스크를 통한 주문을 선호한다고 답변했습니다. 필자는 이미 2019년 전망을 하면서 2019년은 키오스크의 해가 되리라고 밝힌 바 있습니다. 2019년 말쯤이 되면 웬만한 대형 프랜차이즈 외식업체의 경우 사람을 통해 주문하기가 굉장히 어려워질 것입니다. 사람을 거치지 않는 주문 및 결제시스템 또한 디지털 트랜스포메이션의 모습입니다.

2019년 1월 롯데리아와 맥도날드는 각각 점포의 60퍼센트, 버거킹은 67퍼센트 가량 키오스크를 설치했다. KFC는 2017년 처음 도입해 2018년 야구장 등 특수매장을 제외한 모든 일반 매장에 100퍼센트 설치했다.

경제읽어주는남자의 디지털 경제지도

동네 병원에도 접수 직원이 없다

제가 얼마 전에 병원에 갔습니다. 인사를 건네기는커녕 진료 접수를 받는 직원도 없었습니다. 단지 기계 한 대만 덩그러니 저를 반기더군요. 기계 화면에 단순히 제 핸드폰 번호를 입력하면 접수가 완료됩니다. 사람이 처리 안 합니다. 입력 후 기다리고 있으면 됩니다. 디지털 트랜스포메이션입니다.

최근 서울대공원에 가보셨나요? 그곳에도 디지털 트랜스

포메이션이 일어나고 있었습니다. 서울대공원 입장권 발권업무의 80퍼센트가 무인발권기를 통해 이뤄집니다. 몇 미터씩 줄 서서 기다렸던 옛날을 생각하시면 안 됩니다. 전체 입장객의 단지 5분의 1만 사람을 통해 표를 받습니다. 디지털 트랜스포메이션입니다.

모바일 주문이 가능한 스타벅스

필자가 생각하기에 유통산업의 디지털 트랜스포메이션 선구자는 스타벅스입니다. 우리의 점심시간 풍경을 잠시 떠올려보세요. 점심을 먹은 뒤 우리는 으레 커피숍을 갑니다. 회사생활의 유일한 낙이라고 말씀하시는 분도 있더군요. 커피숍은 우리와 같은 생각으로 들어온 손님들로 붐빕니다. 겨우 주문했다 싶었는데 커피가 나올 때까지 한참을 또 기다려야 합니다.

스타벅스가 '사이렌 오더(Siren Order)' 서비스를 선보인 이후 우리는 다음과 같이 커피를 즐길 수 있습니다. 점심을 먹은 그 식당에서 모바일로 스타벅스에 접속해 커피를 주문합니다. 그리고는 스타벅스에 가서 커피를 수령합니다. 직접 스타벅스에 가서 주문할 필요가 없습니다.

게다가 스타벅스는 '현금 없는(cashless) 스타벅스'를 주창합니다. 현금을 안 받겠다는 것입니다. 사실 기업 입장에서 현금 결제는 카드 결제보다 관리 비용이 더 들어갑니다. 현금 입출금액을 맞춰봐야 하고 직원이 현금을 빼돌리지 않도록 모니터링 시스템도 갖춰야 하는데 그 비용이 상당합니다. 차라리 현금을 받지 않는 편이 비용 면에서 효율적입니다. 사이렌 오더 서비스를 제공하고 현금 없는 매장을 운영하려면 금융서비스와의 접목은 필수입니다. 그야말로 스타벅스의 앞선 디지털 트랜스포메이션이지요.

현재 모든 산업의 기조가 대면할 일을 최소화하자는 겁니다. 이를 잘 드러내는 신조어가 '언택트 기술(Untact Technology)'입니다. 직원을 만나지 않고 상품이나 서비스를 제공하는 IT기술을 일컫는 말이죠. 접촉을 뜻하는 영어 단어 '컨택트(contact)'에 부정의 접두사 언(un)을 붙인 uncontact technology의 줄임말입니다. 비대면 기술을 가리킵니다. 함께 알아두시면 비즈니스 흐름을 읽을 때 유용할 겁니다.

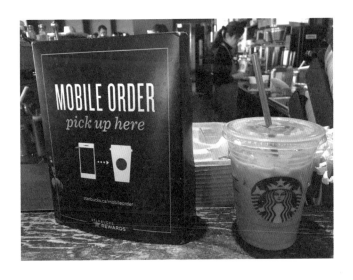

ABC타이어는 어떻게 웃을 수 있었을까

우리나라 기업의 디지털 트랜스포메이션 사례도 한번 살펴볼까요? 가장 먼저 소개할 기업은 제가 직접 이용해본 'ABC타이어'입니다. ABC타이어의 사업모델만 보면 아이디어만 있으면 누구나 창업할 수 있겠다는 생각이 듭니다. 왜냐하면 대부분의 플랫폼 기업은 단적으로 말씀드리면 손에 쥔 핵심역량이 하나도 없기 때문입니다. 상식적으로 생각해봅시다. 이미 형성되어 있는 타이어 시장에 새로 진입하려고 하는데, 타이어 생산능력도 없고 타이어 교체 기술도, 타이어 판매 장소도 없다면 무엇으로 승부를 걸어야 합니까? 그런데 ABC타이어가 딱 그랬습니다. 내세울 핵심역량이 없었습니다. ABC타이어는 어떻게 웃을 수 있었을까요?

ABC타이어의 서비스를 이용할 때 우리가 해야 할 일은 두 가지를 고르는 겁니다. '원하는 타이어'와 '고른 타이어를 창작할 장소.' 이 두 가지만 고르면 절차는 다 끝납니다. 게다가 타이어 가격은 기존 가격의 반 정도입니다. 어떻게 반값이 가능할까요? 재고 비용이 파격적으로 줄기 때문입니다. 재고 관리 비용을 고객에서 가격 메리트로 돌려주는 겁니다. 이것도 디지털 트랜스포메이션입니다. ABC타이어의 서비스를 신청할 때 직원을 만났나요? 가격을 직원에게 지불했나요? 비대면의 디지털 트랜스포메이션입니다. 제품과 고객 사이에 사람이 없는 비즈니스 모델이 계속 등장할 겁니다.

경제읽어주는남자의 디지털 경제지도

정품타이어를 싼 가격에!
집근처 무료장착까지!

주문 후 해피콜 안내
받으시고 무료 장착점에
방문만 하시면 됩니다.

ABC타이어! 이렇게 구매하세요!

1
주문

2
해피콜받고
장착점 예약확인

3
주문한 타이어
장착점 무료배송

4
예약된 장착점 방문
무료장착

출처: ABC타이어 홈페이지

골목 상권도 키오스크

제가 직접 찍은 사진 속 가게는 '한솥도시락'입니다. 얼마
전에 도시락을 주문하러 갔습니다. 그전까지만 해도 사장님
은 안에서 요리를 담당하고 알바생이 주문을 받았었는데, 알
바생 자리를 '무인결제기'가 차지하고 있더군요. 키오스크가
주문을 받고 사장님은 안에서 하던 일을 그대로 하는 시스템
으로 바뀌어 있었습니다. 대기업, 대형 프랜차이즈만 키오스
크를 도입한다고, 저들만 디지털 트랜스포메이션을 꾀한다고

키오스크는 대형 패스트푸
드점을 넘어 PC방과 영화관,
편의점, 커피숍, 주유소 등으
로 확대되고 있다. 높은 임대
료와 인건비 등에 압박을 느
끼는 골목 가게로까지 번질
전망이다.

착각하지 마십시오. 영세, 동네 자영업자도 디지털 트랜스포메이션하고 있습니다.

앞에서 하나 더 보여드린 사진도 제가 한 포럼에 갔다가 직접 찍은 것입니다. 강연자료를 인쇄물로 배포하는 것이 아니라 스마트폰으로 QR코드를 찍어서 다운로드 받게 되어 있더군요. 자료도 디지털 트랜스포메이션되는 거죠. 이렇게 크고작은 모든 영역에서 디지털 트랜스포메이션이 현격하게 진행되고 있습니다.

내 돈을 사람이 관리 안 하면 누가?

'로보어드바이저(robo-advisor)'라고 들어보셨나요? 로봇(robot)과 투자전문가(advisor)의 합성어로, 알고리즘을 활용하여 고객의 정보(재정상황, 투자성향)를 분석하고, 그 결과를 바탕으로 재무 자문을 제공하는 서비스를 말합니다. 자산관리 서비스가 사람과 사람 사이에 이뤄지지 않고 사람과 로봇이 만나 이뤄지는 현실을 그대로 보여주는 말이죠.

기존의 자산관리 서비스는 최소 3억 원 이상의 자산을 가진 사람이 자산관리사를 만나 자산 현황을 상담받고 투자조언을 받는 식이었습니다. 로보어드바이저가 도입되자 한 달에 200~300만 원을 버는 월급쟁이가 10~20만 원을 맡겨도자산관리를 받을 수 있게 되었습니다. 자산관리의 대중화를불러온 거죠.

우리나라에도 로보어드바이저가 등장했지만 '어떤 펀드

자산관리 서비스 모델 진화과정

구분	전통적 투자자문가▶	브로커리지▶	온라인 투자 플랫폼▶	로보어드바이저
서비스	전문상담사와 대면	전문상담사와 대면	컴퓨터	사람의 개입 없이도 가능
자문유형	전반적인 자문	포트폴리오 관리 및 제한적 자문	매매 관리 및 제한적 자문	투자자문 및 자동화된 분산 투자
타겟 고객층	초고액 자산가	고액 자산가 및 대중 부유층	자산 계층별로 상이	대중
수수료	매우 높음	높음	낮음	낮음

출처: A.T.Kearney, 삼정KPMG 경제연구원 재구성

에, 어떤 채권에 투자하세요'라고 권할 수 있는 수준의 로보어드바이저는 아니고요, 성향 정도만 파악하는 낮은 수준의 로보어드바이저입니다. 아직까지는 마케팅 용도로 활용되고 있는 수준이지요.

카카오뱅크의 파란

카카오뱅크나 K뱅크를 통해서 대출을 받아본 적이 있습니까? 저는 마이너스 통장을 만들어봤습니다. 카카오뱅크를 통해서 5천만 원짜리 마이너스 통장을 만드는 데 5분도 안 걸립니다. 카카오뱅크의 직원을 만날 일? 당연히 없습니다. 지점이 없으니까요. 직원을 만나지 않고 5분 내 5천만 원 대출이 이뤄진 겁니다.

카카오뱅크는 어떻게 이렇게 대출업무를 간단히 처리할까요? SNS 빅데이터를 이용하기 때문입니다. SNS 빅데이터를 활용해서 이 사람이 주로 대화를 나누는 사람의 명성, 채무

모바일로 더 손쉬운
계좌개설, 간편한 이체

공인인증서, OTP 없이 계좌 개설이 간편합니다.
여러 건의 이체도 몇 번의 터치로 손쉽게 보낼 수 있습니다

카카오뱅크 입출금통장 ›

비대면 금융서비스는 고객
입장에서 24시간, 원하는 시
간, 원하는 장소에서, 맞춤형
서비스를 누릴 수 있다는 장
점이 있다. 금융기관 입장에
서도 대면 금융서비스를 제
공하기 위한 인력 유지 비용
및 점포 운영 비용 절감 등의
차원에서 이점이 있다.

출처: 카카오뱅크 홈페이지

상환 능력이 어느 정도인지, 서로의 관계가 어느 정도로 깊은
지 등의 비정형 정보를 종합해서 채무상환 가능성을 평가하
는 겁니다. 이 평가를 바탕으로 실시간 대출을 해줍니다. 대
출을 받는 데 사람 만날 일이 없는 거지요. 비대면의 디지털
트랜스포메이션이 일어난 겁니다.

챗봇 '코라' 등장

'사람의 일'이라고 못 박았던 분야에조차 비대면의 디지털
트랜스포메이션의 물결은 흘러들어옵니다. 많은 사람들이 무
인 은행은 불가능하다고 말했습니다. 은행 고유의 '상담' 업
무는 사람 외에는 방법이 없다고 생각했었죠. 은행원이 맡고
있는 상담 영역은 대체 불가능하다고 본 겁니다. 그러나 지금
부터 소개하는 사례에 주목해주세요. 결코 그렇지 않습니다.

영국의 넷웨스트(NatWest) 은행은 이미 인공지능 챗봇 코
라(Cora)를 선보였습니다. 챗봇(Chatbot)은 문자 또는 음성으

로 대화하는 기능을 탑재한 컴퓨터 프로그램 또는 인공지능을 말합니다. 챗봇도 혁신에 혁신을 거듭하면서 아바타형, 인공지능 음성 챗봇까지 등장한 수준에 이르렀습니다. 넷웨스트 은행은 이미 자체적으로 인공지능 챗봇 코라를 개발해서 테스트를 완료한 상태입니다. 다른 말로 하면 로봇 형태의 챗봇, 아바타형 챗봇들이 대체 불가능하다고 보았던 은행원의 상담 업무를 이미 대신하고 있다는 의미입니다. 이렇듯 은행 점포 내 업무도 비대면 중심의 디지털 트랜스포메이션되고 있습니다.

제가 바로 답변 드리겠습니다

우리나라는 어떨까요? 우리나라의 대표적인 챗봇기업이 와이즈넛(Wisenut)입니다. 와이즈넛은 두 명으로 시작했지만 지금은 300명이 넘습니다. 많은 사람들이 4차 산업혁명으로

와이즈넛의 스마트뱅커 아이디어

출처: 와이즈넛 제공

와이즈넛 스마트뱅커의 기술

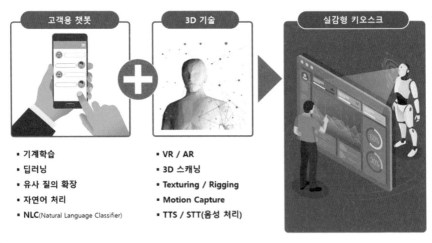

- 기계학습
- 딥러닝
- 유사 질의 확장
- 자연어 처리
- **NLC**(Natural Language Classifier)

- **VR / AR**
- **3D 스캐닝**
- **Texturing / Rigging**
- **Motion Capture**
- **TTS / STT**(음성 처리)

출처: 와이즈넛 제공

경제읽어주는남자의 디지털 경제지도

일자리가 줄 것이라고 말합니다만, 제가 보기에는 그렇지 않습니다. 3차 산업혁명으로 일자리가 줄었습니까? 네이버, 카카오라는 거대 기업, 구글, 마이크로소프트, 애플, 삼성전자 등 대규모 채용인력을 자랑하는 기업들이 등장한 것은 왜 생각하지 않죠? 챗봇의 도입으로 상담인력이 주는 현상은 걱정하면서 왜 와이즈넛과 같은 챗봇기업이 우리나라만 하더라도 일곱 개 여덟 개 점점 더 많아지는 건 생각하지 않습니까?

와이즈넛은 처음에는 모바일로 (카카오톡과 같은) 챗팅봇 서비스를 제공했지만 지금은 세계적인 기업인 IBM, 구글과 경쟁합니다. 지금은 음성챗봇으로까지 진화된 상태이며 다국어 지원까지 가능합니다. 옆의 그림에서 보는 바와 같이 스마트뱅커 서비스를 제공하기에 이르렀습니다. '스마트뱅커'는 '제가 바로 답변 드리겠습니다'라는 콘셉트로 개발된 실감형 키오스크입니다. 실재 대화를 하며 상담을 마무리하는 스마트뱅커 아이디어는 현재 구체화되고 있습니다.

개인 인증도 대면에서 비대면으로

비대면의 디지털 트랜스포메이션과 '개인 인증' 영역은 밀접한 관련이 있습니다. 과거에는 사람을 직접 만났기 때문에 본인 인증 방법이 정교하지 않았습니다. 그러나 비대면화 경향이 뚜렷해지면서 상대방이 바로 그 사람인지를 확인하는 방법이 정교해질 필요가 생겼습니다. 개인 인증 기술을 실제로 적용한 사례가 바로 아이폰 X와 갤럭시 S8, S9 등 스마트

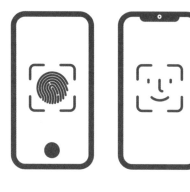

Touch ID   Face ID

애플은 2017년 아이폰 X를 출시하면서 기존의 지문 인식에서 얼굴 인식(Face ID) 방식으로의 전환을 시도했다. 애플은 얼굴 인식 기술을 통한 차량의 도어 락 해제 관련 특허를 출원한 것으로 전해진다.

폰에서 사용자가 본인임을 인증할 수 있도록 한 것입니다. 홍채나 얼굴 인식을 통해 로그인하게 되어 있어 본인은 쉽게 잠금 해제해 사용할 수 있지만 타인은 무단 사용이 불가능하게 해 놓았죠. 스마트폰의 본인 인증 서비스가 바로 생체인증 기술의 대표적인 적용 사례입니다.

2018년 1월에 개장한 대만 최초이자 유일의 무인편의점 세븐일레븐 X-Store의 전경이다. 얼굴인식기술에 기반한 출입 게이트, 무인결제 시스템 등을 도입하였다. 한편 코리아세븐은 2017년 5월 세계 최초 무인 콘셉트의 편의점인 세븐일레븐 시그니처 1호점을 잠실 롯데월드타워 31층에 오픈, 2019년 3월 광교SK충전소점까지 5호점을 개설했다.

경제읽어주는남자의 디지털 경제지도

세븐일레븐의 시그니처 몰 사례는 생체인증 기술이 얼마나 생활 깊숙이 들어와 있는지 잘 보여줍니다. 손바닥에 있는 정맥을 인식하는 기술을 이용해서 현금이나 카드, 이동통신 수단 등의 어떤 지불수단 없이도 얼마든지 구매하고 계산을 치를 수 있는 획기적인 쇼핑 환경을 창출한 것입니다. 직원도 없고 복잡한 계산도 없고 어떤 지불수단도 필요 없는 새로운 콘셉트의 편의점! 비대면의 디지털 트랜스포메이션은 단순히 개인 인증과 지급결제 영역을 넘어서서 생체인증 기술을 통해 스마트폰 없이 핸드페이 결제가 가능한 수준으로까지 진화하고 있습니다.

생체인증 기술의 최전선

회원으로 가입한 온라인 사이트의 아이디와 비밀번호를 잊어버려 난감했던 적이 몇 번은 있을 겁니다. 본인 인증을 받고자 생년월일이나 휴대전화 번호를 확인받았을 테고요. 비대면 인증방법으로 그간 널리 사용되던 공인인증서, 일회용 비밀번호, 보안카드를 생체인증 기술이 대체할 것으로 보입니다. 생체인증 기술은 인간의 고유한 신체적·행동적 특징에 관한 생체정보를 자동화된 장치로 추출하여 개인을 식별하거나 인증하는 기술로 정의할 수 있습니다. 생체정보는 크게 신체적 정보와 행동적 정보로 분류됩니다. 생체인증 기술의 대표적인 장점은 별도의 보관이나 암기가 필요 없고 분실 우려가 없으며, 양도나 위조가 불가능하다는 점입니다. 2017년

주요 생체인증 기술과 장·단점

신체적 정보	얼굴	**얼굴** •눈, 코 입 등 얼굴 요소 특징 분석 •장점: 비접촉식으로 편리성, 시스템 비용 저렴 •단점: 빛 세기, 촬영 각도, 자세 등에 따라 인식률 저하
	홍채·망막	**홍채·망막** •홍채 무늬, 형태, 색, 망막 모세혈관 분포 패턴 분석 •장점: 낮은 오인식률, 고도의 보안성, 위조 불가능, 분실위험 없음 •단점: 눈을 뜨고 있어야 하는 불편함, 인식거리
	지문	**지문** •개인 지문 특성을 DB와 비교해 인증 •장점: 편리하고 안전, 위조 어려움 •단점: 땀, 먼지 등에 의한 인식률 저하
	지정맥	**지정맥** •혈관 패턴 특징을 비교 •장점: 편리, 복제 불가능 •단점: 높은 구축 비용, 소형화 어려움
행동적 정보	음성	**음성** •음성 특징을 DB와 대조해 개인 인증 •장점: 편리성, 전화·인터넷으로 원격지에서 이용 가능 •단점: 녹음으로 타인 이용 가능성, 목소리 상태에 따른 오인식
	서명	**서명** •서명할 때(펜 움직임, 속도, 압력) 모양 분석 •장점: 분실, 도난 위험 없음 •단점: 서명 복제, 위조 가능

출처: 한국방송통신전파진흥원, KCA, "스마트폰 얼굴 인식 기술 적용 현황 및 전망"(2012.6)

9월 현대백화점그룹은 자사 온라인 쇼핑몰인 '더현대닷컴'과 '현대H몰'에 로그인하는 데 홍채 인증을 하도록 하고 있습니다.

특히 전자상거래 및 ATM, 금융기관 영업점에서, 거래 당사자가 본인임을 확인하기 위해 생체인증 기술을 활용하고 있습니다. 일본 도쿄 미쯔비시 UFJ 은행에서는 전국 ATM에 이미 '손바닥 정맥'을 활용한 본인 인증을 확산시켰고, 영국 바클레이즈 은행은 '손가락 정맥'을 인증수단으로 상용화했습

경제읽어주는남자의 디지털 경제지도

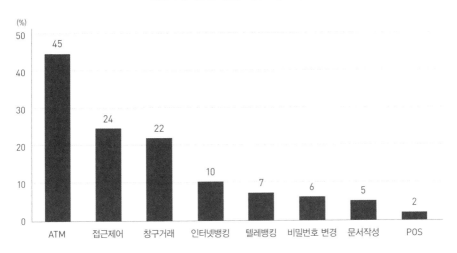

금융서비스별 생체인증 기술 적용 현황

주: (1) 중복사용 허용
   (2) 생체인증 사용 40개국 121개 은행 대상 조사
출처: Hosseini, S.,& Mohammadi, S.(2012), 한국은행(2016)

니다. 미국 US 뱅크와 호주의 BNZ 은행은 모바일 뱅킹 앱에서 고객 본인의 음성 인증을 실시하고 있습니다. 머지않아 금융권에서 이와 같은 생체인증 기술을 활용한 계좌개설, 자금 이체, 출금 등 소액 지급결제 서비스의 혁신이 예상됩니다.

탈경계화

정체를 알 수 없는 기업들

저는 나이키가 신발회사인지, 의류회사인지, 헬스케어회사인지 도무지 모르겠습니다. 구글은 IT회사입니까, 자동차회사입니까? 디지털 경제의 가장 중요한 특징 중 하나는 '산업 간에 경계가 사라지고 있다'는 점입니다. 자율주행으로 바

나이키는 '나이키 트레이닝 클럽(Nike Training Club: NTC)'이라는 운동 앱을 개발했다. NTC는 나이키 운동선수와 트레이너가 고안한 15분짜리 운동 동영상을 150개 이상 제공하며 사용자 조건에 맞는 운동법 추천은 물론, 운동 진척도와 일정을 관리해준다.

신한S뱅크가 신한 쏠(SOL)로
새롭게 태어났습니다.

출처: 신한은행 홈페이지

'쏠'은 부동산 정보 검색부터 한도 조회까지 가능한 부동산 플랫폼 '쏠 랜드(SOL LAND)'도 탑재했다. 로보어드바이저 알고리즘을 통해 모바일 환경에서 자산관리 서비스를 제공해주는 '쏠리치(SOL Rich)'도 선보여 하나의 앱으로 다양한 서비스를 누릴 수 있도록 한다.

뛰는 산업구조에서는 구글도 자동차회사라는 겁니다. 산업 간의 경계가 완전히 허물어지고 있는 현실에서 등장하는 핵심 개념이 테크핀(TechFin)입니다. 지금의 산업 지형을 이해하는 데 필수적인 개념이지요. 우선 잘 알고 계시는 핀테크(FinTech)부터 얘기해봅시다. 핀테크란 뭡니까? Finance와 Technology를 결합한 말입니다. 그러니까 금융사가 자기들이 제공하는 금융서비스를 IT, 모바일로도 담아낸다는 개념입니다. 예를 들면, 신한은행이 '쏠(SOL)'이라는 인터넷뱅킹 서비스를 모바일로 제공하는 것을 들 수 있습니다. 이것이 핀테크입니다.

핀테크에서 테크핀으로

그렇다면 테크핀은 뭡니까? 서비스를 제공하는 주체가 금융사가 아니라는 뜻입니다. 포털사이트, 온라인 쇼핑몰, SNS 기업 등이 자기들이 갖고 있는 모바일 기술을 활용해서 금융서비스를 제공하는 것입니다. 쉽게 말해 카카오그룹이 카카오뱅킹, 카카오페이 서비스를 제공하는 모습을 떠올리시면 됩니다. 금융산업을 놓고 과거에는 금융사들끼리 경쟁했지만 이제는 금융사와 비금융사가 함께 경쟁하는 새로운 양상이 펼쳐지고 있는 겁니다. 이렇듯 금융기업와 IT기업 중 누가 금융서비스 플랫폼을 주도하느냐에 따라 핀테크와 테크핀이 결정됩니다. 산업 간 경계가 허물어지는 단적인 모습을 금융산업을 보면 확인할 수 있습니다.

FinTech? vs **TechFin?**

citibank
CHASE ●
● 신한은행
● 우리은행
금융기업

금융서비스를
모바일/IoT로
어떻게 담지?

모바일/IoT로
금융을 어떻게
제공하지?

Google
amazon
NAVER
kakao
IT기업

산업 간 경계가 허물어지는 사례를 금융산업을 통해 몇 가지 더 제시하겠습니다. 과거에 송금, 지급결제, 자산관리, 대출중개라는 금융서비스는 누가 제공했습니까? 금융회사만 제공했습니다. 그런데 지금은 어떻죠? 구글, 카카오, 아마존, 이베이, 알리바바, 바이두, 텐센트 등의 테크기업들이 금융서비스를 선보이고 있습니다. 생각해보세요, 카드회사를 통해서 지급결제를 하십니까, 모바일 기반 기업들의 서비스를 이용하십니까? 점점 더 후자의 이용 비율이 높아지고 있

테크핀이라는 말은 알리바바 창업자 마윈 회장이 처음으로 사용했습니다. 2016년 12월 그는 "핀테크는 기존 금융시스템에 기술을 접목시킨 서비스인 반면, 테크핀은 기술을 통해 금융시스템을 재구축한 것"이라고 말했습니다.

국내외 IT기업의 금융산업 진출 사례

구분	내용	사례 기업
송금	인터넷 플랫폼으로 송금 의뢰자와 수탁자를 직접 연결해 송금 수수료를 대폭 낮추고 송금 시간도 단축	구글, 아지모, 카카오
지급결제	은행계좌나 신용카드 외 IT를 활용한 다양한 결제방식으로 간편한 지급결제 서비스 제공	아마존, 이베이, 구글, 카카오, 알리바바, 텐센트, 페이스북
자산관리	온라인으로 투자 절차를 수행해 자금운용 수수료를 낮추고 온라인 분석시스템으로 고객에 최적화된 포트폴리오를 구성	알리바바, 바이두, 텐센트
대출중개	P2P 기반으로 대출자와 차입자를 직접 중개하고 자체적으로 신용평가를 해줌으로써 대출 취급비용을 절감	조파, 펀딩서클, 렌딩클럽, 레이트 세터

출처: 우리금융경영연구소

습니다. 이런 경제가 디지털 경제입니다. 금융업무가 점차 금융사만의 고유 영역을 벗어나고 있습니다. 오히려 IT기업들에게 더 경쟁력이 있습니다.

블록체인이 몰고 온 탈경계 태풍

여기서 잠깐 '블록체인'이란 개념을 설명하고 이야기를 이어가겠습니다. 금융과 IT 간의 경계가 허물어지는 현상은 블록체인을 모르고서는 설명할 수가 없기 때문입니다. 블록체인은 비트코인과 같은 디지털 통화의 기반 기술로만 여겨졌으나, 금융산업을 시작으로 유통, 물류, 제조업, 공공부문 등 사회 전 영역으로 확산되고 있습니다. 전문가들이 블록체인을 기술적으로 설명하다 보니 어려운 개념 같아 보입니다만, 쉽게 말해 블록체인은 블록+체인입니다. 그렇다면 블록은 뭡니까? '거래'입니다. 체인은 뭡니까? '연결'입니다. 수많은 거래가 연결되면 그것이 블록체인입니다.

조금 쉽게 설명드리겠습니다. 제가 누군가에게 카톡을 보냅니다. 언제 어디서 점심 먹자는 메시지를 보냅니다. 그러면 카톡을 받은 상대방과 저만 아는 사실이 되겠지요. 그런데 300명이 참여하는 단체 카톡방에 특정 누군가에게 언제 어디서 점심 먹자고 메시지를 쓴다면 어떻게 됩니까? 여전히 저와 특정 누군가는 대화 중이고 나머지 298명은 이 대화에 참여하지는 않지만 두 사람의 만남 약속을 알게 됩니다. 그래서 저는 블록체인을 단체 카톡방과 같이 생각하라고 말씀드립

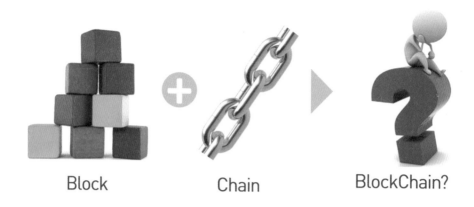

Block   Chain   BlockChain?

니다.

　블록체인은 기본적으로 정보를 저장하는 IT기술입니다. 정보를 저장하는 저차원의 기술 중 하나가 USB입니다. 또 다른 방법이 클라우드입니다. 제가 자료를 USB에 담지 않고 '나에게 메일 보내기'로 자료를 첨부해서 이메일로 보내놓고 현장에서 이메일을 열어 다운로드할 수 있습니다. 그건 바로 클라우드에 저장했기 때문에 가능한 겁니다. 또 다른 정보 저장 방법이 바로 블록체인입니다.

　기억해야 할 블록체인의 특징은 두 가지입니다. 블록체인 이 디지털 트랜스포메이션에 다양하게 활용될 수 있는 이유 도 바로 이 두 가지 특징 때문입니다. 첫 번째는 바로 '조작이 나 허위'가 불가능하다는 사실입니다. 두 번째 특징은 '중개 자'가 필요 없다는 것입니다. 단체 카톡방 안에서 약속을 정 했기 때문에 나중에 딴말을 못 하는 겁니다. 정보를 모두와 공유했기 때문에 조작이나 허위가 불가능합니다. 그리고 만

약 제가 점심 약속을 300명에게 알려주고 싶은데 단체 카톡방과 같은 수단이 없다면 어떻겠습니까? 제가 일일이 전달하기 힘드니까 메신저(중개자)가 필요할 겁니다. 그런데 단체 카톡방이 있으면 정보를 분산적으로 실시간 저장할 수 있겠지요. 바로 이 두 번째 특징, 정보를 분산적으로 실시간 저장할 수 있다는 사실이 블록체인을 기타 다른 저장 방법인 USB나 클라우드와 구별 짓습니다. 어떤 거래에 관심 있고 참여하고 있는 사람들에게 정보를 분산시킴과 동시에 실시간으로 저장함으로써 조직이나 허위가 불가능하고 중개자를 필요로 하지 않는다는 거죠.

돋보기로 들여다보는 블록체인

1. 블록체인의 개념

블록체인은 정보를 하나의 중앙집중형 서버에 저장하는 것이 아닌 분산형으로 저장하는 기술이다. 블록체인에 참여한 모든 구성원이 네트워크를 통해 서로 데이터를 검증하고 저장함으로써 특정인의 임의적인 조작이 어렵도록 설계된 저장 플랫폼이라 할 수 있다.

블록체인은 블록(Block)들로 구성되어 있으며, 각 블록은 다시 헤더(Header)와 바디(Body)로 구성되어 있다. 바디에는 거래별 트랜잭션(Transaction)이 기록되어 있다. 한편 헤더는 해시(Hash)값과 넌스(Nonce)를 포함하고 있으며, 해시값은 현재 블록을 이전 블록과 다음 블록으로 연결하는 역할을 하고, 넌스는 암호화된 시스템에서 사용되는 임의의 수를 의미한다. 블록체인의 참여자들은 해시값을 이용하여 해당 데이터의 정합성을 검증할 수 있다. 블록은 일정 시간마다 새롭게 생성되는데, 블록체인이라는 명칭도 거래내역을 담은 신규 블록이 형성되어 기존 블록에 계속 연결되는 구조적 특성에 기인해 있다.

블록체인 플랫폼상에서 이루어지는 거래 프로세스는 다음와 같이 설명할 수 있다. 먼저, 거래

"해시(Hash)"

당사자들이 거래를 할 때, 해당 거래정보가 블록체인 네트워크상의 모든 참여자에게 전송된다. 다음으로, 블록체인 참여자들은 거래정보를 전송 받고, 상호 검증을 통해 암호화된 거래정보가 타당한지 여부를 판단한다. 이렇게 구성원 간의 유효성 검증을 통해 타당성이 입증된 거래정보만 신규 블록에 저장된다. 끝으로 기존 블록에 신규 블록이 연결되어 하나의 블록체인을 구성하게 되고, 당사자 간의 거래가 성공적으로 완료된다.

블록체인에서는 중앙 서버나 직원 없이도 거래 장부를 모든 사용자가 나눠서 보관하고 새로운 거래가 생길 때마다 계속 업데이트한다. 이 기술을 응용하여 만든 것이 바로 비트코인이다. 비트코인은 이를 10분마다 하나의 블록에 거래내역을 저장하고, 새로운 블록을 연결(Chain)하여 디지털 거래 장부를 생성한다. 거래 장부인 블록들이 체인처럼 얽혀 위조가 불가능하게 설계되었다.

2. 블록체인의 특징

블록체인 플랫폼의 가장 큰 특징은 중개기관이 없다는 점이다. 즉, 전통적인 시스템과 구별되는 가장 큰 차이로 신뢰를 담보해주는 '제3의 기관'이 존재하지 않는다. 전통적 시스템의 경우, 일반적으로 거래 정보를 중앙집중형으로 관리하는 중개기관이 있고, 해당기관이 거래의 신뢰수준을 확보해 준다. 이러한 구조 하에서는 정보와 권한이 특정 기관에 집중되고, 해당기관의 관리감독 기능을 강화하기 마련이다. 다시 말해, 조작이나 오류 등의 문제로 시스템에 대한 신뢰가 훼손되는 것을 방지하기 위해 관리감독을 강화하고, IT 인프라와 보안 등에 대규모 인력 및 설비투자가 이루어진다. 따라서 기존의 중앙집중형 시스템은 신뢰수준을 높게 유지하기 위한 관리감독 등의 많은 사회적 비용이 소요된다.

경제읽어주는남자의 디지털 경제지도

반면, 블록체인 기반 시스템에서는 제3의 기관이 없다. 거래정보를 특정 기관의 중앙 서버의 형태가 아니라 P2P(Peer to Peer) 네트워크에 분산시켜 참여 구성원들이 공동으로 기록하고 관리한다. 따라서 신뢰할 수 있는 제3의 기관을 설립·운영하기 위한 인력 및 자원 투입이 불필요하고, 모든 거래기록이 구성원들에게 암호화되어 공개되기 때문에 거래의 투명성을 제고시킬 수 있다. 또한 보안 측면에서의 안전성도 상당히 높게 유지할 수 있다. 해킹 등 정보유출의 표적이 되는 중앙 서버가 존재하지도 않고, 악의적인 공격자가 블록체인 네트워크 전체를 해킹하거나 조작하는 것은 불가능하다. 더욱이 시스템 안정성도 높다. 왜냐하면 일부 참가자의 시스템에 오류가 발생하더라도 전체 네트워크에 미치는 영향은 매우 미미하기 때문이다. 정리하면, 블록체인 플랫폼에서는 모든 참여자가 거래기록의 보관 및 갱신 작업에 참여한다. 따라서 기존의 중앙집중형 시스템에 비해 효율성, 보안성, 시스템 안정성, 투명성 측면에서 장점을 가지고 있다. 한편, 신뢰를 담보해 줄 외부기관이 존재하지 않기 때문에 블록체인 시스템 자체적으로 신뢰를 형성하는 메커니즘이 요구된다.

3. 블록체인의 유형

블록체인은 네트워크 참여자의 성격과 시스템 접근 범위 등에 따라 크게 퍼블릭 블록체인(Public Blockchain), 프라이빗 블록체인(Private Blockchain), 하이브리드 또는 컨소시엄 블록체인

(Hybrid or Consortium Blockchain)으로 구분된다. 퍼블릭 블록체인은 블록체인이 최초로 활용된 형태로, 인터넷을 통해 모든 구성원들에게 거래정보가 공개되는 방식이다. 현재 비트코인을 포함하여 가장 광범위하게 채택된 방식이지만 네트워크 확장이 어렵고, 거래속도가 느리다는 제약이 있다.

프라이빗 블록체인과 컨소시엄 블록체인은 퍼블릭 블록체인의 이러한 단점을 극복하고, 특정 주체가 자신들의 목적과 특성에 맞게 개발·설계한 블록체인이다. 따라서 해당기관의 결정에 따라 퍼블릭 블록체인이 가지는 공개성과 분산성을 모두 다 구현하지 않을 수 있다. 동일한 분산형 구조를 유지하지만 제한된 참여를 통해 통제권을 강화할 수 있고, 블록체인의 한계로 지적되는 느린 거래 속도 역시 획기적으로 개선할 수 있다는 장점을 갖고 있다.

4. 블록체인 활용과 공공서비스 혁신

블록체인 기술의 도입은 공공서비스 분야에도 많은 변화를 불러일으키고 있다. 이미 전 세계 여러 국가에서 토지·주택·차량 관리, 선거 및 투표 관리, 의료정보 관리 등 다양한 공공서비스 영역에 블록체인 기술을 적용하기 위한 검토 작업을 진행 중이다. 그동안 공공서비스는 정부에 의해 중앙 집중적으로 제공되어 왔다. 향후 블록체인 기술이 확대·적용되면 정부 예산의 투명성이 제고되고, 전 국민을 대상으로 정부가 보유하고 있는 정보를 공유하는 것을 지향하는 '공유 정부'의 모습으로 각국의 정부 형태가 변화될 전망이다.

최근 영국 정부는 과학부로부터 블록체인의 활용 가능 모델에 관한 보고서를 전달 받고, 공공서비스 영역에 적용하기 위한 구체적인 검토에 들어간 상황이다. 본 과학부 보고서에 따르면, 블록체인의 활용을 통해 일반 행정업무에서 시작하여 각종 공공서비스 분야에 이르기까지 일대 혁신이 나타날 것으로 예상하고 있다. 납세나 공공서비스 관련 시민행정 뿐만 아니라, 각종 공과금 및 과징금 징수, 여권발급, 토지 등기 내역 등 일선 공공업무와 기록들을 블록체인을 통해 통합 관리할 수 있고, 인건비와 서버 관리비 등 운영비용을 크게 절감할 수 있다. 또한, 관련 정보에 대해 제3자도 확인이 가능하기 때문에 관리의 투명성이 향상될 수 있으며, 블록체인을 이용하여 진료기록 등 의료 서비스의 내용을 통합 관리할 경우 개인정보 보호는 물론 공공부조와 같은 의료행정의 효율성도 추구할 수 있을 것으로 기대된다.

5. 블록체인 활용과 사회·문화 부문의 변화

먼저, 블록체인은 예술 산업의 지적재산권 문제를 해결하는 데 유용한 플랫폼으로 자리매김할 것으로 보인다. 예술 산업은 예술 작품의 출처 관리와 소유권에 대한 문제가 매우 중요하

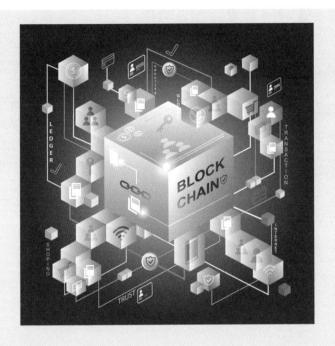

다. 예를 들어, 2013년 코르넬리우스 구를리트(Cornelius Gurlitt)라는 한 독일인의 아파트에서
"나치의 보물(Der Nazi-Schatz)"이라고 불리는 나치 정권의 약탈 미술품 1,500여 점(약 10억 유로)이
발견되었는데 미술품의 수집 경로나 소유권 판별에 상당한 어려움이 있었다. "구를리트 컬렉
션(Gurlitt Collection)"으로 회자되는 이 사건이 발생한 이후 예술 산업 내 작품의 출처 관리는 매
우 중요한 사안이 되었다. 많은 연구기관들은 블록체인이 작품 출처의 정확성과 거래의 투명
성 확보가 중요한 예술 산업에서 지식재산권 문제를 해결할 핵심적인 기술로 활용될 것으로
전망한다.

인터넷 및 클라우드 등을 통해 다양한 디지털 콘텐츠들이 전달 및 공유되고 있다. 저작권이
있는 디지털 음악, 그림, 사진, 영상 콘텐츠들을 전달하는 과정에서 블록체인에 기반하여 자
동으로 지급결제가 이루어지는 방향으로 시스템이 진화할 것으로 전망된다. 특히, 음악산업
의 구조를 근본적으로 변화시킬 것으로 전망된다. 음악산업에서 블록체인 기술이 활용될 경
우 불합리한 유통·수익 구조를 개선해 공정한 거래 구조를 형성할 것으로 보인다. 블록체인
플랫폼은 음원 사용자에게 다양한 정보를 용이하게 공개해 주고, 창작자의 권리 보호 수준을
크게 높일 것으로 전망된다.

구글이 송금서비스를 할 수 있는 이유

블록체인이 가속화한 탈경계의 디지털 트랜스포메이션을 금융산업 중심으로 살펴보겠습니다. 기존의 해외송금서비스의 모습은 어땠습니까? 제가 미국에서 공부하는 유학생이라고 해봅시다. 한국에 계신 어머니한테 돈 좀 보내달라고 전화를 합니다. 그럼 어머니가 돈을 어떻게 보낼까요? 일단 한국에 있는 시중 은행을 찾아갑니다. 가서 해외송금 신청을 해요. 그러면 금융결제원을 거쳐 한국은행을 거쳐요. 그런 다음 국제지급결제은행을 거쳐요. 그리고 미국에 있는 금융결제원 같은 기관을 거칩니다. 뱅크오브아메리카 같은 중앙은행을

2019년 1월 카카오뱅크는 세계 최대 송금결제 네트워크 기업인 웨스턴유니온과 손잡고 'WU빠른해외송금' 서비스를 출시했다. 전 세계 200여 개국에 1분 내로 송금할 수 있으며 365일 24시간 이용 가능하다.

경제읽어주는남자의 디지털 경제지도

거쳐 시티뱅크와 같은 시중은행을 거쳐서 드디어 저한테 입금이 됩니다. 이렇게 송금되는 과정에서 수많은 중개기관을 거치니까 당연히 수수료가 많이 붙겠죠. 비용이 비효율적일 뿐만 아니라 시간도 오래 걸리죠.

그런데 해외송금 과정에 블록체인을 적용하면 어떤 일이 벌어질까요? 송금 내역 정보가 분산적으로 저장되기 때문에 송금이 실시간으로 이루어지고 수수료가 획기적으로 절감됩니다. 해외송금이라는 금융서비스 업무가 혁신적으로 바뀌는 거지요. 다시 말해 디지털 트랜스포메이션 되는 겁니다.

금융산업의 핵심적인 영역 중 하나가 지급결제 서비스입니다. 지급결제 서비스를 제공하는 수많은 기업들이 있습니다. 대표적인 기업이 바로 '구글'입니다. 구글을 이용하면 이미 구글페이와 구글어시스턴트가 연동되어 있기 때문에 개인

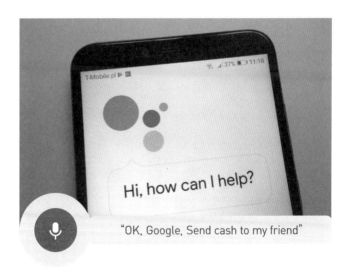

간 송금(P2P)이 가능합니다. 어떻게 할까요? "OK, Google, Send cash to my friend"라고 말만 하면 송금이 즉시 이뤄집니다.

우리나라에서도 2015년 2월부터 송금(계좌이체)할 때 공인인증서가 꼭 필요하지 않습니다. 규제가 완화되면서 송금이 한층 손쉬워졌습니다. 단체 카톡방 안에서 회비를 동시에 걷는다든가 카카오페이를 통해 송금하는 경우가 많아졌잖아요. 송금 절차가 간단결제로 전환되는 것, 곧 디지털 트랜스포메이션의 사례인 거죠. 여기에서 더 나아가 AI 스피커, 구글홈을 이용해서 송금 기능이 한층 더 강화되기 시작했습니다. 아직까지는 AI 스피커에 화자 인증 기술이 없어 완벽하다고는 할 수 없지만 화자와 화자의 음성을 정확히 인증하는 기술까지 등장하면 송금이 한 번에 이루어지는 시장이 열릴 겁니다. 지금 네이버, 카카오 등 국내 IT기업을 포함해 수많은 기업이 이 시장을 개발 중입니다. 결국 계좌이체나 송금과 같은 전통적인 금융서비스 업무가 테크핀 기업의 사업 영역이 되는 겁니다.

재난 시 사람을 구하는 구글

구글의 사람찾기(PersonFinder)는 2010년 15만 8천 명의
사상자를 낸 하이티 지진이 일어난 이후 개발되었습니다. 검
색엔진 기업 구글이 소셜미디어를 활용해 산업의 영역을 뛰

해외 스마트 안전시스템 구축 사례

구분	국가 및 기업 프로젝트	내용
비상통신 수행 및 경보 발령	미국 FEMA&FCC, PLAN(CMAS)	• 긴급 상황 발생시 휴대폰에 경고메시지를 전달하는 대국민 경보 시스템 • 재해발생 지역에 대해서만 선별적으로 경고 발송
	미국 필라델피아시, 'ReadyNotifyPA'	• 재난재해 발생 시 정부, 비상관리 기관들이 시민들의 휴대전화, 이메일, 무선호출기, PDA 등으로 비상경보, 공지, 속보 등을 전송하기 위한 비상통신 시스템
	미국 지질조사국, 트위터 지진감지기(TED)	• 트위터(Twitter)의 위치정보 서비스를 이용하여 지진발생을 실시간으로 알려주는 시스템 • 즉각적이며, 지진감지 도구가 드문 지역에서도 사용 가능
피해자 정보 확인	Google, Person-Finder	• 지진 피해를 입은 사람들과 그들을 찾는 사람들을 연결해 주도록 하기 위해 개발한 시스템
	일본, anpi 리포트	• 트위터의 해시태그 '#anpi'에 사용자들이 남긴 정보를 알기 쉽게 목록화하여 정보를 제공하는 서비스
재난현장 대응 및 피해복구 지원	유럽, Smart Workpad 프로젝트	• 자연재해(산불, 지진, 홍수 등)에 구조팀들이 신속하고 효율적인 의사소통으로 많은 생명을 구할 수 있도록 지원하기 위한 소프트인프라 설계 개발 프로젝트
	일본, '나가레도로'	• 피해지역에 있는 사람이나, 피해지역으로 이동하는 봉사자들에게 이동 참고 정보를 제공하기 위한 정보지도 서비스 • 구글과 야후 지도를 통해 서비스
	일본, 동일본 대지진 부흥지원 플랫폼 Sinsai, info	• 2011년 동일본 대지진 피해지역의 재건을 지원하기 위해 만들어진 사이트 • 웹사이트, 이메일, 트위터를 통해 접수되는 지역의 보고서를 내용 확인을 거쳐 공개
재난재해 시 소셜미디어 활용을 위한 연구 프로젝트	호주, Emergency 2.0 프로젝트	• 국가적인 재난재해 발생 시 긴급 상황 관리를 위해 소셜미디어 및 네트워킹 기술을 활용하려는 프로젝트
	호주, Emergency 2.0 Wiki Project	• 재난재해 등의 비상사태 발생 시 소셜미디어를 이용하는 방법을 공유하기 위한 Wiki 작성 프로젝트 • 정부 및 소셜미디어 부문에서 일하는 전문가들의 커뮤니티 'gov2qld'의 자발적 이니셔티브

출처: 삼정KPMG 경제연구원이 한국정보화진흥원 자료 재구성

어넘은 사례라고 할 수 있습니다.

　'사람찾기'는 구글의 위기 대응팀(Google Crisis Response Team)이 지진 피해를 입은 사람들과 그들을 찾는 사람들을 연결하기 위해 개발한 프로그램입니다. 지난 2010년 2월 칠레 지진과 2011년 3월 동일본 대지진 등이 발생했을 때, 발생 몇 시간 만에 '사람찾기' 서비스를 오픈해 사람들 간의 안부 확인과 실종자 수색정보를 제공했습니다. 사람찾기는 웹으로 제공하고 있는 정보와 서비스를 융합하여 새로운 소프트웨어나 서비스, 데이터베이스 등을 만드는 매쉬업지도 서비스를 이용해, 대중들이 '사람찾기' 프로그램에 실종자 이름을 올리고 그 이미지를 수치화할 수 있도록 했습니다. 특히 트위터 등의 SNS를 통해 흩어져 있는 정보를 한곳에 모아 주고 연결해주는 데이터 센터 역할을 수행함으로써 효과적으로 정보 유통이 가능한 것이 특징입니다. 이렇듯 구글은 구글과 전혀 상관없어 보이는 재난구조 영역에서도 활동하고 있습니다. 그야말로 산업 간 경계를 넘나드는 탈경계의 디지털 트랜스포메이션의 모범적 기업이라고 할만 하지요.

3.
초맞춤화

택시는 우리에게 무슨 의미일까

자정 넘어 강남에서 택시를 타 보셨습니까? 공짜로 이동 서비스를 요청하는 것도 아닌데 왜 우리는 택시를 편리한 교통수단으로도 이용하지 못하는 걸까요?

카카오모빌리티의 카카오 택시 런칭 전후 승차 장소의 변화

카카오 택시 론칭 전후 홍대 승차지점의 변화

론칭 전

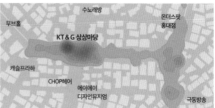

론칭 후

출처: 카카오모빌리티

　먼저 카카오모빌리티가 카카오 택시를 론칭하기 전과 후의 모습을 비교한 앞의 그림을 보고 얘기를 이어가겠습니다. 보시다시피 론칭하기 전에는 택시를 대도로에서 잡았습니다. 카카오 택시가 출연하자 이제는 골목에서도 택시를 탑니다. 교통 체증도 완화하고 개인의 이동 효율성도 증대시킨 것이죠. 2017년도 홍대의 택시 승차지점과 카카오 택시가 론칭한 후인 2018년 홍대의 택시 승차지점을 비교한 위의 표를 보면 더 뚜렷이 알 수 있습니다.

　더 놀라운 사실은 카카오 택시의 호출 건수와 배차 요청 수신 기사 수를 보여주는 그래프에 있습니다. 그래프를 보시면 오전 7시부터 10시 사이, 저녁 5시부터 8시 사이, 밤 10시부터 새벽 2시 사이에 택시 이용 수요에 비해 택시 기사는 부족하다는 것을 알 수 있습니다. 공급과 수요의 불일치 모습을 보여주고 있죠. 카카오 택시는 그 문제를 해결하고 있구요. 택시를 잡느라 버린 시간과 감정적 소모, 어쩌면 택시를 잡지 못해 입었을 경제적 손실까지, 이렇게 생각해보면 택시는 단

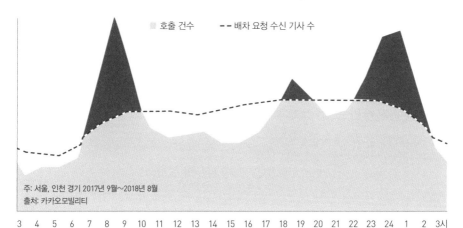

수도권 지역 시간대별 택시의 수요와 공급

■ 호출 건수　　--- 배차 요청 수신 기사 수

주: 서울, 인천 경기 2017년 9월~2018년 8월
출처: 카카오모빌리티

3　4　5　6　7　8　9　10　11　12　13　14　15　16　17　18　19　20　21　22　23　24　1　2　3시

순히 이곳에서 저곳까지 급할 때 데려다주는 서비스가 아닙니다. 이동의 전체 경험을 어떤 차원에서 고민하느냐에 따라 택시의 매력도 달라질 겁니다.

안경은 써보고 사야죠

안경을 보통 어디에서 사세요? 온라인에서 사십니까, 오프라인에서 사십니까? 10명 중 9명은 오프라인에서 구매하실 겁니다. 왜 우리는 안경을 오프라인 매장에서 구매할까요? 당연히 써봐야 하기 때문입니다. 온라인 쇼핑몰에서는 안경을 써볼 수가 없잖습니까. 더더군다나 패션 액세서리로서의 안경이라면 개인의 선호와 취향은 가장 중요한 구매요소이기 때문에 더더욱 그렇겠지요. 이렇게 안경은 개인 맞춤화가 절실히 요청되는 제품입니다.

그런데 제가 지금 소개하는 온라인 쇼핑몰에서는 안경을 써보고 살 수 있습니다. 일본의 안경 브랜드 진스(Jins)가 만든 '진스 브레인(Jins Brain)'이 바로 그런 곳입니다. 진스 브레인은 온라인 쇼핑몰임에도 써보고 살 수 있는 서비스를 제공합니다. 이런 서비스가 어떻게 가능하냐고요? 인공지능과 가상증강 기술로 가능합니다.

제가 앞에서 스마트한 소비자들은 소비하는 데 별도의 시간을 할애하지 않는다고 했습니다. 기억하세요? 이 사실을 온라인 유통기업이나 인터넷 쇼핑몰 운영자는 어떻게 해석해야 할까요? 바로 쇼핑리스트가 길어서는 안 된다는 것입니다. 스마트 컨슈머는 운전하다가 신호 대기에 걸린 짬을 이용해 모바일 앱으로 물건을 고르고, 근무시간 내 커피 마시는 동안 온라인 쇼핑몰을 둘러보는 사람들입니다. 그런데 신호가 바뀌면, 부장님이 부르면 쇼핑을 멈춰야 하잖아요. 이

진스 브레인이 선보이는 인공지능 기반의 상품 추천 플랫폼

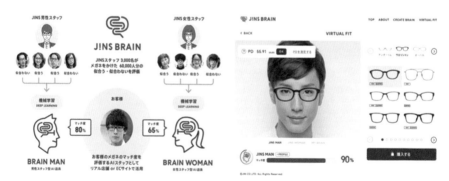

출처: 진스 브레인

경제읽어주는남자의 디지털 경제지도

런 상황이 생기기 전에 쇼핑을 마칠 수 있도록 해야 합니다. 그러면 어떻게 해야 할까요? 제품을 검색하면 신속한 선택이 가능하도록 화면에 보여주는 제품 수가 제한적이어야 합니다. 수만 개의 제품이 뜨면 곤란합니다. 쇼핑이 불가능합니다.

진스 브레인은 쇼핑객의 얼굴을 인식할 뿐만 아니라 그 전의 쇼핑 패턴과 안경 디자인의 선호 유형을 파악해서 10개의 제품을 추천해 줍니다. 고객으로 하여금 수만 개 안경이 아닌 10개의 추천 제품 중에 고르게 합니다. 거의 대부분의 쇼핑객은 추천된 제품 중에서 고르기 마련이고, 더 놀라운 사실은 이 안경들을 써보고 고른다는 것이죠. 한 가지 언급해야 할 뜻밖의 소득은 모든 기업에게 골칫거리인 반품이 확 줄었다는 사실입니다. 기존 온라인 쇼핑몰에서는 반품률이 높았습니다. 써보지 못하고 구매하니 실제로 받아보면 불만족스러울 때가 많았기 때문입니다. 그런데 이제는 추천한 안경을 써보고 구매하니 반품률이 획기적으로 줄 수밖에요. 이렇게 진스 브레인은 개인 맞춤화를 극대화한 초맞춤화의 디지털 트랜스포메이션의 모습을 아주 잘 보여줍니다.

옷도 입어보고 사야죠

미국의 의류 쇼핑몰 스티치 픽스(Stitch Fix)도 초맞춤화의 디지털 트랜스포메이션을 보여주는 대표적인 사례입니다. 스티치 픽스 역시 인공지능 기술을 통한 회원정보를 바탕으로 한 사람 한 사람의 쇼핑 패턴과 기호, 감정 등을 파악한 후

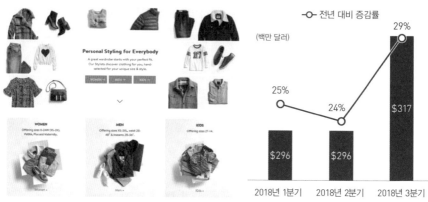

스티치 픽스의 홈페이지

Personal Styling for Everybody
A great wardrobe starts with your perfect fit. Our Stylists discover clothing for you, hand-selected for your unique size & style.

WOMEN | MEN | KIDS

WOMEN
Offering sizes 0-24W (XS-3X), Petite, Plus and Maternity.

MEN
Offering sizes XS-3XL, waist 28-48" & inseams 28-36".

KIDS
Offering sizes 2T-14.

출처: 스티치 픽스 홈페이지

스티치 픽스의 2018년 순이익 추이

—○— 전년 대비 증감률

(백만 달러)

2018년 1분기	2018년 2분기	2018년 3분기
25%	24%	29%
$296	$296	$317

출처: 스티치 픽스

2011년 1인 기업으로 등장한 스티치 픽스는 2017년 11월 나스닥에 상장하면서 시가총액 28억 달러(한화 약 3조 1천억 원), 5,800명의 직원을 거느린 기업으로 성장했다.

20여 개의 옷을 추천해주는 서비스를 제공하고 있습니다. 결국은 데이터 커머스, 온라인 커머스인 셈입니다. 빅데이터를 축적한 뒤 소비자의 구매 패턴과 취향을 정확히 파악해서 최적합한 옷을 추천해주는 시스템입니다.

제품 경험을 할 수 없다는 온라인 쇼핑몰의 단점은 이제 변명이 될 수 없습니다. 빅데이터와 증강기술 같은 IT 기반 기술이 기업과 소비자를 가로막는 기존의 벽을 허물고 있습니다. 몇 년 전까지만 해도 온라인 쇼핑몰에서 사는 물건은 복불복이라고 했습니다. 화면에서 보여주는 제품과 실제 받아본 제품이 다른 경우가 많았다는 거죠. 쇼핑몰 모델이 착장한 옷 사진만 보고 구입했다가 처치 곤란이 된 옷이 얼마나 많습니까. 옷은 입어봐야 한다는 말이 이제는 온라인 쇼핑몰의 슬로건이 되는 시대입니다. 어쩌면 곧 음식은 먹어봐야 하

경제읽어주는남자의 디지털 경제지도

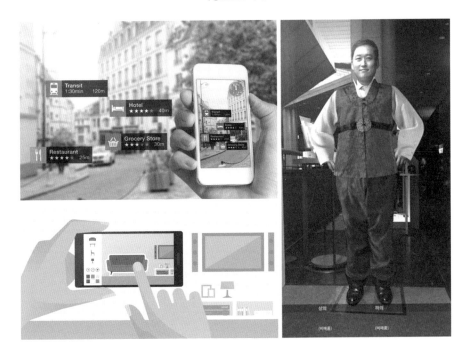

고 화장품은 피부에 발라봐야 한다는 슬로건을 내건 온라인 식품몰, 온라인 화장품몰이 등장할지도 모릅니다.

가구는요? 물론 놓아보고 사야죠

마찬가지로 이케아에서 파는 가구는 원하는 공간에 배치해볼 수 있습니다. 2017년 9월에 선보인 AR앱 '이케아 플레이스(IKEA PLACE)'를 이용하면 스마트폰 카메라로 비춘 공간에 이케아의 가구 제품 이미지를 가상으로 배치해 볼 수 있습니다. 증강현실(Augmented Reality)이란 실제 세계에 3차원 가상물체를 겹쳐 보여주는 기술을 의미합니다. 온라인 가구점에서 가구를 고른다고 생각해봅시다. 크기와 모양과 색상이 집 거실에 어울릴 것 같아서 주문했더니 받아보고 예상과 달라서 비싼 반품비를 물어가며 돌려보냈던 경험이 한두 번은 있을 겁니다. 그런데 이케아에서는 이런 낭패를 면할 수 있습니다. 가구를 배치해보고 살 수 있기 때문입니다. 가상증강 기술 덕에 고객과 기업 모두 난감한 상황을 피할 수 있게 된 거지요.

의류산업, 패션산업에서도 증강현실 기술이 사용됩니다. 일례로 한복을 입어보고 살 수 있는 서비스가 가능한 것도 이 기술 덕입니다. 온라인에서도 간접적이지만 입어보는 경험을 제공하는 겁니다. 이 모든 사업 기회가 초맞춤화 중심의 디지털 트랜스포메이션을 적극적으로 수용했기 때문입니다.

초맞춤 금융서비스, 모벤과 TD뱅크

금융산업에서의 초맞춤화를 보여주는 중요한 사례가 있습니다. 바로 모벤(Moven)입니다. 회계와 컨설팅을 주업으로 하는 다국적 기업 KPMG가 매년 선정하는 세계 100대 핀테크 기업 리스트에서 모벤은 근래 들어 단 한 번도 빠진 적이 없습니다. 모벤이 무엇을 했길래 이러한 성과를 낼까요? 간단히 말하면 모벤은 용돈기입장, 가계부를 개인의 상황에 맞게 디지털 트랜스포메이션 했습니다. 대단한 기술은 아닙니다. 디지털 트랜스포메이션 한 것뿐입니다.

모벤의 실시간 자산관리 플랫폼

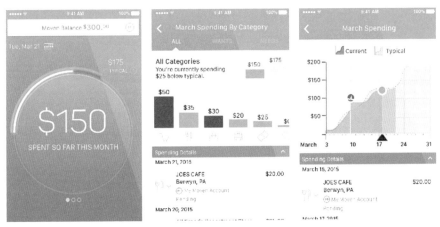

출처: 김광석, 이광용, 조민주(2017), "금융산업, 4차 산업혁명과 만나다." 삼정KPMG 경제연구원, 삼성Insight 53호

    모벤의 사례는 캐나다의 TD뱅크와 같은 사례입니다. TD뱅크는 1855년 설립된 캐나다 초대형 은행으로 캐나다에서 2위 정도하는 은행입니다. TD뱅크가 캐나다 은행으로서는 최초로 미국 시장에 진출했습니다. 어떻게 했을까요? 원래 TD뱅크는 개인금융 서비스를 제공하지 않았습니다. 기업금융 서비스만 제공했습니다. 개인금융 서비스를 개시하면서 미국에 진출했는데 실시간 개인자산관리 플랫폼을 보유한 핀테크 기업 모벤과의 제휴를 통해서 가능했죠. TD-Moven 제휴를 통해 TD뱅크는 예산 짜기를 싫어하고 자산관리에 투자할 시간이 부족한 소비자들에게, 이들의 돈을 더 잘 관리하기 위한 플랫폼을 제공했습니다.

    모벤의 기술을 간단히 말씀드리겠습니다. 모벤 앱을 열면,

이번 달 본인이 얼마를 소비했는지, 소비 내역은 어떤지, 예를 들어 장보는 데 얼마, 식사하는 데 얼마, 쇼핑하는 데 얼마, 대중교통 이용에 얼마를 사용했는지를 알 수 있습니다. 나의 소비 패턴을 정확히 알려주는 거죠. 또 현재 얼마를 소비했으니까, 얼마가 저축 가능한지도 말해줍니다. 이런 사실을 실시간으로 알려주는 플랫폼이 모벤입니다. 쉽게 말해 용돈기입장, 가계부 플랫폼이라고 말할 수 있습니다. 이것으로 미국 시장에 성공적으로 진입했습니다.

우리나라는 어떤가요? 우리나라의 금융기업들도 해외진출을 열심히 시도했습니다. 2015~2017년 동안 숱하게 두드렸는데 결국 다 잘 안 됐습니다. 특히 동남아 시장에 진입하려고 많은 노력을 했지요. 당시 우리나라 기업의 고민이 뭐였을까요? '지점을 어디에 개설할까, 어떤 직원을 한국에서 보낼까, 어떤 직원을 현지에서 고용할까'였습니다. 그러니까 디지털하지 않은 고민을 안고 해외 진출을 모색한 것이지요. 반면 TD뱅크는요? 전혀 그런 고민을 안 하죠. 디지털 트랜스포메이션이 시대 흐름인 것을 알았거든요.

내 차의 보험료?

보험산업에서 벌어지는 초맞춤화 중심의 디지털 트랜스포메이션을 설명할 때 꼭 거론되는 사례가 미국의 자동차 보험회사 '프로그레시브'입니다. 누군가가 자동차를 두 대 소유했다고 가정해봅시다. 그중 한 대는 매일 탑니다. 매일 타

프로그레시브의 맞춤형 자동차 보험

출처: 프로그레시브 홈페이지

① 운행기록 장치를 가입
자 차량에 장착

② 주행거리, 급가속, 속
도, 제동 등의 운전 행
태 관련 빅데이터 수집

③ 빅데이터 분석 결과를
반영하여 보험료 산정

④ 매 6개월마다 보험가
입 계약 갱신

프로그레시브는 계약자 차량에 부착된 운행기록장치가 전송하는 빅데이터를 바탕으로 100만 명에 이르는 운전자의 운전 패턴을 분석해 미래 사고 가능성을 예측하고 보험료를 결정한다. 동 상품을 활용하는 자동차보험의 판매 비중이 향후 5~6년 내 전체 자동차 보험 시장의 25~40퍼센트 가량 차지할 것으로 전망된다.

는 차의 보험을 갱신하려고 주행거리를 확인했더니 1년에 2만 킬로미터입니다. 그런데 아주 가끔 타는 다른 차는 1년에 460킬로미터를 달립니다. 2만 킬로미터를 탄 자동차와 460킬로미터를 탄 자동차의 구매 가격이 같다고 가정해봅시다. 자동차 가격도 같고 운전자도 같은데, 보험료는 어떨까요? 두 대의 자동차 보험료는 비슷합니다. 그런데 가만히 생각해보면 2만 킬로미터 탄 자동차의 보험료와 460킬로미터 탄 자동차의 보험료가 같다는 것이 이상합니다. 덧붙이는 얘기입니다만, 이상하다는 의문을 자주 제기해야 합니다. 디지털 트랜스포메이션 시대에는 의문을 제기해야 합니다. 기존의 사고를 당연하게 여기고 답습하고 메모하고 암기하는 것이 아니라 이건 잘못된 거 아닌가, 이상한데 하는 식으로 의문을 제기하고 의문에 대한 답을 기술적으로 해결해나갈 때 산업혁명이 일어나는 겁니다. 다시 돌아와서 '프로그레시브'

는 보험가입자의 자동차에 '스냅샷(Snapshot)'을 부착합니다. 차량 운행기록 장치인 스냅샷은 주행거리는 물론 주행속도, 급가속·급제동 여부, 신호위반 등 운전자의 운전 성향에 관한 모든 정보를 수집합니다. 이 과정에서 빅데이터 기술을 통해 수집된 정보를 분석해 그 결과에 따라 개별 가입자의 위험에 따른 차별적인 보험료를 책정합니다. 제가 프로그레시브의 보험에 가입했다면 2만 킬로미터의 차와 460킬로미터를 탄 차의 보험료 산정은 현저히 달랐을 겁니다.

출처: DB손해보험

이런 움직임이 이미 우리나라에도 일고 있습니다. 가장 초보적인 수준이 '주행거리 특약'이구요, 이건 언급할 만큼 대단한 것이 아닙니다. 기술적 진보를 보여주는 것이 티맵(T map)과의 제휴입니다. DB손해보험에 가입할 때 티맵이 운전행태 정보를 수집하는 데 동의하면 운전점수를 산정하고 그 결과 60점이 넘으면 보험료 할인혜택을 받습니다. 맞춤화된 보험료 산정은 아닙니다. 다음의 사진은 티맵이 보여주는 필자인 저의 운전점수 결과를 캡처한 것입니다. 저보고 과속이 잦다고 하네요. 반면 급과속과 급감속은 모범적이라고 하고요. 평균이 53점이니까, 저는 상위권이라고 할 수 있고 그 결과 저는 보험료 할인 대상에 들어갑니다.

출처: KB손해보험

이런 프로그램이 더 진화한다면 실시간 보험료 산정이 이뤄질 겁니다. 빅데이터를 이용하는 모든 분야의 비즈니스를 보면 각 소비자에게 최적화된 맞춤 서비스를 제공하는 것을 목표로 한다는 것을 알 수 있습니다. DB손해보험과 KB손해보험

경제읽어주는남자의 디지털 경제지도

티맵이 산정한 필자의 운전점수

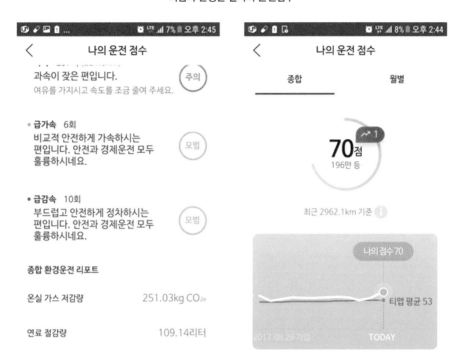

이 티맵과 제휴를 체결해서 운전습관에 기반한 보험료 할인 서비스를 제공하고 있습니다. 제가 앞으로의 일을 추정해본 다면 티맵이 직접 보험을 판매할 수도 있다고 봅니다. 티맵이 이미 주유 서비스를 판매하고 있다고 보기 때문입니다. 제가 가는 주유소는 티맵이 가라고 하는 주유소이니까요. 조만간 자동차 운행과 관련된 영역의 일부분을 담당하는 수준에서 모든 영역에 관여하는 수준으로 성장하리라고 생각합니다.

이러한 저의 추정은 막연한 기대가 아니라는 것을 중국의 사례가 보여줍니다. 중국에서도 이미 중한보험의 서비스를

알리바바나 타오바오가 판매하고 있습니다. 개인 맞춤화와
탈경계화의 디지털 트랜스포메이션의 모습을 보여주고 있는
것입니다.

나에게 딱 맞는 보험을 찾아라

국내에서도 개인 맞춤형 보험 스타트업들이 등장하고 있
습니다. 보험설계사를 중심으로 한 기존의 보험 가입 방식에
서 온라인을 통해 개인이 원하는 수준의 보장을 손쉽게 조절
할 수 있는 방식으로 보험 가입 방식이 서서히 바뀌고 있는
것입니다. 보험 핀테크 기업 레드벨벳벤처스(2018년 11월 '보맵
주식회사'로 사명 변경)는 비즈니스 정보 제공 전문기업인 쿠
콘(Coocon)과의 기술 협력을 통해 통합 보험관리 어플리케

레드벨벳벤처스의 '보맵' 어플리케이션 안내 페이지

출처: www.bomapp.co.kr

마이리얼플랜 홈페이지

마이리얼플랜 홈페이지

출처: www.myrealplan.co.kr

이션 '보맵(Bomapp)'을 출시했습니다. 보맵은 스크래핑 기술을 활용하여 휴대전화 인증 한 번으로 가입 고객의 보험 정보를 쉽게 확인할 수 있으며, 보험금 청구, 담당 설계사 도움 요청, 자동차 사고 시 긴급 출동서비스 등 고객 맞춤형 서비스를 제공하고 있습니다.

또 다른 스타트업인 아이지넷(Aiji Net)은 온·오프라인 연계(O2O) 서비스 '마이리얼플랜(My real plan)'을 제공하고 있습니다. 마이리얼플랜은 보험 가입을 원하지만 정보가 부족한 고객과 신규 고객 확보를 원하는 보험설계사를 이어주는 보험중개 서비스입니다. 다수의 보험설계사가 제출한 가입 설계서가 보험 분석 시스템을 거쳐 고객에게 전달되고, 고객이 생년월일, 성별, 소득 수준, 보장 수준, 보장 기간 등의 조건을 입력하면 자신에게 맞는 보험상품을 추천 받을 수 있지요.

중국 상위 10퍼센트 욕구에 맞춰라

식료품 분야에서 초맞춤화를 보여주는 디지털 트랜스포메이션을 살펴봅시다. 필자인 저 역시도 식료품을 살 때 원산지를 보게 되고 무항생제 계란, 유기농 우유인지를 살피게 되고 유전자조작 제품인지를 따져보게 됩니다. 솔직히 우리나라의 무농약, 유기농, 원산지 표기에 얼마나 믿음이 가십니까? 중국 식품에 대해서는 어떻습니까? 중국 사람들은 중국 식품을 어떻게 생각할까요? 신뢰할까요?

그렇다면 중국에서 상위 10퍼센트 부자들은 중국 식품을 어떻게 생각할까요? 우리나라 전체 인구의 세 배에 해당하는 1억 5천만 명의 중국 10퍼센트 부자들은 다소 비싼 유통 가격을 지불하더라도 믿음이 가는 식료품을 사고 싶은 욕구가

월마트의 블록체인 푸드 세이프티 얼라이언스

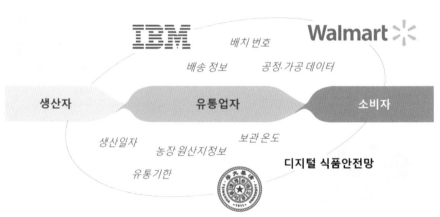

출처: 삼정KPMG 경제연구원이 각 사의 자료 재구성

경제읽어주는남자의 디지털 경제지도

클 겁니다. 이 층을 타겟으로 유통을 차별화시킨 회사가 월마트입니다. 월마트는 IBM과 칭화대학교와 함께 블록체인 기반의 디지털 식품 안전망을 깔았습니다. 어떻게 깔았을까요? 디지털 단체 카톡방이 있다고 생각하시면 됩니다. 단체 카톡방 안에 모든 식료품 생산자를 데리고 옵니다. 소고기 생산자, 닭고기 생산자 등을 비롯해 수많은 생산자를 다 데리고 옵니다. 그리고 그 생산자가 생산하는 과정에서 항생제를 얼마나 몇 번 먹였고 유기농인지 아닌지 원산지는 어딘지, 더 자세히는 누가, 어느 동네, 어느 마을에서 생산했는지, 누구에게 전달했고 트럭 운송자는 누구고 운송에 걸리는 시간, 운송되는 동안 식품의 보관 온도 등 수많은 정보가 단체 카톡방 안에서 실시간으로 공유됩니다. 그래서 소비자가 월마트에 가서 진열된 제품의 일련 코드를 찍기만 하면 해당 제품의 모든 정보가 추적이 되는 겁니다.

와인의 완벽한 출생이력서

사실 블록체인 기술이 가장 먼저 도입된 곳은 유럽의 와인 산업입니다. 와인의 가격은 와인의 품종, 즉 어디 포도이고 어디서 생산했느냐에 좌우됩니다. 특히 브랜드 와인의 경우 단순히 스페인 와인이다, 이탈리아 와인이다에서 끝나지 않고 이탈리아에서도 어느 지방, 어느 마을의 어떤 생산자가 만들었느냐도 중요한 판단 요소입니다. 이렇듯 고급 와인은 생산지 추적이 중요합니다. 심지어 최적의 와인 품질을 유지하기

위해 유통과정에서 적정 온도를 유지하는 별도의 시스템을
갖추기까지 합니다.

포도가 생산되고 와인이 제조·유통되는 과정에 참여한
모든 관계자를 단체 카톡방 안에 넣어두면 제품 코드를 찍었
을 때 제품 이력의 추적이 가능하도록 하는 것, 이것이 블록
체인 기반의 와인 물류 시스템입니다.

우리나라도 블록체인을 이용한 제품이력제를 시행하고 있
습니다. 정부가 2018년 '블록체인 기술 발전 전략'에서 추진
하는 6대 블록체인 시범사업 중 하나가 소고기 이력관리입니
다. 소의 귀에 태그를 부착해 사육자, 도축자, 가공자, 판매장
에 이르기까지 축적되는 모든 정보를 블록체인 USB에 담는
것을 말합니다. 이렇게 블록체인을 통해 축적된 정보는 조작

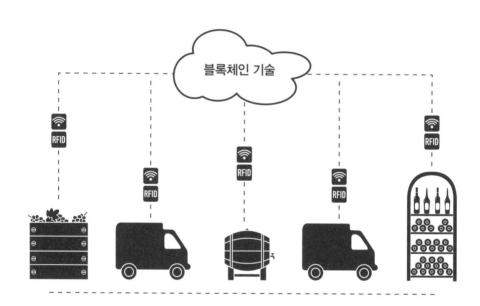

경제읽어주는남자의 디지털 경제지도

안전하게 먹을 수 있는 소고기 이력관리제 전후 비교

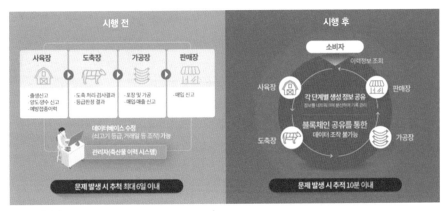

출처: 농림축산식품부

이 불가능하기 때문에 정확한 원산지와 생산자, 유통업자를 알 수 있습니다.

머스크의 서류 제로에의 도전

해운물류 산업의 거대 강자, 머스크(Maersk)가 블록체인 자회사를 만들었습니다. 왜일까요? 산더미 같이 생성되는 문서더미에 질렸기 때문입니다. 수출입되는 과정에서 수많은 문서가 양산됩니다. 예를 들어 수출업자와 수입업자 간 계약을 하면 계약서가 발생될 테죠. 그 후에 입금과 출금과 관련해서 은행과 주고받는 서류들도 꽤 생겨나고요. 유통을 위해서는 화물운송증, 신용장 등 수많은 문서가 또 생성이 됩니다. 여기서 다른 측면도 한번 생각해봅시다. 수출업자와 수입업자가 계약을 하면 수입업자는 물건이 항구에 도착하는 시

선적 컨테이너의 기록은 수기로 작성된 서류 형태로 보관된다. 따라서 물류망 내 관계 업체들과 정보를 실시간으로 공유하지 못해 물류 지연에 따른 손실이 발생하기 마련이다. 이에 머스크는 IBM과 협력해 2018년 블록체인 물류 플랫폼인 '트레이드렌즈(TradeLens)'를 개발해 공개했다.

간을 예상해 트럭 몇 대를 미리 배치해야 합니다. 수출업자는 물건을 선적하는 시간에 앞서 미리 배를 수배해놔야 하고요. 그런데 블록체인을 이용하면 이렇게 미리 일정을 계획할 이유가 사라집니다. 단체 카톡방 안에서 실시간으로 정보를 교환하기 때문입니다. 수출입 과정에서 수많은 정보, 수많은 문서들이 디지털화되서 저장되는 블록체인 트레이드 플랫폼을 구축하는 것이 머스크의 구상입니다. 머스크에 따르면 문서를 생성·교환·관리하는 비용이 총 물류비용의 6분의 1 정도 된다고 합니다. 이 상당한 비용을 줄이기만 해도 수익이 발생하는 거죠.

미트박스, 도소매상을 위한 육가공 유통업체

우리나라의 육가공 유통 과정을 한번 살펴보면 '미트박스

(meatbox)'의 콘셉트를 바로 알 수 있습니다. 고기가 동네 마트나 정육점에 오기까지 얼마나 많은 도매상과 소매상을 거치는지 아세요? 거쳐야 하는 도매상과 소매상이 많아질수록 가격은 점점 올라가죠. 그래서 미트박스는 '고기와 소비자를 직접 연결하고자' 탄생한 B2B 플랫폼입니다. 다시 말하면 고기를 축산물 수입업체와 축산물 가공업체로부터 곧바로 식당이나 정육점에 전달해주는 플랫폼입니다.

미트박스 플랫폼을 이용해서 고기를 고르고 배송처를 알려주면 고기가 바로 전달됩니다. 많은 비용이 절약되는 만큼 가격이 떨어집니다. 도소매 유통의 디지털 트랜스포메이션입

미트박스의 축산물 B2B 직거래 플랫폼

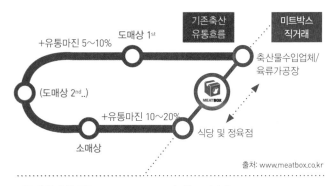

출처: www.meatbox.co.kr

기존 축산 유통 흐름	미트박스 직거래
판매자	**판매자**
- 외상거래 및 미수금 부담	- 전국 단위의 판매 가능
- 시황 변화에 따른 재고 부담	- 판매, 배송, 정산까지 일괄서비스
	- 외상거래 척결/관리비 대폭 절감
구매자	**구매자**
- 복잡한 유통단계에 따른 가격상승	- 직거래로 15~30% 이상 저렴하게 상품구매
- 불필요한 유통마진이 붙은 상품 구매	- 시세정보 확인 및 합리적 상품 선택 가능

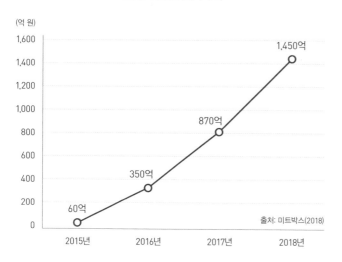

미트박스 연간 거래액 추이

(억 원)

1,600

1,400

1,200

1,000

800 ── 870억

600

400 ── 350억

200

0 ── 60억

2015년   2016년   2017년   2018년

1,450억

출처: 미트박스(2018)

미트박스는 2019년 1월 자사 데이터 기준 월간 구매자수 1만 2천 명, 월간 거래금액 170억 원, 1인당 평균 구매액 월 140만 원, 1인당 평균 구매횟수 월 6.3회, 월간 거래 수량 12만 박스를 기록했다.

니다. 실제로 미트박스의 거래규모가 계속 급증하고 있고 많은 식당과 정육점들이 미트박스를 활용해서 고기를 주문하고 있습니다. 필자 개인의 예상으로는 미트박스는 B2B에서 B2C로까지 확장될 것으로 보입니다.

섬 사람에게 배달해주는 드론

물류산업에서의 디지털 트랜스포메이션을 보여주는 핵심 기술 중 하나가 드론입니다. 정부 또한 드론의 잠재력에 주목해 '미래 공역관리 체계'를 마련했습니다. 드론의 자유비행 영역을 지정하고 관리하겠다는 것입니다.

드론의 이용가능성을 보여주는 전라남도의 드론 배달점 모델을 소개하고자 합니다. 필자인 제가 직접 개발에 참여한 프로젝트죠. 서울 도심에서는 피자나 치킨을 배달하는 데 드론을 이용할 필요가 없습니다. 빌딩 숲 사이를 헤쳐나가서 배달 지점까지 가는 데 드론을 쓴다면 오히려 비효율적이죠. 게다가 복잡하게 얽힌 사람들 사이를 요리조리 가다가 누군가의 머리위로 물건이 떨어지기라도 하면 큰 사고로 이어지지요. 드론이 정말 필요한 곳은 산간지역, 섬입니다. 기존 온라인 유통망에서 소외됐던 이런 지역은 위치추적 시스템을 탑재한 드론이 유용할 수 있습니다. 특히 구호물품을 전달해야 할 경우 더더욱 그렇지요.

보통 드론을 항공드론, 수중드론, 수상드론, 육상드론으로

미래 공역관리 체계

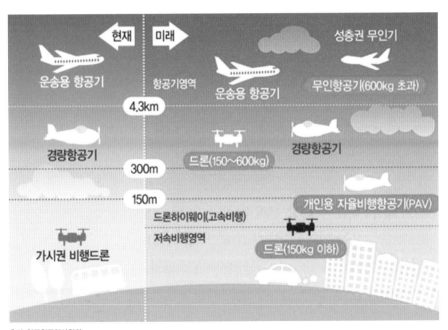

출처: 한국항공영상협회

전라남도의 드론 배달점 모델 개발

출처: 한국항공영상협회

분류할 수 있습니다. 수중드론은 주로 놀이용, 촬영용으로 활용되고 있고 수상드론은 웨이스트 샤크(waste shark)라고 해서 바다 위를 떠도는 쓰레기를 처리하는 드론을 떠올리시면 쉽게 이해하실 수 있습니다. 육상드론은 흔히 '드로이드'라고 불립니다. 이미 드로이드는 물류산업 현장에 투입되어 사람이 하던 일을 대신하고 있습니다. 다시 말해 디지털 노동(digital labor)이 나타나고 있는 것이죠.

디너벨, 맞춤 피자 배달 서비스

도미노 피자는 배달 과정에 IT를 접목해 주문을 위한 디지털 플랫폼을 만들었습니다. 트위터나 페이스북은 물론이고 구글홈 등 다양한 루트를 통해 주문을 할 수 있고 가장 빨리 도착할 수 있는 매장을 선택해줄 뿐만 아니라 완성된 피자가

출처: 디너벨 앱

가게를 나서는 순간 피자의 위치 정보를 주문 고객에게 전달합니다. 이것이 도미노 피자의 '디너벨' 서비스입니다.

대중교통, MASS에서 MaaS로

이동 영역에서 초맞춤화의 디지털 트랜스포메이션이 어떻게 나타나는지 살펴보겠습니다. 과거의 통신서비스는 어땠습니까? 공중전화를 이용하던 시절, 통화를 하다가 더 길게 통화하려면 추가 요금을 투입해야 했습니다. 즉 내가 사용한 횟수와 양에 따라서 요금을 지불하는 방식이었습니다. 이동서비스도 마찬가지 방식으로 이뤄졌습니다. 내가 이용하는 횟수와 이동거리에 따라 요금이 부과됐죠. 그런데 이동서비스 체계도 디지털 트랜스포메이션 되고 있습니다.

요즘 교통수단이 얼마나 다양화됐습니까. 버스, 택시, 지하철도 있지만 카풀서비스를 이용할 수도 있고 공유자동차나

공유자전거를 선택할 수도 있습니다. 비행기나 배, 기차는 말할 것도 없구요. 이렇게 이용 가능한 모든 교통 수단 정보를 통합하여 이용자들이 필요에 따라 목적지까지 갈 수 있도록 서비스를 제공하는 시스템을 '마스(MaaS)'라고 합니다. 특히 핀란드 수도 헬싱키는 국가적인 차원에서 정부가 직접 MaaS를 계획하고 지원함에 따라 2016년 중반부터 '윔(Whim)'이라는 MssS 앱을 통해 상용화 서비스를 시작하면서 다른 도시들보다 좀 더 앞서 나가고 있습니다. 그리고 이렇게 MaaS 서비스를 제공하는 가장 대표적인 업체가 '윔'을 운영하는 핀란드의 마스 글로벌(MaaS Global)이구요.

기존의 이동 체계가 대중교통을 핵심으로 하는 MASS체계라고 한다면, 앞으로는 MaaS체계로 전환됩니다. MaaS는 Mobility As A Service의 약자로, 서비스로의 운송체계를 말합니다. 즉 교통수단의 패러다임 전환을 일컫는 말이죠.

MaaS는 자신의 라이프스타일에 맞는 요금제를 선택해 한 달 간 이용 횟수에 상관없이 다양한 교통수단을 자유롭게 사용하는 시스템입니다. 마스 글로벌의 윔 플랫폼은 다

경제읽어주는남자의 디지털 경제지도

양한 요금제를 제공합니다. 'Light' User, 'Medium' User, 'Premium' User, 'Pay as you go' User 등이 있습니다. 이 플랫폼을 사용하면 교통하면 으레 떠오르는 교통체증, 지옥철, 언제 올지 모르는 택시 기다림, 도착 시간의 불확실성 등이 해결되기 시작합니다. 어떻게요? 스마트폰과 내비게이션, 인공지능 빅데이터가 결합하면서 새로운 모빌리티, 새로운 이동이 시작되기 때문입니다. MaaS가 구현된 도시에서는 출발지부터 목적지까지의 최적의 이동 조건을 제시하고 이용 요금을 알려줍니다.

예를 들어 서울에서 이러한 웜을 이용한다고 가정해봅시다. 이용자가 광화문의 경복궁 앞에서 출발해 수원 시청을 목적지로 설정하면 웜은 출발지부터 목적지까지 교통 상황과 이용자 주변 이동 수단의 상황에 따라 최적화된 여러 가

마스 글로벌의 웜 플랫폼이 제안하는 영국 미들랜드 요금체계

출처: 웜

글로벌 스마트 모빌리티 기업

구분	우버	디디	그랩	버드	라임
회사로고	Uber	DiDi	Grab	BIRD	(로고)
설립년도	2009	2012	2012	2017	2017
기업 가치 (원)	120조	80조	11조	3.3조	2조
직원 수 (명)	2만	3만	1.6만	–	–

출처: 카카오모빌리티 추정치

지 루트를 제안하고 그에 따른 이용 요금을 제시합니다. 이용
자는 그 중 하나의 루트를 선택해 해당 루트를 이용하면 되
죠. 제안한 이동수단 가운데 렌터카, 쉐어링 카, 쉐어링 자전
거와 오토바이 같은 예약이 필요한 것은 자동으로 예약이 됩
니다. 또 사용자의 이용 시간에 맞춰 해당 교통 수단은 대기
하고 있을 테고요. 결국 목적지까지 대기 없이 끊김이 없는
(seamless) 서비스를 제공하는 것이 핵심이지요.

우버의 기업가치

$120b

$52b

$38b

$24b

출처: 카카오모빌리티 추정치

경제읽어주는남자의 디지털 경제지도

이미 우버를 비롯해 디디(Didi), 그랩(Grab), 버드(Bird) 등 수많은 글로벌 스마트 모빌리티 기업이 등장했습니다. 이 기업들은 놀라운 고용을 창출하고 있고 그에 따른 놀라운 기업 가치를 보유하고 있습니다. 제가 가장 놀라워했던 점은 GM과 포드, FCA의 시가총액을 다 더해도 우버 하나의 가치를 넘어서지 못한다는 사실입니다.

내가 듣고 싶은 음악만 찾아준다

음악 청취에도 초맞춤화의 디지털 트랜스포메이션이 일고 있습니다. 과거에는 음악을 LP판이나 테이프로 들어야 했지요. 요즘은 어디까지 와있는지 아십니까? 스포티파이(Spotify)는 음악 스트리밍 서비스 기업으로, 인공지능과 빅데이터 기술을 바탕으로 개인의 음악 취향을 반영해서 그들이 좋아할 만한 음악을 찾아서 들려줍니다. 다음 페이지의 표를 보면 스포티파이의 유료 프리미엄 청취자가 얼마나 급격하게 늘고 있는지 알 수 있습니다.

음향기기의 진화

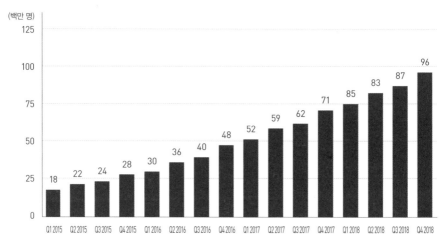

스포티파이의 유료 프리미엄 청취자 동향

(백만 명)

출처: 스포티파이, 뮤직 비즈니스 월드와이드

안경이나 옷을 사는 일이든, 가구를 고르는 일이든, 교통수
단을 선택하고 음악을 듣는 일이든 결국 소비의 중심은 '나'
라는 것을 알 수 있습니다. 맞춤화를 넘어서 궁극의 개인 맞
춤화를 추구하는 초맞춤화 경향은 결코 무시할 수 없는 디지
털 트랜스포메이션의 거대한 파도임이 분명합니다. 왜냐하면
'나'는 점점 더 소중해질 것이기 때문입니다.

경제읽어주는남자의 디지털 경제지도

4.
서비스화

비행기를 기다리는 즐거움

공항에 도착해서 탑승 절차를 밟는 과정이 마냥 즐겁지만은 않은 게 사실입니다. 항공사 찾아야지요, 해당 게이트 찾아야지요, 가방 끌어야지요, 티켓과 여권도 챙겨야지요… 커피 한 잔하며 여유를 부리기에는 번거로운 과정임에 틀림없습니다. 그런데 네덜란드항공(KLM)의 로봇 '케어-E(Care-E)'를 만나면 비행기를 기다리는 시간이 조금 더 만족스러워지실 겁니다.

2018년 7월 네덜란드항공은 케어-E라는 이름의 자율주행 운반 로봇을 선보였습니다. 케어-E는 강아지 모양의 얼굴에 부착된 RGBD 카메라에 탑승권을 대면 판독해서 게이트까지 안내하는 수하물 카트 로봇입니다. 네덜란드어나 영어를 사용하지 않으며 부착된 4K LED 디스플레이스를 통해 애니메이션 표정으로 승객과 소통합니다. 85파운드(약 38.55kg)의

네덜란드항공의 수하물 카트 로봇 '케어-E'

출처: www.klmcaree.info

자율주행기술과 인공지능이
결합된 케어-E는 공항 GPS
데이터베이스와 연결돼 있어
탑승 게이트가 변경되더라도
알아서 파악해 승객을 안내
한다.

짐을 실을 수 있고 보통 성인의 보행 속도인 3마일로 이동합
니다. 케어-E는 고객 뒤를 따라가지 않습니다. 고객의 길을 앞
서 안내합니다. 고객이 게이트로 가는 도중에 화장실을 들르
면 나올 때까지 기다려줍니다. 탑승 게이트 앞에서 헤어질 때
는 두고 가는 물건이 있는지 살피고 있을 경우 알려주기까지
합니다. 단순한 안내 로봇 그 이상입니다. 이미 케어-E는 네덜
란드항공에서 개발을 마무리 했고 뉴욕을 포함해 두 곳 이
상의 공항에 투입되어 현장에서 활동하고 있습니다.

수송서비스의 디지털 트랜스포메이션의 진행 수준을

경제읽어주는남자의 디지털 경제지도

세그웨이 로보틱스의 이동수단 인공지능 로봇 '루모'

출처: 세그웨이 로보틱스 홈페이지

세그웨이 로보틱스는 전동 킥보드 '나인봇 고카트 킷'으로 유명한 기업이다. 미국에서 열린 '국제전자제품박람회(CES) 2019'에서 세그웨이 로보틱스는 쇼핑몰 등에서 물건을 배달하는 자율배송 로봇 '루모 딜리버리'를 선보였다.

잘 보여주는 또 다른 사례는 세그웨이 로보틱스(Segway Robotics)의 '루모(Loomo)'입니다. 루모는 인공지능 로봇이 탑재된 개인용 이동수단입니다. 케어-E나 루모를 통해 이용 고객은 전보다 더 만족스러운 이동 경험을 했을 것입니다. 수송 분야의 서비스화 중심의 디지털 트랜스포메이션을 잘 보여주는 사례입니다.

결제까지 하는 쇼핑 카트

우리는 대형마트에 가서 물건을 골라 카트에 담습니다. 구매 품목을 적은 종이를 들고 카트를 이리저리 밀고 다니면서 물건을 담고 계단대로 가서 일일이 바코드로 스캔한 후 총액을 계산하고 나오죠. 지금까지 카트는 그저 살 물건을 담는, 바퀴 달린 대형 장바구니에 불과했던 것이 사실입니다.

그러나 케이퍼(Caper)의 스마트 카트를 한번 사용해보시면 카트에 대한 개념이 바뀔 겁니다. 케이퍼, 또는 카퍼라고 불리

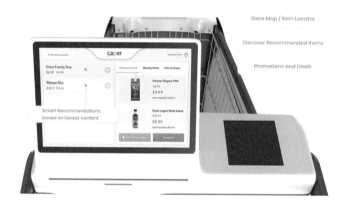

케이퍼의 스마트 카트는 무인 매장을 실현한 아마존고 (Amazon Go) 매장과 비교해 큰 장점이 있다. 아마존고는 천장에 달린 수백 개의 인공 지능 카메라 센서가 고객의 움직임을 따라가 구매 상품을 파악해 자동 결제한다. 그러나 스마트 카트는 이러한 별도 시스템 마련 없이도 도입만으로 무인 매장 실현이 가능하다.

는 이 기업은 스타트업 기업입니다. 스마트 카트를 개발한 회사이지요. 스마트 카트는 딥러닝, 센서 기술뿐만 아니라 스캐너, 결재 기능까지 갖춘 최첨단 제품입니다. 스마트 카트는 이용자가 구매하고 싶은 물품을 골라서 카트에 담으면 3D 카메라 센서와 스마트 저울을 통해 제품의 정보를 인식할 뿐만 아니라 카트에 담긴 제품을 분석해 연관 제품을 추천해주기까지 합니다. 예를 들어 파스타면을 사면 파스타 소스를 사도록 추천해주는 식입니다. 또 장착된 디스플레이가 매장 지도를 보여줘 쇼핑 동선을 최소화시켜 줍니다. 카드 단말기가 장착돼 있어서 결제도 간단하게 끝낼 수 있습니다. 무엇보다도 케이퍼가 만든 스마트 카트는 어떤 마트든 공급이 가능하다는 장점이 있습니다. 즉 기존 매장에 특정 시스템을 구축하지 않아도 된다는 것입니다. 이미 뉴욕에 있는 식료품점 두 곳에 스마트 카트가 공급됐고 2019년 안에 약 150개의 매장으로 확대될 것으로 보입니다.

가입자가 이리 뛰고 저리 뛰어야 하는 보험서비스

실비보험에 가입하신 분이 많을 겁니다. 아이가 다치거나 혹은 본인이 아파서 실비보험을 정산 받으려고 하면 어떻게 해야 합니까? 일단은 병원에 가서 납부 영수증을 받아야 합니다. 그런 다음 받은 영수증을 스캔해서 보험회사로 이메일이나 팩스로 보냅니다. 왜 이렇게 해야 합니까? 이미 보험에 가입되어 있는데 보험회사가 다 알아서 정산해줄 수는 없습니까? 왜 꼭 가입자가 일일이 관련 서류를 다 챙겨서 신청해야만 정산해줍니까? 이렇게 놀랍도록 디지털화된 세상에서 왜 아직도 정산은 아날로그적입니까? 혹시 보험금을 청구하면서 이런 생각을 해보신 적은 없나요?

이미 2017년에 교보생명은 블록체인 기반의 보험금 자동 청구 시스템을 개발했습니다. 쉽게 말해 고객이 의료기관에서 진료를 받고 수납을 하면 병원에서 보험계약자 확인을 진

블록체인을 활용한 교보생명의 보험금 자동지급 시스템

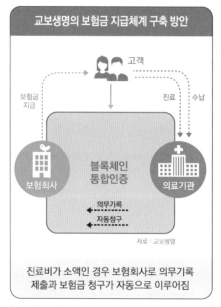

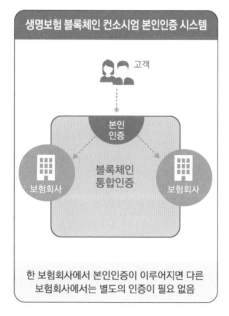

출처: 보험연구원, FNTIMES

행해 보험회사로 의무기록 제출과 보험금 청구가 자동으로 이루어지도록 했습니다. 어떤 메커니즘일까요? 우선 단체 카톡방을 만듭니다. 단체 카톡방 안에 병원을 다 집어넣습니다. 이들 병원을 다녀간 모든 환자도 단체 카톡방 안에 다 넣습니다. 물론 보험회사도 들어갑니다. 그럼 어떻게 됩니까? 환자가 병원에 다녀오면 관련 정보가 실시간으로 보험회사에게 전달되고 자동으로 공유가 이뤄지게 됩니다. 가입자가 잡다한 행정업무를 해결하기 위해서 이리 뛰고 저리 뛰어서 실비보험 정산을 받을 필요가 없지요. 서비스화를 보여주는 디지털 트랜스포메이션입니다.

출처: us.aibo.com

아이보는 최대 10명까지 돌봄 대상을 지정할 수 있다. 아이보는 1999년 '세계 최초의 애완견 로봇'이라 불리며 등장했다. 그러나 판매 부진으로 2006년에 단종됐다가 2017년 아이보 2.0으로 재등장했다.

애완동물 로봇이 아이 돌보미로

소니는 2017년 10월 '아이보(aibo) 2.0'을 공개했습니다. 아이보는 강아지 애완 로봇입니다. 2019년 상반기 내부터 아이보 2.0은 순찰 역할까지 소화합니다. 구매자는 아이보 로봇을 스마트폰과 연동시켜서 아이보가 돌볼 대상을 지정할 수 있습니다. 아이보로 하여금 집에 있는 어린아이나 노인을 돌보게 할 수 있는 것이지요. 돌볼 대상을 등록하면, 아이보가 집 안을 순찰하며 코에 부착된 카메라와 화상 인식 인공지능으로 주인에게 실시간으로 정보를 전달합니다. 주인은 스마트폰을 통해 아이보 2.0이 현재 집안 어디에 있는지, 돌봄 대상자를 잘 돌보고 있는지 언제든 확인할 수 있습니다. 이 기술은 지금 현재 세콤과 같은 홈시큐리티 기업과 연계해 돌봄 서비스 이상으로 적극 활용될 것으로 보입니다.

지진을 감지하는 건물

대우건설은 사물인터넷을 적용한 '스마트 지진감지 경보시스템'을 개발했습니다. 이 시스템은 지진을 감지해 거실의 월

화재 속보 시스템 작동 순서

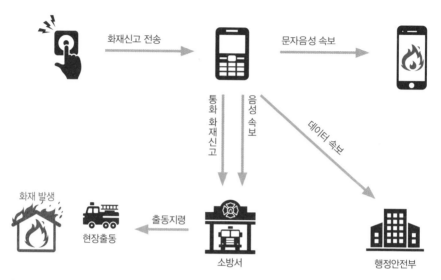

출처: LH, 삼정KPMG 경제연구원

패드 및 스마트폰으로 지진 발생을 안내하고 엘리베이터 등 관련 기기를 자동으로 제어할 수 있는 시스템입니다. 동시에 2차 피해를 막기 위한 작업도 진행합니다. 스마트 경보시스템은 화재에 대비해 각 세대의 가스밸브를 자동 차단하고 보일러를 끕니다. 또 주민의 원활한 대피를 위해 세대 내 전등이 자동으로 켜집니다.

한국토지주택공사(LH) 또한 'GIS 기반 화재위치 확인 주택용 IoT 감지기' 개발을 추진하고 있습니다. 이 사업은 LH사업지구 내 단독주택이나 다가구 주택의 화재 감지 시스템을 지능형으로 보완해 종합관제센터에서 관리할 수 있도록 하는 것입니다. 안전과 재난방지까지 책임지는 건설의 진일보한 서비스라고 할 수 있습니다. 119에 신고하기 전에, 건물 관리자와 엘리베이터 전문가가 달려오기 전에 건물 자체적으로 방비하는 시스템이지요.

현대건설의 미세먼지 청정단지 시스템

현대건설은 미세먼지 측정 성능을 고도화시킨 통합적인 감지 시스템을 구축해 자사의 아파트 단지에 설치할 계획이라고 밝혔습니다. 특히 아이들이 주로 모이는 놀이터 등에는

현대건설의 미세먼지 청정단지 시스템

출처: 현대건설, 삼정KPMG 경제연구원

별도의 감지 센서를 설치할 것이라고 합니다.

또한 각 세대 내에는 미세먼지뿐만 아니라 온도, 습도, 이 산화탄소 수치 등을 정확하게 측정할 수 있는 통합 포터블 센서도 개발 중인 것으로 알려졌습니다. 감지 시스템으로 수집된 미세먼지 정보를 세대 내 홈네트워크와 연동된 거실 월패드 및 스마트폰 모바일 앱 등을 통해 입주 고객에게 효과적으로 전달하는 알람 기능도 추가할 예정입니다. 이를 통해 실내외 미세먼지 농도를 비교하고 실외 미세먼지 상태가 나쁠 때에는 외부 공기를 차단하고, 반대일 경우 실내 공기를 외부로 배출하는 등의 기능을 지원합니다. 기상정보 분석 결과 등도 활용하여 서비스를 제공할 계획도 있다고 밝혔습니다.

이렇게 아파트라는 건설 상품의 서비스화가 계속 진행중입니다. 아파트가 주거 공간에서 생활 공간, 디자인 공간을 넘어 어디까지 갈까요? 그것은 디지털 트랜스포메이션의 정도에 달렸지요.

롤스로이스, 자율주행 무인선박 개발

선원 없이 원격 조종만으로 항해할 수 있는 자율주행 무인선박 개발 경쟁이 치열해지고 있습니다. 특히 영국의 선박·항공엔진 제조업체 롤스로이스(RollsRoyce)는 2014년 무인선박 개발 사업에 뛰어든 이후 위성통신업체 인마샛(Inmarsat) 등 다양한 업체들과 협력을 이어가고 있습니다. 2017년 10월에는 스웨덴에서 구글과 선박 자동운항을 위한 기술협력 MOU

를 체결했지요. 롤스로이스는 구글이 보유한 클라우드 머신 러닝 엔진(Cloud Machine Learning Engine)을 이용해 무인선박이 해상 운항 도중 만날 수 있는 물체를 탐지하고 식별할 수 있도록 인공지능 기반의 물체 분류 시스템을 개발할 계획입니다. 이 시스템을 개발하면 충돌 방지를 통해 해상사고가 줄 것으로 기대됩니다.

무인선박 개발 프로젝트(Advanced Autonomous Waterborne Applications, AAWA)를 주도하는 롤스로이스는 2020년 말까지 선박 원격조정 기술을 상용화하겠다는 방침

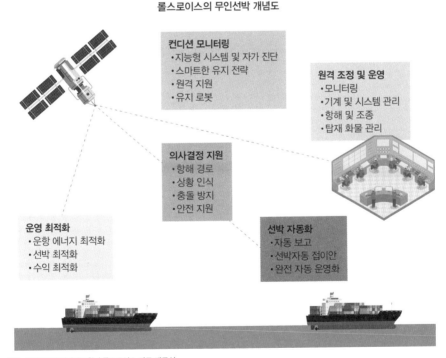

롤스로이스의 무인선박 개념도

출처: 삼정KPMG 경제연구원이 롤스로이스 자료 재구성

을 밝혔습니다. 이어 2025년 내항·근해선의 무인화, 2030년 원양 선박의 완전 무인화를 목표로 두고 있습니다. 선박 무인화가 실현되면 인건비 절감 등으로 선사들의 운항 효율성이 높아질 것으로 전망됩니다.

롤스로이스 이외에도 노르웨이의 농화학업체 야라 인터내셔널(Yara International)과 선박자동화시스템 개발업체 콩스버그(Kongsberg)가 공동개발 중인 자율주행 무인선박 야라 버클랜드(Yara Birkeland), 그리고 일본 해운업체 NYK 등 세계 각국의 업체들이 기술 개발 경쟁에 돌입했습니다. 무인자동차에 이어 무인선박까지, 인간의 모든 이동수단이 서비스화되어 생활 공간으로 탈바꿈할 날이 곧 오겠지요.

5.
실시간화

기가 막힌 손맛을 가진 로봇의 등장

로봇이 음식을 만든다고 하면 무슨 생각이 드세요? '요리는 정성과 손맛인데 로봇이 무슨 맛을 내겠어' 이런 생각이 먼저 드나요, 아니면 '로봇이 만든 음식은 어떤 맛일까' 하는 호기심이 먼저 드나요? 자, 미국의 로봇 스타트업인 미소 로보틱스(Miso Robotics)가 개발해 햄버거 레스토랑 캘리버거(Caliburger)가 처음 도입한 로봇 요리사 플리피(Flippy)를 소개합니다.

혹시 야구 좋아하세요? 야구 경기에서 흔한 장면이 인·아웃·세이프 시비가 걸린 갈등 상황입니다. 이런 판단은 누가 더 잘할까요? 사람일까요, 기계일까요? 물론 기계죠. 햄버거 패티를 굽는 능력은 누가 더 좋을까요? 패티를 뒤집는 타이밍을 판단하는 능력이 누가 더 뛰어날까요? 기계가 더 뛰어납니다. 플리피는 햄버거 패티를 불판에 구우면서 적당한 굽

로봇 요리사 플리피

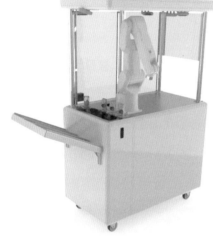

Can work Grill or Fryer

Automatic tool switching
and cleaning

Cooks perfectly and
consistently everytime

OSHA safety compliant

Recognizes and monitors
items

Fully wash down
compatible

Works collaboratively with
the kitchen staff

Can be used in any
commercial kitchen

Cloud based monitoring
and learning

Reliable food-safe robot
(100,000 hrs continuous
uptime)

출처: 미소 로보틱스 홈페이지

기가 되면 자동으로 뒤집을 뿐만 아니라 다 익은 패티를 빵
에 얹어주는 역할을 합니다. 이후 과정은 사람이 담당하구
요. 플리피는 '패티'라는 햄버거의 핵심 제품을 최적의 상태
로 생산합니다. 덜 익히거나 태울 가능성이 없기 때문에 실수
로 버려지는 패티가 없습니다. 따라서 최적의 생산효율성을

실현합니다. 그래서 맥도날도, KFC 같은 대형 패스트푸드 업체에서 계속 플리피를 도입하고 있습니다.

미슐랭 로봇 요리사의 탄생

영국의 로봇 개발 벤처기업 몰리 로보틱스(Moley Robotics)의 몰리 로보틱 키친(Moley Robotic Kitchen)은 요리하는 로봇의 궁극의 생산성을 보여주는 사례입니다. 몰리 로보틱 키친은 완전자동 지능형 로봇(fully automated intelligent robot)으로 톱 셰프의 요리 기술을 러닝(learning)해서 그대로 구현합니다. 몰리 로보틱 키친이 모든 식당에 있다면 어떤 식당에 가든 미슐랭 요리사가 만든 음식을 먹을 수 있는 겁니다.

현재 이 로보틱 키친의 가격은 4억 원이 조금 안 됩니다. 약 3억 5~7천만 원 됩니다. 그런데 이 가격이 비싼 게 아닙니다. 톱 셰프의 연봉을 생각해보면 저렴한 편이죠. 또 로보틱 키친

몰리 로보틱 키친

출처: 몰리 로보틱스 홈페이지

이 일반화되면서 가격은 더 낮아질 테고 그에 따라 보급률은
더 높아질 겁니다. 이미 사용하고 있는 식당이 있습니다.

실시간화의 집결체, 스마트 공장

우리나라 정부는 제조업의 디지털 트랜스포메이션을 위해
서 '스마트 제조혁신 비전 2025'을 공표하고 계획의 하나로 스
마트 공장을 3만 개 구축하겠다고 나섰습니다. 스마트 공장
은 기존 공장에 빅데이터나 사물인터넷, 인공지능이 더해진
개념이라고 보면 됩니다. 공장 안에 있는 수많은 기기가 서로
연동되고 작은 스마트 기기 하나로 모든 작동을 컨트롤하는
모습을 그려보세요.

경제읽어주는남자의 디지털 경제지도

스마트 공장 개념도

빅데이터

공장 내 모든 사물연결

인공지능

설비 예방정비

공정 간 연계제어

전문가 공정제어

로봇 자동화

출처: 포스코경영연구원

'라면'을 예를 들어 설명해보겠습니다. 일반적으로 라면은 종류대로 각각의 생산라인을 가져야 합니다. 새로운 라면을 개발하면 새로운 생산라인을 만들어야 하는 거죠. 이렇게 하면 비용도 만만치 않을 겁니다. 기존의 공장이 하나의 생산라인에서 한 종류의 제품을 생산했다면, 스마트 공장은 하나의 생산라인에서 실시간으로 천 가지 이상의 제품을 생산합니다. 그럼에도 불량률은 현저히 낮습니다. 스마트 공장은 다양한 고객들의 세부적 요구들을 반영해 맞춤형으로 제품을 만들되, 기존의 대량 양산 체제와 유사한 단위 비용으로 생산할 수 있는 체제를 구축합니다.

6주가 5시간으로, 600명이 10명으로

스마트 공장의 개념이 적용된 현장 사례는 정말 많습니다. 그중에서 유명한 사례를 한 가지 꼽자면 아디다스의 스마트 공장입니다. 스피드 공장이라고도 합니다. 아디다스는 본사가 있는 독일 남부 바이에른 주에 로봇 자동화 시스템을 적용해 운동화를 생산하기로 했습니다. 기존에는 운동화 한 켤레를 생산하는 데 6주가 걸렸습니다. 또 50만 켤레의 운동화를 생산하는 데 소요되는 인력은 600명이었습니다. 스마트

아디다스의 스마트 공장의 모습

출처: 아디다스 홈페이지

스마트 공장 개념 도입 전후 아디다스의 생산성 비교

구분	도입 전	도입 후
생산 소요 시간(1켤레 제작 기준)	6주	5시간
생산 소요 인력(연 50만 켤레 제작 기준)	600명	10명

신속한 고객 맞춤형 생산이 가능해지고
30퍼센트 생산성 증대, 18퍼센트 노동비용 감소 예상

공장을 도입한 이후에는 어떻게 됐을까요? 6주가 5시간으로, 600명이 10명으로 줄었습니다.

지맨스(Siemens)가 보여준 성과도 놀랍습니다. 지멘스의 암베르크 공장은 1천 여 종류의 제품을 연간 1,200만 개 생

독일 암베르크에 있는 지멘스의 공장 모습

출처: 지멘스 홈페이지

2014년 하노버 공정무역 전시 행사에서의 지멘스 부스

출처: 지멘스 홈페이지

산하지만 100만 개당 불량 수는 약 11.5개(0.00115%)에 불과합니다. 이것이 생산의 혁명이고 스마트 공장의 의미입니다.

디지털 대장간과 스마트폰 보는 노동자

제가 직접 찍은 사진으로 얘기를 더 전개해보겠습니다. 산업통상부 산하 한국산업기술진흥원(Kiat)이 스마트 공장의 여러 단면을 많은 사람이 체험해보면서 시연할 수 있도록 하는 장을 만들었습니다. 그곳이 바로 '디지털 대장간'입니다. 다음의 사진들은 제가 자문위원으로 활동하면서 방문해서 직접 3D 프린터의 모습입니다. 3D 프린터는 적층 방식입니다. 쉽게 말해 찰흙을 붙여 만드는 것과 같은 방식이지요. 이러한 적층 방식과는 달리 돌을 깎아 조각품을 만드는 방식의

대체법도 고안되고 있습니다. 공장 노동자가 기계가 돌아가는 현장에서 스마트폰을 보고 있는 사진은 스마트 공장이 상징하는 실시간의 디지털 트랜스포메이션의 모습을 인상적으로 보여주고 있습니다.

안전을 높여 생산성을 높이는 스마트 공장

스마트 공장을 논의할 때 생산성을 높이고 불량률을 줄이는 것도 중요하지만 못지않게 중요한 것이 바로 제조 현장에서의 '안전'입니다. LG화학은 가상증강 기술에 바탕을 둔 실감형 교육을 실시함으로써 이론과 현장을 바로 잇고 있습니다. 실감형 교육이 이뤄지지 않았던 과거에는 이론을 이론으로만 배워 현장에서는 써먹을 수 없는 경우가 많았죠. 가상

LG화학의 화기작업 가상현실 시뮬레이션

출처: 판타웍스(fantaworks.co.kr)

LG전자의 웨어러블 로봇 'LG 클로이 수트봇 착용 모습

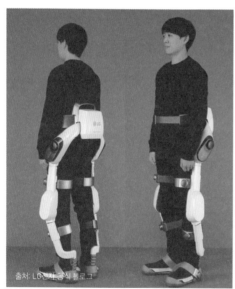

LG 클로이 수트봇 2종의 모습. 작업자가 일정 각도 이상으로 허리를 굽히면 이를 감지해서 로봇이 준비 상태에 들어가고 작업자가 허리를 펼 때 로봇이 허리에 가해지는 힘을 보조하는 식으로 작동한다.

증강 기술이 이론을 현장에 바로 적용하도록 함으로써 안전도를 높이는 것입니다.

안전도를 높인 또 다른 사례는 LG전자의 웨어러블 로봇 'LG 클로이 수트봇(LG CLOi SuitBot)'입니다. 많은 노동자들이 현장에서 무거운 물건을 올리고 내리는 과정에서 골절을 입거나 뼈가 부러지는 사고를 입습니다. LG 클로이 수트봇은 무거운 물건을 올리고 내릴 때 도와주는 역할을 합니다. 부상의 위험을 줄여줌으로써 제조업 환경을 개선시켜주는 거죠. 실시간의 디지털 트랜스포메이션이 보여주는 모습입니다. 쉽게 말해 사람이 혼자 상자를 들어올리고 내리는 것이 아니라 로봇이 같이 들어주는 것입니다. 아날로그적 노동이 디지털 노동으로 전환되는 모습을 볼 수 있습니다.

RPA, 사람 대신 기계

여기에서 한 단계 더 나아가면 그것이 바로 RPA입니다. 기업 세계에서는 뜨겁지만 대중에게는 아직 낯선 개념이지요. 현재 기업들에게 엄청난 소용돌이를 일으키고 있는 단어로, Robotic Process Automation의 약자입니다. 간단히 말씀드리면 온라인 기반에 인공지능과 빅데이터가 접목된 것을 의미합니다. 결국은 오피스 환경에서 사람이 하던 일도 기계가 러닝(learning)해서 대신 해주는 겁니다. 예를 들어 하루에 수백 개 이메일을 보내던 일을 기계가 학습해서 대신 보내주는 것입니다. 똑같은 엑셀표를 수백 개씩 만들어야 했다면 로

ROBOTIC   PROCESS   AUTOMATION

봇이 러닝해서 그대로 대신해주는 겁니다. 수많은 입사원서
를 읽고 평가해야 하는 일을 사람이 하지 않고 기계가 하는
겁니다. 모두 RPA 범주에 들어갑니다.

RPA를 통한 인력관리는 뒤에서 더 말씀드리고 오피스 환
경에서의 변화부터 살펴보지요. 아주 단순하게 말하면 RPA
는 사무직원의 업무가 기계, 로봇이 대신하는 것이라고도 할
수 있습니다. 소비자 서비스, 회계, 재무, 인력관리, 유통관리,
공급사슬관리 등 사무환경에서 이뤄지던 일을 사람 대신 로
봇이 하는 것입니다. 대표적인 예로 인사담당자의 일이었던

Automated   Manual

채용업무가 로봇으로 이전되는 것을 들 수 있습니다. 마이다스아이티(Madas It)의 인공지능 채용시스템이 이것을 잘 보여주고 있습니다.

마이다스아이티는 두 명으로 시작한 기업인데요, 지금은 직원이 600명이 넘습니다. 강조하지만 4차 산업혁명의 전개로 없어지는 일자리도 있지만 생겨나는 일자리도 있습니다. 생겨나는 일자리에서 핵심 인재로 도약하는 기회가 열려 있다는 점을 기억하시길 바랍니다. 돌아와서, 마이다스아이티는 인력 모집부터 선발까지의 채용과정을 인에어(inAir)라는 인공지능 채용시스템이 운용하도록 하고 있습니다. 과거 인

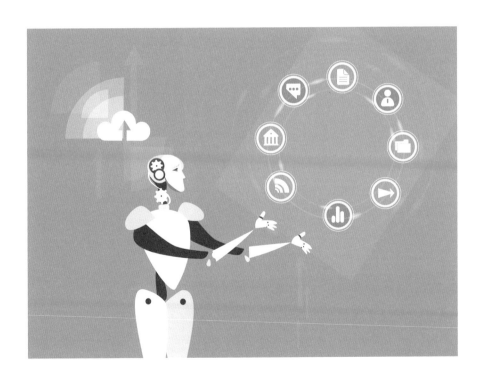

마이다스아이티의 인공지능 채용시스템

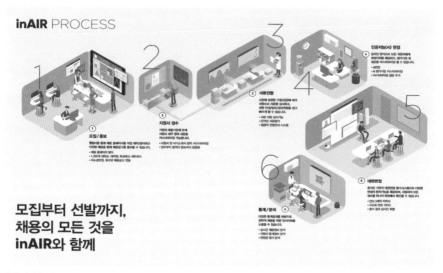

출처: 마이다스아이티 제공

서류자동심사

기업 고유의 선발 기준에 따라 가점/감점 항목들을 실제로 설정하여 지원자의 서류를 심사할 수 있습니다.

출처: 마이다스아이티 제공

온라인 면접 시스템

이력서, 자기소개서, 사전에 결과확인 부터 평가까지 하나의 화면에서 제공합니다.

사과의 직원이 하던 일이었지요. 구체적으로 살펴보면 인에어는 입사지원 서류를 일정한 기준에 의해 검증하고 심사합니다. 직원이 심사하던 것보다 객관적이라는 평가를 받았고, 부정입사다 뭐다하는 불합리한 인사를 근본적으로 차단하는 효과가 있습니다. 면접도 온라인 시스템으로 진행합니다. 사람이 진행하는 것보다 시간과 비용이 절감되겠죠.

RPA의 3단계 기술 수준

RPA의 기술 수준을 3단계 즉, 기초적인 자동화(Basic Automation), 지능적 자동화(Intelligent Automation), 인지적

RPA의 기술 수준별 3단계 구분

(3) 인지적 자동화	데이터 및 프로세스의 특징	비구조적 데이터의 입력 및 출력
	장점	인력의 보조
	모델	인공지능/신경망 분석
	처리 업무	시공간을 넘어서는 복잡한 분석
(2) 지능적 자동화	데이터 및 프로세스의 특징	반구조적 데이터의 입력 및 출력
	장점	인력의 협업
	모델	알고리즘
	처리 업무	분류, 예측, 결합
(1) 기초적인 자동화	데이터 및 프로세스의 특징	구조적 데이터의 입력 및 출력
	장점	인력의 대체
	모델	도표
	처리 업무	반복적인 데이터의 자동화

출처: 김광석, 이광용, 조민주(2017) RPA 도입과 서비스 혁신, 삼정KPMG경제연구원, Issue Monitor 72호

로보틱스 및 자동화 모색 여부

- ■ 투자하거나 계획하고 있음
- ▨ 투자하지 않고, 계획 없음

66%
34%

출처: Harvey Nash and KPMG International, CIO Survey 2017

글로벌 RPA 시장규모

(백만 달러)

- ■ RPA 소프트웨어
- ▨ RPA 서비스

1,000

952
790
630
476
330
198

500

272
232
192
153
113
73

0

2016   2017   2018   2019   2020   2021(년)

출처: HfS Research(2017)

보험사의 보상금 지급 관련 RPA 프로세스 개념도

▨ Manual 업무   ■ RPA 업무

출처: 김광석,이광용,조민주(2017)RPA 도입과 서비스 혁신, 삼정KPMG경제연구원, Issue Monitor 72호

자동화(Cognitive Automation)로 구분할 수 있는데, 지금은
상당수 '기초적인 자동화' 단계에 머물러 있습니다. 그러나
개발은 이미 인지적 자동화 수준까지 완료된 상태입니다.

신한카드 국제 정산 업무 관련 RPA 프로세스 개념도

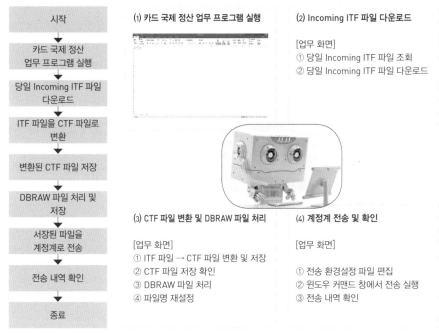

시작
↓
카드 국제 정산
업무 프로그램 실행
↓
당일 Incoming ITF 파일
다운로드
↓
ITF 파일을 CTF 파일로
변환
↓
변환된 CTF 파일 저장
↓
DBRAW 파일 처리 및
저장
↓
서장된 파일을
계정계로 전송
↓
전송 내역 확인
↓
종료

(1) 카드 국제 정산 업무 프로그램 실행

(2) Incoming ITF 파일 다운로드

[업무 화면]
① 당일 Incoming ITF 파일 조회
② 당일 Incoming ITF 파일 다운로드

(3) CTF 파일 변환 및 DBRAW 파일 처리

[업무 화면]
① ITF 파일 → CTF 파일 변환 및 저장
② CTF 파일 저장 확인
③ DBRAW 파일 처리
④ 파일명 재설정

(4) 계정계 전송 및 확인

[업무 화면]
① 전송 환경설정 파일 편집
② 윈도우 커맨드 창에서 전송 실행
③ 전송 내역 확인

출처: 김광석,이광용,조민주(2017)RPA 도입과 서비스 혁신, 삼정KPMG 경제연구원, Issue Monitor 72호

RPA 시장 규모가 빠른 속도로 커지고 있습니다만 사실 일류 기업을 중심으로 적용되고 있는 상황입니다. 중소기업 중에는 아직 ERP도 도입하지 않은 곳도 있으니까요. RPA를 도입한 보험회사의 사례를 소개하고자 합니다. 과거에는 보상을 접수받고 기본정보를 입력하고 정보를 조회하고 계약 내용을 비교해 보상 상세 정보를 입력하는 과정을 모두 사람의 손으로 했습니다. 이제 이 과정의 상당 부분을 RPA가 대신합니다. 엑셀 프로그램에 정보를 입력하는 작업을 사람이 하는 것이 아니라 RPA가 한다는 것입니다. 신한카드의 국제정산

업무도 앞의 표에서 보는 바와 같이 RPA가 대신합니다.

사람이 일일이 결제판을 들고 확인을 받는 모습은 점차 사라지고 있습니다. ERP를 거쳐 현재 RPA 단계에 와 있습니다.

취리히 보험그룹의 디지털 트랜스포메이션

외국 보험사들도 내부 업무프로세스에 RPA를 도입하고 있습니다. 스위스의 대표 보험회사인 취리히 보험그룹(Zurich Insurance Group)은 RPA를 도입하여 업무의 효율성을 높이고 있지요. 취리히 보험그룹은 사내 컴퓨터에 RPA 관련 소프트웨어를 설치해 보험계약관리, 보상금 지급 등 주요 업무처리에 걸리는 속도와 정확성을 제고시키고 있습니다. 이러한 RPA 도입은 비영업부서의 비용절감효과와 함께 업무상 과실을 대폭 줄이고, 프로세스의 표준화를 통해 업무처리과정의 투명도를 높이고 있습니다. 이밖에 호주의 대형 은행인 커먼웰스 은행(Commonwealth Bank)도 RPA 도입을 통한 무인화로 대출업무 프로세스를 획기적으로 간소화시키고, 정보를 입력하는 과정에서 사람이 발생시킬 수 있는 기입 오류를 최소화시키고 있습니다.

또한 내부 업무에 RPA를 도입해 업무처리의 효율성을 높인 대표적 기업으로 골드만삭스를 꼽을 수 있습니다. 미국의 대형 투자은행인 골드만삭스는 신속하고 정확하게 금융시장을 분석하기 위해 인공지능 분석업체인 켄쇼(Kensho)에 약 1,500만 달러를 투자했습니다. 골드만삭스는 켄쇼의 인공지능 검색 알고리즘을 통해 국내외 주요 경제지표, 기업실적 및 신제품 발표, 주가동향 등 금융시장 내 방대한 데이터를 분석하고 있습니다. 골드만삭스는 RPA 적용을 통해 숙련된 애널리스트 15명이 4주 동안 걸리는 복잡한 금융데이터 분석을 단 5분만에 처리할 수 있을 정도로 기존 업무처리의 속도를 놀랍도록 향상시켰습니다.

스마트 선반

미국의 슈퍼마켓 체인인 크로거(Kroger)는 14개 지점에서 스마트 선반(Smart Shelves)을 시범 운영하고 있습니다. 스마트 선반에 장착된 디스플레이에는 가격 외 영양성분 등의 상품 정보가 표시되기 때문에 모바일 애플리케이션을 이용하는 고객은 쇼핑 리스트에 있는 상품의 이모저모를 쉽게 알 수 있지요. 슈퍼마켓 체인 자이언트 이글(Giant Eagle) 역시 스마트 선반 시스템을 활용하여 재고 보충 시간을 3분의 2 가량 단축하였으며 재고 부족으로 상품이 품절된 상황이 절반으로 줄었다고 밝힌 바 있습니다.

로봇을 이용한 매장관리 역시 여러 유통기업에서 시험 중입니다. 미국 대형 유통업체 타겟(Target)은 매장관리용 이동로봇 '탤리(Tally)'를 테스트 중입니다. 탤리는 매장 안을 이동하면서 가격표가 제대로 붙어있는지, 재고가 충분한지, 상품이 제자리에 있는지 등을 점검합니다. 탤리를 개발한 심베 로보틱스(Simbe Robotics)의 CEO 브래드 보골리아(Brad

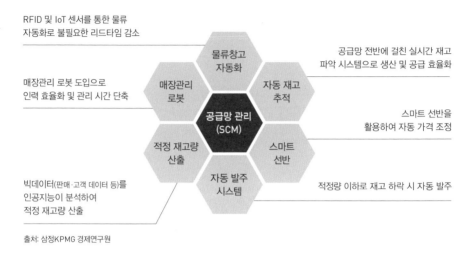

SCM 분야의 기술 도입 및 활용

RFID 및 IoT 센서를 통한 물류
자동화로 불필요한 리드타임 감소

공급망 전반에 걸친 실시간 재고
파악 시스템으로 생산 및 공급 효율화

매장관리 로봇 도입으로
인력 효율화 및 관리 시간 단축

스마트 선반을
활용하여 자동 가격 조정

빅데이터(판매·고객 데이터 등)를
인공지능이 분석하여
적정 재고량 산출

적정량 이하로 재고 하락 시 자동 발주

물류창고
자동화

매장관리
로봇

자동 재고
추적

공급망 관리
(SCM)

적정 재고량
산출

스마트
선반

자동 발주
시스템

출처: 삼정KPMG 경제연구원

Bogolea)에 따르면 일반적으로 매장에서 직원이 1만~2만 개
의 상품을 점검하는 데 일주일에 20~30시간 정도가 소요되
는 반면, 탤리는 한 시간에 1만 5천여 개의 품목을 스캔할 수
있습니다.

위조 와인을 적발하는 마개

위조된 와인인지 아닌지 즉시 확인할 수 있는 방법이 있습
니다. IoT 기반의 'NFC 마개'를 사용하면 됩니다. NFC(근거리
무선통신) 방식의 조작 방지 기능을 갖춘 와인 마개를 통해
소비자들은 구입한 주류 제품의 정품 여부, 원산지, 칵테일
레시피, 타 구입자의 리뷰 등의 정보도 확인할 수 있습니다.
이와 비슷한 예로 미국의 글로벌 의류 라벨 전문 업체 에버리

데니슨(Avery Dennison)과 IoT 소프트웨어 스타트업 에브리씽(Everything)이 협업하여 개발한 '자닐라 스마트 제품 플랫폼(Janela Smart Products Platform)'을 들 수 있습니다. 제품에 부착된 IoT 태그를 통해 데이터가 수집되며, 수집된 데이터는 D&A 기술에 의해 분석됩니다. 제품을 구입한 소비자는 해당 플랫폼을 통해 제품 제조에서부터 배송 시점, 판매 장소 및 시점에 대한 정보를 모두 파악할 수 있어 가품 사기 위험 부담을 줄일 수 있습니다.

이 밖에도 IoT와 블록체인이 결합할 경우, 소비자가 구입

출처: 구알라 클로저스 그룹 홈페이지

보안 마개 분야 선도업체인 구알라 클로저스 그룹(Guala Cosures Group)은 2018년 알루미늄 스마트 NFC 와인 마개를 최초로 선보였다.

한 제품이 고장 났을 때 브랜드 측에서 알아서 고장 내역을 확인하고 서비스 기사를 지원하는 것이 가능해질 겁니다. 이렇게 되면 생산에서 판매, 고장 수리까지 원스톱으로 서비스할 수 있게 되는 거지요. 물론 해킹과 개인정보 유출의 위험이 있을 수 있으나, 분산 데이터베이스인 블록체인을 통해 보안 위험을 줄일 수 있습니다. 이처럼 기업은 고객이 직접 부르지 않아도 '때가 되면 찾아가는' 능동적인 고객 관리 서비스를 제공하는 동시에 고도의 보안을 통해 소비자의 신뢰도를 유지할 수 있지요.

벡텔의 스마트한 생각

세계적인 건설전문지 〈ENR(Engineering News Record)〉이 발표한 2017년 Top 400 Contractors 중 5위 건설사인 미국 벡텔(Bechtel)은 2016년 최고혁신책임자(Chief Innovation Officer) 직급을 신설하고, 디지털 혁신을 위해 향후 3년간 6천만 달러를 투자하기로 결정하는 등 다양한 신기술 개발을 진행해오고 있습니다.

신기술 개발의 대표적인 사례가 벡텔의 레드힐즈(Red Hills) 프로젝트입니다. 미국 미시시피에서 진행된 이 프로젝트는 대규모 광산 발전소를 건설하는 프로젝트였지요. 벡텔은 레드힐즈 건설의 구매조달 프로세스에 RFID기술을 도입하기로 결정했습니다. RFID(radio frequency identification)는 무선 주파수(RF, Radio Frequency)를 이용하여 물건 또는 사

경제읽어주는남자의 디지털 경제지도

람 등의 대상을 식별(IDentification)할 수 있도록 해주는 기술을 말합니다.

당시 건설현장에서는 건설자재의 입고, 재고, 출고와 같은 정보 관리는 사람이 직접 수집하여 기록하는 경우가 대부분이라 수집된 건설자재의 정보는 신뢰도가 떨어지는 문제가 있었습니다. 또한 건설자재와 이에 관한 정보가 표준화된 방

RFID를 도입한 레드힐즈 건설공사 프로세스

출처: 미국 건설산업연구원(Construction Industry Institute)

RFID를 적용한 레드힐즈 건설공사의 효과

작업 내용	기존 방식(분)	RFID(분)	총 절감시간(분, %)
행거 100개 하역	107	107	0, 0
행거 100개 검사	365	242	123, 34
자재관리 시스템 입력	56	20	36, 64
총 소요 시간	528	369	159, 30

출처: 미국 건설산업연구원(Construction Industry Institute)

식 없이 건설현장에 제공됐기 때문에, 건설자재의 필요한 정보를 실시간으로 확인할 수가 없었고, 많은 인력과 시간이 소요되고 있었습니다.

이에 벡텔은 건설 중에 사용되는 파이프 스풀(Spool), 서포트(Support) 및 행거(Hanger) 같은 자재에 IC칩을 등록시켜 실시간으로 위치 파악 및 추적 관리를 할 수 있는 시스템을 구축하였습니다. 결과적으로 벡텔의 레드힐즈 건설공사를 대상으로 미국 건설산업연구원이 효율성을 분석한 결과 평균 30퍼센트(100행거 당 159분)의 작업시간이 단축되는 효과가 나타났고 재고관리 및 재작업비용 절감과 자재의 추적 및 재고관리도 개선할 수 있었습니다.

3장
디지털 트랜스포메이션과
미래 비즈니스

거대한 변화가 만드는
새로운 비즈니스 판

지금까지 디지털 트랜스포메이션의 5대 물결이 어떻게 기업과 우리 삶을 바꾸고 있는지 들여다보았습니다. 현재 우리나라를 비롯해 글로벌 비즈니스 세계에서는 비대면화·탈경계화·초맞춤화·서비스화·실시간화 경향이 본격화되면서 각 산업의 지형도 전혀 예상하지 못했던 모습으로 그려지고

있습니다. 인간의 손이 닿지 않은 모습을 상상하기 어려운 농업도 스마트 팜이라는 새로운 개념으로 재탄생되고 있습니다. 귀를 찢을 정도로 큰 소음과 함께 기계와 사람이 위험하게 뒤엉킨 작업 공간이 떠오르는 제조업도 스마트 공장이라는 혁신으로 새로운 르네상스를 일구고 있습니다. 스마트 홈, 스마트 쇼핑, 스마트 카, 스마트 가전, 스마트 헬스케어, 스마트 소비자… 모든 산업 분야, 우리의 생활 구석구석이 '스마트'란 이름의 디지털 트랜스포메이션 물결에 실려 변화하는 것이지요.

이번 3장에서는 이 거대한 물결이 빚는 변화 양상을 산업별로 탐색해보겠습니다. 우리나라 정부와 선진국 정부들은 거스를 수 없는 디지털 트랜스포메이션이라는 파도를 어떻게 보고 무엇을 준비하는지, 기업은 어떤 비전과 전략으로 대응하고 있는지, 이러한 현상을 만드는 제반 기술은 무엇인지, 이를 토대로 각 산업은 어떤 모습으로 혁신하고 있는지 현장으로 달려가 살펴보겠습니다.

1장부터 3장까지 우리가 나눈 얘기와 나눌 얘기를, 하나의 표로 정리해보았습니다. 분명히 아날로그 경제와 디지털 경제는 다릅니다. 둘 사이 건널 수 없는 강이 바로 디지털 트랜스포메이션입니다. 이제 디지털 트랜스포메이션의 분투 현장으로 가봅시다.

디지털 트랜스포메이션의 프레임워크

	아날로그 경제		디지털 경제
비대면화(Untact)	대면 서비스		비대면 서비스
탈경계화(Borderless)	산업 간 경계 뚜렷	Digital Transformation	산업 간 경계 모호
초맞춤화 (Hyper-Customization)	맞춤 서비스의 한계		극도의 맞춤 서비스
서비스화(Servitization)	제품 중심		서비스 중심
실시간화(Real Time)	지체·경과된 대응		실시간 커뮤니케이션

기반 기술·산업

1. 사물인터넷과 비즈니스: **만물과 소통하는 초연결사회**
2. 스마트홈과 가전산업: **디지털 트랜스포메이션, 집안에서 구현되다**
3. 스마트팜과 농업: **스마트팜이 이끌 미래 농업**
4. 스마트 공장과 제조업: **제조업 르네상스 다시 오다**
5. 지능형 로봇과 로봇산업: **로봇이 만드는 로봇산업**
6. 3D 프린팅과 잠재산업: **3D 프린팅, 대체 어디까지 복사할 것인가**
7. 융복합과 소재산업: **첨단 소재 개발이 디지털 경쟁력**
8. RPA와 서비스산업: **사무인력의 노동마저 디지털이 대체하다**
9. 핀테크와 금융산업: **금융서비스의 진화, 끝이 어디인가**
10. 자율주행차와 자동차산업: **자동차, 이동수단에서 모바일 생활공간으로**
11. 지능혁명과 모빌리티산업: **모빌리티 혁명, 인간의 이동을 자유롭게 하다**
12. 스마트 헬스케어와 헬스케어산업: **스마트 헬스케어, 어디까지 왔고 어디로 갈 것인가**
13. 로봇과 의료산업: **로봇은 인간 의사를 대신할 수 있을까**

만물과 소통하는 초연결사회

모든 것이 연결되는 세상

4차 산업혁명의 주된 특징 중 하나는 '초연결(Hyper Connectivity)'이다. 전 세계 20억 명의 인구가 인터넷에 연결돼 있으며, 디지털 기기의 수는 전 세계 인구의 수를 뛰어넘은 지 오래다. 이제 인터넷은 우리와 24시간을 함께 보내는 가까운 존재가 되었고 스마트폰을 통해 버스의 도착 정보를 확인하거나 웨어러블 디바이스를 통해 전송된 운동 정보를 확인하는 것은 더 이상 낯선 일이 아니다. 우리 사회가 사람, 사물, 공간 등 세상 만물이 인터넷을 통해 소통하는 초연결사회로 진입했다는 의미다.

컴퓨터, 스마트폰으로 소통하던 과거의 정보화사회, 모바일사회와 달리 초연결 네트워크로 긴밀히 연결된 초연결사회에서는 오프라인과 온라인의 융합을 통해 새로운 성장과 가치 창출의 기회가 더욱 증가할 전망이다. 무엇보다 사물인터넷(IoT), 인공지능(AI), 센서 등 기술 발달로 제조, 유통, 의

사회 변화와 초연결사회의 도래

구분	정보화사회	모바일사회	초연결사회
수단	컴퓨터	스마트폰	초연결 네트워크
패러다임	디지털화, 전산화	온라인화, 소셜화	지능화, 사물정보화
시스템(유통, 교육, 공공)	오프라인(물리적 공간)	온라인(가상 공간)	오프라인과 온라인 융합
통신	유선전화	무선전화(3G, LTE)	무선전화(5G)
커뮤니케이션	우편	이메일	SNS
교통	내연기관	그린카, 내비게이션	ITS, 자율주행차

출처: 김광석, 권보람, 최연경(2017), "4차 산업혁명과 초연결사회, 변화할 미래 산업," 삼정KPMG 경제연구원, 이슈모니터 68호.

경제읽어주는남자의 디지털 경제지도

료, 교육 등 다양한 분야에서 지능적이고 혁신적인 서비스 제공이 가능해진다. 초연결사회가 가져올 변화는 단지 기존의 인터넷과 모바일 발전의 맥락이 아니라 우리가 살아가는 방식 전체, 즉 사회의 관점에서 큰 변화를 가져올 것이다. 초연결사회를 둘러싼 기술과 미래 변화에 대해 살펴보기로 한다.

사물인터넷, 초연결의 중심

IoT란 사람, 사물, 공간 등 모든 것이 인터넷으로 연결돼 정보를 수집·생성·공유·활용하는 지능형 네크워크 기술을 의미한다. IoT의 잠재적 적용 영역은 무한하다고 알려져 있다. 특히 제조, 헬스케어, 금융 등에서 IoT의 부가가치 기여도가 높을 것으로 보인다. IoT의 주요 구성 요소인 사물은 유무선 네트워크에서의 End-device뿐만 아니라 인간, 차량, 교량, 각종 전자장비, 문화재, 자연환경을 구성하는 물리적 사물 등이 포함된다. IoT는 이동통신망을 이용해 사람과 사물, 사물과 사물 간 지능통신을 할 수 있는 M2M의 개념을 인터넷으로 확장해 사물은 물론 현실과 가상세계의 모든 정보와 상호작용하는 개념으로 진

초연결사회의 도래에 따른 주요 분야별 미래 변화 방향

초연결사회의 주요 특징

	주요 변화	

5G, 사물인터넷, 인공지능, 빅데이터 등을 기반으로 한 4차 산업혁명이 이끈 사회

시공간을 초월한 유기적 소통이 가능한 사회

산업 간의 경계가 허물어지고, 급속한 융합 진행

산업뿐만 아니라, 사회, 문화, 경제 등 다양한 영역에서 급속한 변화가 일고 있음

초연결사회는 이미 도래했으며, 향후에도 '연결'은 더욱 가속화될 전망

분야	주요 변화	
교육	커넥티드 러닝으로 진화	실감형 교육의 확대
의료	원격 의료서비스 제공	정밀의료 실현
금융	맞춤형 금융서비스 제공	대출심사 프로세스 개선
교통	지능형 교통 시스템 구축	커넥티드 카 시대의 도래
유통	소유에서 공유로	옴니채널의 진화

출처: 김광석, 권보람, 최연경(2017), "4차 산업혁명과 초연결사회, 변화할 미래 산업", 삼정KPMG 경제연구원, Issue Monitor 68호

화하고 있다.

IoT를 구성하는 3대 기술이 있는데, 첫째는 센싱 기술이다. 전통적인 온도·습도·열·가스·조도·초음파 센서 등부터 원격 감지, SAR, 레이더, 위치, 모션, 영상 센서 등 유형 사물과 주위 환경으로부터 정보를 얻을 수 있는 물리적 센서까지를 포함한다. 물리적인 센서는 응용 특성을 좋게 하기 위해 표준화된 인터페이스와 정보 처리 능력을 내장한 스마트 센서로 발전하고 있다. 또한 이미 센싱한 데이터로부터 특정 정보를 추출하는 가상 센싱 기능도 포함되며 가상 센싱 기술은 실제 IoT 서비스 인터페이스에 구현된다. 기존의 독립적이고 개별적인 센서보다 한 차원 높은 다중(다분야) 센서 기술을 사용하기 때문에 한층 더 지능적이고 고차원적인 정보를 추출할 수 있다.

둘째, 유무선 통신 및 네트워크 인프라 기술이다. IoT의 유무선 통신 및 네트워크 장치는 기존의 WPAN(Wireless Personal Area Networks), WiFi, 3G·4G·LTE, Bluetooth, Ethernet, BcN, 위성 통신, Microware, 시리얼 통신, PLC 등 인간과 사물, 서비스를 연결할 수 있는 모든 유무선 네트워크를 의미한다.

셋째, IoT 서비스 인터페이스 기술이다. IoT 서비스 인터페이스는 IoT의 주요 3대

경제읽어주는남자의 디지털 경제지도

구성 요소(인간·사물·서비스)를 특정 기능을 수행하는 응용 서비스와 연동하는 역할을 수행한다. IoT 서비스 인터페이스는 네트워크 인터페이스의 개념이 아니라 정보를 센싱, 가공·추출 처리, 저장, 판단, 상황 인식, 인지, 보안·프라이버시 보호, 인증·인가, 디스커버리, 객체 정형화, 온톨로지 기반의 시맨틱, 오픈 센서 API, 가상화, 위치 확인, 프로세스 관리, 오픈 플랫폼 기술, 미들웨어 기술, 데이터 마이닝 기술, 웹서비스 기술, 소셜네트워크 등 서비스 제공을 위해 인터페이스(저장, 처리, 변환 등) 역할을 수행한다.

교육산업의 초연결 디지털화

교육산업은 커넥티드 러닝(Connected Learning)으로의 진화가 가속화될 전망이다. 교육(Edu)과 기술(Tech)의 결합으로 가까운 미래에 완전히 새로운 교육환경을 경험하게 될 것이다. 실제 에듀테크(EduTech) 기업에 대한 투자가 2010년 3억 6천만 달러에서 2015년 18억 5천만 달러로 크게 증가했으며, 에듀테크 시장은 2013년 432억 달러 규모에서 2020년 937억 달러 규모로 성장할 것으로 전망된다. 이러한 흐름에 따라 교육환경 내에서도 많은 사물과 사람

이 모두 연결되는 커넥티드 러닝으로의 진화가 예상된다. 커넥티드 러닝에서는 학생과 교사 간 또는 학생 간 연결에 의한 상호작용이 강조되며, 개개인의 학생은 IoT, AI 기술 등을 바탕으로 최적화된 맞춤학습을 제공받을 수 있게 될 전망이다. 문제 풀이를 도와주는 SNS, 빅데이터를 활용한 수준별 문제 제공 및 오답 관리 서비스가 증대되고 있다. MIT Media Lab에서는 IoT에 감정컴퓨팅 기술을 결합해 학습자의 반응과 태도뿐만 아니라 감정 흐름을 읽는 학습 친구를 개발하고 있다.

한편 실감형 교육이 크게 부상할 전망이다. 흥미와 몰입을 최대화할 수 있는 증강현실(AR), 가상현실(VR) 기반 교육을 활성화할 것이다. 학교 내 활용뿐만 아니라 유아 및 성인교육 시장에서의 활용 기대로 최근 전 세계 교육계는 AI, VR 교육 시장 적용에 주목하고 있다. 과거의 종이 교과서는 보고 듣는 디지털 교과서로, 그리고 이제는 만지고 조작할 수 있는 디지털 교과서로 진화했다. 2017년 구글은 학생들이 가보고 싶은 지역을 조사한 후 우주, 해저, 피라미드, 궁전 등을 VR로 옮겨 수업에 활용할 수 있는 익스페디션(Expedition) 서비스를 소개했다. 이 밖에도 페이스북, 퀄컴, 마이크로소프트 등은 AR, VR을 교육 분

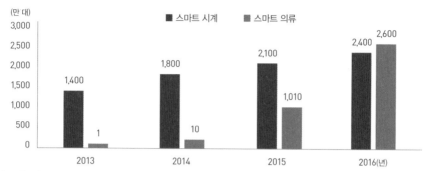

세계 웨어러블 건강기기 출하 전망

(만 대)

■ 스마트 시계　■ 스마트 의류

자료: 가트너

야에 적용하기 위해 활발히 움직이고 있다. 공감각적인 체험을 제공하는 교육 도구의 발달과 함께 실감형 교육이 불러올 미래의 모습이 기대된다.

의료산업의 초연결 디지털화

의료산업에 IoT가 접목되면서 원격의료 서비스가 확대될 전망이다. 삼성, 애플, 구글 등 세계적 IT기업의 의료 분야 진출이 두드러지고 있다. 전자, 관광, 주택 등 그동안 의료와 관련이 없었던 산업에서도 의료 분야를 중요한 미래 전략으로 인식하고 있으며, 의료산업에 투자하는 비용 역시 증가하고 있다. 5G, IoT, 클라우드 컴퓨팅 등 IT 발달은 원격 모니터링 및 관리의 최적화뿐만 아니라 원격 의료를 가능하게 함으로

써 시간과 공간의 경계를 넘어서는 의료 서비스를 제공할 전망이다. 이미 영국 NHS는 HP와 협력해 웨어러블 센서 및 IoT 기기를 개발, 테스트베드를 설치했으며, 치매 환자를 대상으로 가정에 IoT 기기를 설치·모니터링하는 시범사업을 시행 중이다.

세계경제포럼(2015)에 따르면 2022년 세계 인구의 10퍼센트는 인터넷이 연결된 의류를 착용하고 의류 내 센서를 통해 심박 수, 호흡, 혈류량 등 실시간 신체정보를 얻게 될 전망이다. 수집된 데이터는 건강 기초 자료로 활용돼 원격진료, 자가 통증치료를 비롯한 다양한 의료서비스를 가능하게 할 것이다. 한편 정밀의료도 실현될 전망이다. 최근 국내 병원에도 IBM 왓슨(Watson)이 도입됐다. 대표적인 의료 AI인 왓슨은 의사들이 암환자에게 데이터에 근거한 개별화

된 치료 방법을 제공할 수 있도록 지원하는 역할을 수행한다. 이 밖에도 병명과 확률, 필요한 검사 등을 알려주는 '화이트잭(White Jack)', 로봇 '페퍼(Pepper)'뿐만 아니라 약 제조나 음성 커뮤니케이션을 통해 환자를 간호하는 AI 간호사 '몰리(Molly)'도 등장했다. 의료 AI는 의료환경을 바꾸고 진단을 넘어 꿈의 의학인 정밀의학을 가능하게 할 것으로 기대된다. 양질의 데이터를 기반으로 개인의 의료·유전체·생활 데이터를 분석해 맞춤형 진단을 제공하고, 진단 중심의 의료에서 예측 의료로 의료시스템 전반에 큰 변화를 가져올 것으로 전망된다.

아직 초기 단계이긴 하지만 의료 현장에서 AI가 가져올 영향력이 큰 만큼 AI를 의료 분야에 적용하기 위한 노력 역시 전 세계 곳곳에서 활발하게 이루어지고 있다.

금융산업의 초연결 디지털화

금융산업에도 상당한 패러다임 변화가 예상된다. 사물 간 상호작용을 가능하게 하는 IoT의 등장으로 금융산업 전반에 큰 변화의 흐름이 예견된다. 그 변화는 '맞춤형 금융서비스'로 정의된다. 실제로 보험 강국인 이탈리아의 보험사 제네랄리 세구로

(Generali Seguros)는 통신회사 텔레포니카(Telefonica)와 함께 IoT 기술을 활용한 운전자의 습관을 측정, 분석해 보험료를 차등화하는 자동차보험 상품을 개발했다. 이후 미국, 영국, 유럽연합(EU) 주요국 보험업계에는 운전습관 연계 보험(UBI) 상품이 빠른 속도로 도입됐고, 최근에는 국내 보험업계도 이동통신업계와 연계해 UBI 상품을 공동 개발, 출시했다.

향후 IoT는 은행, 보험 부문에서 폭넓게 활용 가능하다. 은행업은 IoT를 활용해 대출 심사 프로세스 개선이 가능하다. IoT를 통해 개인의 생체 및 위치센서 데이터를 분석하면 보다 안정적인 신용평가와 대출심사가 가능하다. 또한 기업의 물류, 제조 프로세스에서 추출되는 물리적 성능·행동 데이터를 활용해 자산의 잔여가치를 정확

히 파악할 수 있다. 보험업에서도 IoT를 상품 설계, 언더라이팅, 리스크 관리와 보험료 책정 등에 활용할 수 있다. 실시간 IoT 데이터를 수집해 개인의 행동을 파악하면 리스크 평가 항목과 보장 항목을 상세하게 분류해 고객 맞춤형 보험상품으로 개발할 수 있다.

교통산업의 초연결 디지털화

교통산업의 초연결 디지털화는 '지능형 교통시스템(Intelligent Transportation System: ITS)'으로 대표된다. 초연결사회의 교통은 IoT를 기반으로 자동차의 지능화뿐만 아니라 도로 시설 및 공간의 지능화가 이루어져 교통으로 인한 도시인의 고통을 해소시켜 줄 것으로 기대된다. 이러한 이유로 ITS

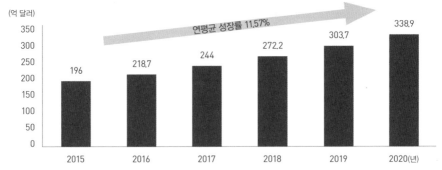

세계 ITS 세계 전망

(억 달러)

연평균 성장률 11.57%

출처: 마켓앤드마켓

경제읽어주는남자의 디지털 경제지도

를 위한 투자는 지속적으로 증가하고 있다. 교통 정보의 수집·제공 장치가 설치된 특정 도로 지점에 차량이 통과해야만 교통 서비스가 가능했던 기존의 교통시스템은 스마트 교통시스템 구축을 통해 차량과 차량이 상호 통신하며 교통 정보를 공유하는 방향으로 빠르게 변화할 것이다. 미래 도로에는 각종 스마트 센서가 설치되며 이들 센서로부터 수집된 정보는 데이터 플랫폼을 통해 도로 이용자, 관리자, 각종 전자기기에 자동으로 전달될 것이다. 또한 전달된 정보는 현재 수동으로 이뤄지는 도로의 파손 상태, 사고정보 확인 등 도로 유지·관리가 자동으로 이뤄지도록 바꿔놓을 것으로 예상된다. 이처럼 도로 시설의 지능화

는 교통 혼잡을 줄여줄 뿐만 아니라 교통 인프라의 유지·관리 등 사회적 비용 절감에도 기여할 것이다.

한편 커넥티드 카(Connected Car)의 보급이 확대될 전망이다. 테슬라, 포드, BMW 등 세계적인 완성차 기업은 2021년 자율주행자동차를 상용화 하겠다고 밝혔다. 자율주행자동차는 5G, IoT, 클라우드 컴퓨팅 등 첨단 기술의 집약체라 할 수 있다. 부착된 센서는 실시간으로 차량 내부의 중앙컴퓨터와 통신하며, 사람보다 더 빠르게 주변 상황을 읽고 판단할 것이다. 제3의 운송 혁명으로 여겨질 만큼 큰 변화를 가져올 것으로 예상되는 자율주행자동차의 보급은 사람이 운전하는 자동차보다 더 효율적이

고 안전한 주행을 가능하게 함으로써 현재의 교통 기관과 물류시스템을 획기적으로 변화시킬 가능성이 높으며, 이동 중 다양한 생산 활동이 가능하므로 운전자에게 도로의 새로운 가치를 제공하는 서비스 개발도 가능하다. 자동차는 이제 이동 수단에서 '모바일 생활 공간'으로 빠르게 변화할 것이다.

유통산업의 초연결 디지털화

유통산업은 '소유에서 공유로' 패러다임이 변화할 것으로 보인다. 세계적인 미래학자 제레미 리프킨 교수는 자본주의의 미래는 IoT라는 혁명적인 플랫폼을 통해 공유사회로 나아가고 있다고 주장한다. 공유경제를 활용하는 소비자가 점차 증가하고 있으며, 2016년 3월 기준 미국 시가총액 상위 10개 기업 중 6개가 공유경제와 관련이 있을 만큼 공유경제 관련 기업의 성장은 두드러진다. 초연결사회에서 공유경제는 다양한 사회경제적 모델을 탄생시키면서 삶을 빠르게 변화시키고 있지만 그중에서도 유통에서의 영향력은 막대하다. 모든 것이 실시간으로 연결된 세상에서 소비자는 재화를 직접 소유하지 않고 필요할 때마다 온라인과 모바일을 통해 손쉽게 이용한다. 새로운 유통의 시대에는 차, 장난감, 도서, 집뿐만 아니라 더욱 다양한 영역에서 공유경제가 적용될 것이며, AI와 같은 첨단 기술과 결합해 소비자의 소비방식과 생활양식에 더 큰 변화를 가져올 것이다.

공유경제 제공 서비스에 따른 국내외 공유기업

제공서비스	거래방식	공유자원 및 공유기업
제품·서비스	사용자들이 제품 혹은 서비스를 소유하지 않고 사용할 수 있는 방식	자동차 셰어링– Zipcar, 쏘카 바이크 셰어링– Velib, 푸른바이크 셰어링 장난감 대여– Dimdom, 희망장난감도서관 도서 대여– Chegg, 국민도서관
물물교환	필요한 사람에게 제품을 재분배하는 방식	물물교환– Threadup, 키플
협력적 커뮤니티	커뮤니티 내 사용자 간의 협력을 통한 방식	공간 공유– AirBnB, 코자자 구인구직– Loosecubes, 알바천국 지식공유– Teach Street, 위즈돔 크라우딩펀딩– Kichstarter, 씨앗펀딩

출처: 김광석, 권보람, 최연경(2017), "4차 산업혁명과 초연결사회, 변화할 미래 산업," 삼정KPMG 경제연구원, 이슈모니터 68호.

한편 옴니채널(Omnichannel)이 진화할 전망이다. 초연결사회에서 소비자의 구매 행동과 유통서비스의 혁신을 보여주는 가장 대표적인 사례는 바로 옴니채널의 등장이다. 옴니채널은 전통적인 오프라인 환경과 온라인, 모바일 및 다양한 IT가 결합돼 소비자가 모든 유통 경로가 연결된 환경에서 쇼핑하는 것을 의미한다. 옴니채널을 활용한 비즈니스, 즉 옴니비즈니스(Omnibusiness) 전략에 대한 인식이 높아지고 있으며, AR·VR, 챗봇 등으로 옴니채널 서비스는 더욱 혁신적으로 변화할 것이다. 특히 온·오프라인의 경계가 허물어지고 있는 가운데 유통업체는 이를 쇼핑에 활용해 2020년에는 1억 명 이상이 AR로 쇼핑을 할 것이라고 분석했다. 소비자는 AR 기술을 활용해 구매하고 싶은 가구를 본인이 거주하는 집에 배치해 볼 수 있으며, 다양한 모바일, 웨어러블 및 센서 등과 연동돼 초개인화(Hyper-personalized)된 서비스를 누릴 수 있게 된다.

초연결사회, 어떻게 대응해야 하는가

첫째, 기업은 제품이 아닌 플랫폼으로 경쟁의 근간을 바꿔야 한다. 모든 산업이 플랫폼 기반으로 변화하면서 시장 내 경쟁 구도가 크게 바뀔 것이다. 과거에는 제품, 브랜드, 가격 등이 주요한 경쟁력의 요소가 되었다면, 초연결사회에는 플랫폼이 주된 경쟁력이 될 것이다. 선도적이고 영향력이 큰 플랫폼을 보유한 기업은 장기간 경쟁우위를 지속할 가능성이 크다. 제품이나 서비스에 있어서 경쟁력을 가진 기업은 수많은 후발주자에게 추격당할 수 있으나, 플랫폼 경쟁력은 추격하기 어려운 특징이 있다. 따라서 기업에 있어 선도적으로 범용화가 가능한 플랫폼을 구축하고, 소비자에게 이를 적극적으로 보급하는 일은 지속가능 성장의 관건이 될 것이다.

둘째, 네트워크에 기반한 적극적 다각화가 요구된다. 초연결사회에는 산업 간 경계가 소멸될 전망이다. 소프트웨어 애플리케이션, 네트워킹, 컴퓨팅 기능을 기반으로 유통업 등에 걸쳐 네트워크가 구축되고, 이를 기반으로 협력관계를 형성해 나갈 수 있다. 혹은 한 기업이 네트워크에 기반해 다양한 산업 영역으로 다각화해 나갈 수 있다. 따라서 기업은 플랫폼에 기반해 다양한 산업으로 적극적인 다각화 전략을 꾀할 필요가 있다.

셋째, 미래 비즈니스를 이끌 핵심 지능을 포착해야 한다. 초연결사회에서는 지식과 지능이 생산요소가 될 것이다. 자본이 주된 생산요소였던 사회에서 혁신적인 변화가 일어날 예정이다. 이런 시점에 기업은 미래 비즈니스에 활용될 핵심적인 범용적 기술을 확보해야만 한다. 알고리즘, 빅데이터, 소프트웨어적 인프라, 네트워크 등 핵심적 기술을 보유한 기업이 미래 비즈니스를 이끌 것이다. 특히 기업은 해당 산업에 적합한 유망한 지식 및 지능을 선제적으로 축적하고, 미래 비즈니스를 개척할 필요가 있다. 전통적 산업에 머물게 되면 선도 기업에 미래 비즈니스를 빼앗기고, 전통 산업마저 후발주자에 빼앗기고 말 것이다.

넷째, 변화를 선도하는 조직문화 구축이 필요하다. 초연결사회에서는 그 어느 때보다 유연한 조직문화 형성이 중요해질 수 있다. 성공적인 기업경영을 위해서는 유연한 조직문화를 바탕으로 변화를 선도해 나가야 하기 때문이다. 기업과 기업의 협업이 확대되고, 기업 내 부서 간 관계도 긴밀해질 것이다. 제품과 제품이, 혹은 서비스와 서비스가 서로 융합되고, 시스템과 시스템이 긴밀하게 연계될 것이다. 또한 그러한 과정에서 쏠림 현상이 나타나 선도 기업이 그 산업을 절대적으로 장악하는 현상도 나타날 것으로 판단된다. 따라서 유연한 조직문화를 기반으로 부서 간 긴밀한 협업이 가능한 시스템을 마련하고, 혁신적인 아이디어가 조직 전반에 쉽게 공유될 수 있도록 해야 한다.

마지막으로 신성장동력산업으로의 진출을 모색할 필요가 있다. 초연결사회로의 변화를 이끌 주요한 기술 영역이 있다. 또한 초연결사회로 진입함에 따라 나타날 각 산업의 변화가 있다. 이러한 기술 영역 및 산업의 변화는 곧바로 신성장동력산업이 될 것이다. 따라서 기존 산업에서 신성장동력산업으로의 적극적인 진출을 모색할 필요가 있다. 초연결사회의 주요 기반 기술을 보유한 스타트업을 육성하거나, 적극적인 인수합병을 통해 주요 산업으로의 진출을 모색할 수 있다. 특히 국내 주력산업이 글로벌 과잉공급으로 위협을 받고, 신흥국에 의해 추격당하고 있는 시점에서 미래 먹거리를 모색할 필요성이 커지고 있다. 현 산업에서 더 잘하고자 하는 노력보다 더 잘할 수 있는 다른 산업으로의 진입을 적극적으로 고민해 볼 시점이다. 초연결사회의 기반 기술과 산업 변화를 주목해 적합한 신성장동력산업을 선제적으로 개척해 나갈 필요가 있다.

디지털 트랜스포메이션,
집안에서 구현되다

IoT가 구현한 스마트홈

IoT가 구현된 대표적인 실물의 모습이 스마트홈이다. 스마트홈은 가정환경을 보다 편리하게 관리하기 위해 가정 내 기기들을 인터넷으로 연동한 유비쿼터스 홈네트워크 시스템과 이런 시스템이 구축된 주거 공간을 포괄적으로 지칭한다. 스마트홈 서비스의 핵심은 스마트폰, 태블릿 PC, 스마트 TV 등 디지털 단말기상의 동일한 인터페이스를 통해 가정 내 기기들의 정보를 확인 및 조작할 수 있는 환경을 구현하는 것이다. 이 서비스를 통해 시간이나 공간과 관계없이 가정 내 상태 정보를 확인하고 제어하는 것이 가능해졌다. 한국스마트홈

국내 스마트홈 시장규모 추이

출처: 한국스마트홈산업협회

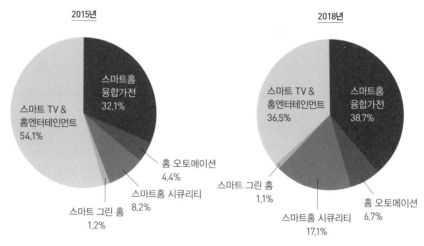

국내 스마트홈 산업별 비중 변화

2015년

스마트홈
융합가전
32.1%

스마트 TV &
홈엔터테인먼트
54.1%

홈 오토메이션
4.4%

스마트홈 시큐리티
8.2%

스마트 그린 홈
1.2%

출처: 한국스마트홈산업협회

2018년

스마트 TV &
홈엔터테인먼트
36.5%

스마트홈
융합가전
38.7%

스마트 그린 홈
1.1%

홈 오토메이션
6.7%

스마트홈 시큐리티
17.1%

출처: 한국스마트홈산업협회

산업협회에 따르면 국내 스마트홈 시장은 2015년 10조 원을 넘어 연평균 20퍼센트 이상씩 성장해 2018년에는 약 19조 원의 시장을 형성할 것으로 전망된다. 편리하면서도 안전하고 즐거움이 있는 세련된 주거생활에 대한 욕구가 강해지면서 스마트홈 관련 제품과 서비스에 대한 수요가 증가하고 있기 때문이다. 산업별 현황을 살펴보면, 2015년 기준 '스마트 TV & 홈엔터테인먼트' 분야가 5조 800억 원으로 전체 스마트홈 시장의 54.1퍼센트를 차지하고 있다. 이는 스마트 TV의 신제품 개발이 활발하게 이뤄졌기 때문이다. 2018년을 보면 특히 가전제품에 IoT 기술이 결합한 '스마트홈

융합가전' 시장의 성장세가 더 뚜렷하게 나타난 것을 알 수 있다.

현재 시장 성장기에 접어든 국내 스마트홈 시장은 최근 IoT 기술이 냉장고, 에어컨, TV 등 다양한 가전에 적용되면서 시장 성숙기로 빠르게 전환되고 있다. 특히 스마트폰을 주축으로 홈네트워크가 통합돼 스마트홈을 실현하고 있다. 다만 아직까지는 전체적인 표준화가 진행되지 않아 호환상 문제가 상존하고 있으며, 콘텐츠 또한 가전과 비가전으로 국한돼 있다. 향후 기술 발전이 이루어져 성숙 단계에 돌입한다면 지배적인 사업자를 중심으로 표준화가 이루어져 호환 문제가 사라질 것으로 보인다. 콘

스마트홈 시장 성장과 생태계 변화 방향 전망

	도입기 "가전&비가전 디바이스 분리 시장"	성장기 "가전&비가전 디바이스 통합 시장"	성숙 초기 "차세대 기술/ 디바이스 & AI컨트롤 도입시장"	성숙 후기 "스마트홈 디바이스& AI컨트롤 최적화 시장"
스마트 디바이스	가전 & 비가전(일상기기)	가전 & 비가전(일상기기)	일상기기 & 차세대 기술	일상기기 & 차세대 기술
IoT 표준화	개별사업자별 표준화	컨소시엄별 표준화	다표준 지원	지배적 사업자 표준화
플랫폼	개별 사업자 단말/OS	단말/OS 통합화	지배사업자 통제력 강화	지배사업자 통제력 강화
컨트롤 디스플레이	스마트폰 혹은 TV	스마트폰 혹은 TV	웨어러블	웨어러블 & 음성 / 모션 인식
콘텐츠	가전 & 비가전 분리	가전 & 비가전 분리	차세대 콘텐츠 / 세분화	응용 콘텐츠 / 세분화

출처: 박도휘, 강민영, 김광석(2018), "건설 전방산업의 트렌드 변화: 사업 다각화를 모색하라," 삼정KPMG 경제연구원, 이슈모니터 78호

텐츠 또한 더욱 세분돼 상황과 개인에 맞춰 다채롭게 제공될 것으로 전망된다.

향후 스마트홈 시장에서의 주요 쟁점은 어느 업종이 시장을 장악할 것인가이다. 지금까지는 이동통신사와 포털업체가 주축이 돼 스마트홈 시장을 이끌어 왔다. 가정 내 전자기기를 제어하고 콘텐츠를 활용할 수 있는 홈 허브용 셋톱박스를 선제적으로 출시해 주목을 받았다. 최근에는 IT 제조업체 또한 스마트폰을 활용해 가정 내 기기들을 제어 관리하는 시스템을 선보이고 있

다. 이들은 IoT 기술을 바탕으로 주택 내 가전, 보안, 헬스케어 등을 통합적으로 관리하는 시스템의 시장 선점을 위해 경쟁하고 있다. 대형 건설사들은 통신사와 포털업체 등과 협업해 원격 통화 솔루션, 스마트 주방 등 다양한 부가기능이 실현된 아파트를 선보이고 있다. 마지막으로 주요 보안 사업자들과 이동통신사, 가전제품 제조사들은 디지털 가전과 스마트폰을 연결해 실시간으로 홈시큐리티가 가능한 제품 및 서비스를 출시하는 등 스마트홈 시장에서

표준화를 선점하기 위한 경쟁은 계속 뜨거워지고 있다.

스마트 가전은 스마트홈의 허브로 자리매김하고 있다. 스마트 가전은 인간의 삶을 변화시키고 있다. "냉장고 문을 열어보지 않아도 어떤 음식과 식재료를 보관하고 있는지 알려주며, 스스로 필요한 식재료를 인식해 온라인 쇼핑 주문을 한다. 오븐은 소비자가 먹고 싶은 요리의 레시피를 제공해 준다. 요리법을 몰라도 요리사가 될 수 있다. 세탁기를 작동시킨다는 걸 잊었지만, 퇴근길에 스마트폰으로 세탁기를 돌린다. 퇴근 후 피곤해 소파에 기대지만 야구가 궁금하다. 음성비서한테 말하니 TV는 내가 응원하는 야구팀의 중계화면을 보여준다. 소파에 누워 야구를 보고 있는 사이, 로봇 청소기는 집 안을 깨끗하게 청소해 놓는다. 미세먼지가 가득한 날, 잠을 자는 사이에도 깨끗한 공기를 제공해 주고, 밤사이 춥더라도 내가 원하는 적정한 온도를 유지해 준다."

단순 가전에서 스마트 가전으로

가전사들의 사업전략은 스마트 가전에 집중되고 있다. 프리미엄 가전과 웰빙 가전을

IoT와 결합해 스마트홈 서비스를 구현하고자 하는 것이다. 삼성전자와 LG전자는 스마트 가전 시장에 대한 다양한 전략을 선보였으며, 인공지능 로봇을 가전에 연결해 다양한 기능을 구현하는 미래 가전의 모습을 제시해 왔다. 삼성전자는 스마트 냉장고 '패밀리 허브', LG전자는 스마트홈 서비스 '스마트 씽큐'를 소개하면서 사용자의 편리성을 극대화한 제품을 선보였다.

가전사 외에도 IT 제조 및 서비스 기업이 스마트홈 서비스 구현을 위해 역량을 집중하고 있다. 구글과 애플 등의 IT 서비스 기업들의 약진이 두드러진다. 특히 구글은 스마트홈의 허브인 '구글홈(Google Home)'을

2016년 11월부터 판매하고 있다. 또한 SK텔레콤, KT, LG유플러스, 소프트뱅크 등의 통신서비스 기업들은 이미 확보된 고객을 기반으로 한 서비스를 확대하고 렌털과 월정액 제품을 출시하고 있다. SK텔레콤은 인공지능 음성인식 디바이스 'NUGU'를, 일본 소프트뱅크는 사람의 감정을 읽는 휴머노이드 로봇 '페퍼(Pepper)'를 출시해 스마트홈 허브 디바이스를 공급하고 있다. 미국 아마존과 같은 거대 유통업체들은 자체 유통망을 활용한 독자 노선을 펼치고 있으며, '알렉사(Alexa)'와 같은 자체 플랫폼을 확보해 생태계를 선점해 나가고 있다.

스마트폰 시장의 패권을 거머쥔 플랫폼 사

대형 가전과 스마트 가전 출하량 동향 및 전망

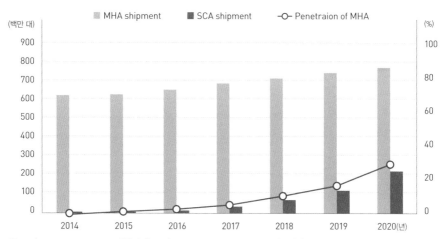

주: MHA(Major Home Appliance, 대형 가전), SCA(Smart Connected Appliance, 스마트 가전)
출처: IHS, 유진투자증권

업자 구글과 애플은 각각 '구글어시스턴트'와 '시리(Siri)'를 지속적으로 발전시키고 있으며, '구글홈'과 같은 디바이스와 '홈 키트'라는 플랫폼을 내놓았다. 2017년부터 출시된 많은 프리미엄 가전이 구글홈과 같은 허브와 연결돼 출시됐으며, 이러한 가전업체의 적극적인 제품 출시와 통신 서비스업체들의 서비스 지원은 스마트홈 서비스를 본격화시킬 것으로 판단된다.

가전산업이 단순 가전에서 스마트 가전으로 패러다임이 변화하고 있다. 가전사들은 스마트 가전 제품 비중을 늘려나갈 것으로 전망된다. 2014년에 등장하기 시작했던 스마트 가전의 출하량은 2018년 전체 대형 가전 출하량 중 10퍼센트 수준에 달하고, 2020년에는 20퍼센트를 웃돌 것으로 예상하고 있다.

국내 정책 지원 현황

국내의 정책적인 지원도 확대될 것으로 보인다. 2018년 3월 산업통상자원부는 'IoT 가전 및 스마트홈 업계 간담회'를 개최해 'IoT 가전산업 발전전략'을 논의했다. 이 간담회에 산업부 장관, 삼성전자, LG전자, 대유위니아, 쿠첸, SK텔레콤, KT, LG유플러스, LH, SH공사, 코맥스, 현대통신, 에스

원 등 관계자 20여 명이 참석했다. 간담회에 앞서 업계와 산업부는 대기업 IoT 플랫폼을 중소기업에 개방해 생태계를 확장하고 가전, 통신, 건설사 등 다양한 업종 간 협력을 증진하기 위한 '상생협력 MOU'를 체결했다. 상생협력 MOU를 체결한 기관은 산업부, 삼성전자, LG전자, 쿠첸, 대유위니아, SK텔레콤, KT, LG유플러스, 에스원, 와이즈넛, 코맥스, 현대통신, 한국전자정보통신 산업진흥회다. 국내 중소기업 및 스타트업에 제품 개발 기회를 제공하고, 중소기업 상생을 위한 기술, 인력 등을 지원하는 내용이 골자다. 다른 업종 기업 간 기술 교류를 위한 협의체도 운영할 계획이다. 아울러 업계와 산업부는 관련 업계 역량을 결집해 국민 체감이 가능한 성과를 속도감 있게 창출하기 위해 '실증사업 협력 MOU'를 체결했다. 실증사업 협력 MOU를 체결한 기관은 삼성전자, LG전자, SK텔레콤, KT, LG유플러스, LH, SH공사, 전품연, 전자진흥회, 스마트홈산업협회다. 스마트홈(시티) 실증 및 표준화, IoT 가전 및 스마트홈 플랫폼 구축과 기술 개발, IoT 가전 및 스마트홈 빅데이터 협력 등의 내용이 담겼다. 이러한 정책적 지원과 산학연 협력 체제는 R&D 예산과 실증사업을 확대하고, IoT 분야 인재를 집중적으로 양성케 할 것

경제읽어주는남자의 디지털 경제지도

이다. 또한 금융, 세제, 교육 등의 지원과 신산업 민관 공동 펀드 등이 활용됨에 따라 스마트 가전산업이 탄력을 받고 성장할 여건이 조성될 것이다.

소비자가 답이다

편리하면서도 안전하고 즐거움이 있는 세련된 주거 생활에 대한 소비자들의 욕구가 강해지면서 스마트 가전 관련 서비스에 대한 수요가 증가하고 있다. 하지만 그동안 스마트홈 시장은 가전사, 통신사, IT 서비스 기업 등 다양한 산업과의 융합 및 제휴가 전제되는 영역이다. 스마트홈 및 가전산업에 진출하기 위해서는 다양한 정책적 지원과 사물인터넷 기술을 보유한 스타트업 M&A 및 다른 산업과의 제휴를 시도해야 한다. 유망 산업 진출을 위한 조직의 유연화를 추진하고, 유연한 사고와 유연한 기업문화 조성도 요구될 것이다.

빅데이터에 기반한 라이프스타일을 제안하는 가전이 필요하다. 스마트홈 시장에 참여하는 다양한 기업들은 공통적으로 음성비서를 경쟁적으로 공급하고 있다. 음성비서의 궁극적인 목적은 집안에서의 라이프스타일에 관한 빅데이터를 구축하기 위함이다. 구축된 빅데이터에 기반하여, 보다 정밀하게 맞춤화된 스마트홈 서비스를 구현할 수 있기 때문이다. 가전 소비자들은 스마트 가전 구입을 통해 변화된 라이프스타일을 구현하고자 한다. 이미 기업들은 미래 가전 주도권 잡기 경쟁에 돌입했다. 결국 소비자가 그리고 있는 미래 라이프스타일을 누가 더 정확하게 이해하고 있는지가 그 주도권을 결정할 것이다.

스마트팜이 이끌 미래 농업

떠오르는 스마트팜

국내외 스마트팜(Smart Farm) 도입 배경에는 글로벌 공통의 요인과 국내에서 직면한 문제 등 다양한 배경이 복합적으로 작용하고 있다. 글로벌 요인으로는 세계적인 인구 증가를 꼽을 수 있다. 2009년 국제연합식량농업기구(FAO)는 2050년 전 세계 인구는 92억 명에 이를 것이라 전망했지만 현재의 식량 증산 수준은 큰 변동이 없어 기아 인구가 증가할 것이라 예측했다. 이런 상황에서 스마트팜 기술은 현재의 식량 생산 수준을 증대시킬 것으로 기대되면서 세계적으로 큰 주목을 받고 있다.

국내 농업 및 농촌을 둘러싼 상황도 스마트팜 도입의 배경으로 작용한다. 농업 종사자의 감소와 농촌 인구의 고령화 진행이

스마트팜 도입 배경

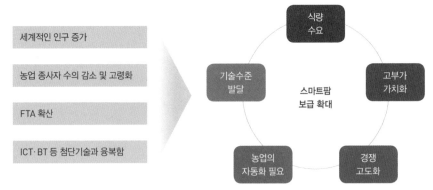

출처: 삼정KPMG 경제연구원

농촌의 노동력 부족을 야기하며 국내 농업의 심각한 문제로 대두되는 와중에 스마트팜 기기는 농촌의 부족한 노동력을 대체하는 역할을 할 것으로 기대된다. 또한 자유무역협정(Free Trade Agreement)으로 국내 농산품이 저렴한 수입 농산물과의 경쟁에 노출되면서 국내 농가의 경쟁력 확보를 위해 스마트팜 도입의 필요성이 대두되었다. ICT·BT 등 첨단기술과 융복합 등 기술발달도 스마트팜 도입을 촉진하였다. 스마트팜은 시설 인프라, 사물인터넷, 원격 센서 기술 등의 연구개발 성과가 나오면서 본격적으로 보급이 확대되고 있다.

한편 기획재정부의 '2016~2020년 국가재정운용계획'에 따르면, 스마트팜 면적을 2016년 2,235ha(약 676만 800평)에서 2020년까지 5,945ha(약 1798만 3천 평)로 확대하고, 스마트팜 도입 농가의 생산성도 27퍼센트에서 40퍼센트로 향상시킬 계획을 발표하였다. ICT 융복합 첨단농업을 육성하고, 전문인력을 양성하며, 수출시장을 개척해 나가겠다는 계획이다.

첨단산업으로 진화하는 농업

농업과 ICT기술의 융복합으로 전통적인 농업방식에서 스마트한 농업으로의 패러다

농업의 첨단 산업화

구분	활용
농축산	• 환경 통합 가축분뇨 처리 시스템 • 첨단 친환경 동물 복지형 축사 • 축산물질 고급화 시스템
시설농업	• 농수산물 건조기 • 육묘 파종기 • 소주제거기 • 시설원례제습기 • 비닐하우스 시공 • 제조기
정밀농업	• 로봇공학 기술을 활용한 트랙터 • 비료 및 농약 살포 드론 • ICT 융합 정밀농업 시스템 • U-IT Firm • 식물공장
스마트 농업	• 지능형 센서기반 통합 생산제어 시스템 • 농업용 모바일 GIS(지리정보시스템) 등

출처: 농림축산식품부

임 전환이 본격화되며 농업은 점차 첨단산업으로 진화하고 있다.

세계 주요 스마트팜 선진국들은 사물인터넷, 나노, 빅데이터, 클라우드, 로봇, 드론 등의 ICT를 농업에 접목하려는 시도를 본격화하고 있다. 북미 지역 혹은 오세아니아 등지의 초대형 농업환경을 보유한 국가에서는 한 해 수확량을 계산하고 병충해를 진단하고 토지의 수분량 측정, 지표 상태 측정, 수확시기 진단, 작황 상태 모니터링 등에 이미 드론을 비롯한 다양한 시스템을 활용하고 있다. 또한 이들 ICT 설비로부터 얻은 데이터를 농업 생산성 향상에 적극 이용 중이다. 즉 농업과 관련한 데이터를

스마트하게 이용하는 '팜 인텔리전스(Farm Intelligence)'를 실현 중인 것이다.

작물의 생육 상태와 토양 조건을 세밀하게 파악해야 하는 정밀농업에서는 컴퓨터 비전과 영상처리 기술, 그리고 로봇공학 기술이 중요한 역할을 하고 있다. 영상처리 장치에 스마트폰, 위성 등을 연결함으로써 지형 및 토질, 해충, 전염병 등 농업에 필요한 세밀한 정보 획득이 가능해졌다. 로봇공학을 이용한 트랙터 개발도 최근 가속화되고 있다. 이 트랙터는 카메라 영상을 보면서 스스로 움직일 수 있는 능력을 가지며, 땅을 고르면서 비료와 농약을 뿌리기

도 하고 추수기에 수확물을 따기도 할 것으로 기대된다. 정확도 측면에서도 사람의 능력을 훨씬 능가하여 생산성이 뛰어날 것으로 예상되고 있다.

스마트팜의 개념

협의의 스마트팜은 ICT기술을 온실, 축사, 과수원 등에 접목해 원격 및 자동으로 작물과 가축의 생육환경을 적절히 제어할 수 있는 농장을 의미한다. 사물인터넷 등의 기술로 농작물 시설의 온도와 습도, 일조량 등을 측정 분석하고, 모바일 기기를 통

경제읽어주는남자의 디지털 경제지도

스마트팜 구조도

출처: 삼정KPMG 경제연구원

해 원격 제어를 하는 것 등이 협의의 스마트팜에 해당한다.

그러나 ICT기술은 단순히 농업 생산뿐만 아니라 농산물 유통 및 소비 등 다양한 영역을 효율화하고 새로운 부가가치를 창출하는 데까지 그 활용 영역이 확대될 수 있다. 이에 따라 광의의 스마트팜 개념이 대두되었는데, 광의의 스마트팜은 생산 분야

외 유통·소비 및 농촌생활에 이르기까지 농업과 관련된 다양한 영역을 포괄하는 개념이다. 구체적으로는 생산, 유통, 소비 등 농식품의 가치사슬에 ICT의 융복합을 통해 생산의 정밀화, 유통의 지능화, 경영의 선진화 등 상품, 서비스, 공정 혁신 및 새로운 가치를 창출하는 것을 의미한다.

우리나라 스마트팜은 어디까지 왔을까

현재 국내 농촌은 논밭 중심의 전통적인 농가의 영농 환경이 악화됨에 따라, 고소득 작물의 안정적인 재배가 가능한 비닐하우스의 보급이 급증하는 추세이다. 국내 스마트 온실 적용 가능 면적은 2014년 기준 50,598ha(약 1억 5305만 900평)로 세계 3위이고, 그 중 스마트온실(환경복합제어 적용 가능) 면적이 15퍼센트(7,595ha), 스마트하우스(일반제어) 적용 가능 면적이 38퍼센트(19,111ha)이다. 국내 시설원예 생산액은 5조 7천억 원으로 전체 농업 생산액의 13퍼센트를 차지하고 있다. 국내 스마트팜 관련 시장은 2012년 2조 4,295억 원에서 연평균 14.5퍼센트 성장하며 2016년에는 4조

1,699억 원 규모까지 성장할 것으로 전망된다.

국내 주요 기업 중에서는 SK텔레콤, KT 등이 스마트팜 시범 사업을 추진하고 있다. SK텔레콤은 세종시에 '지능형 비닐하우스 관리시스템'을 구축하여 스마트폰을 통해 원격으로 재배시설의 개폐 및 제어, CCTV 카메라 모니터링, 온·습도 등 센싱, 정보 모니터링이 가능한 서비스를 제공하고 있다. 또한, KT는 전국에 보유한 GIGA 네트워크 인프라와 통합관제 역량, A/S지원체계, 빅데이터 기술을 융합해 'GIGA 스마트팜' 사업을 추진 중이며, 농림축산식품부와 공동으로 스마트팜 확산을 위해 전국 농촌 10개 거점 지역에 '실습교육장'과 '현

국내 스마트팜 시장 규모

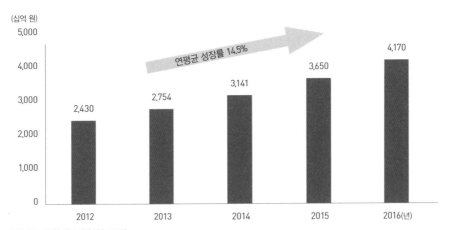

(십억 원)

2012	2013	2014	2015	2016(년)
2,430	2,754	3,141	3,650	4,170

연평균 성장률 14.5%

출처: 중소기업청, 중소기업 기술로드맵

경제읽어주는남자의 디지털 경제지도

장지원센터'를 개설했다.

현재 국내 스마트팜은 유통, 소비 등의 분야로 확산되고 있지만, 아직까지는 농업 생산을 중심으로 전개되고 있다. 생산 중에서도 모니터링 및 제어단계에 집중되어 있는 것으로 판단되며, 빅데이터 등을 활용한 최적화 알고리즘 개발, 로봇 등과 연계된 자동화 기술 등은 현재 연구개발 단계에 머물러 있는 것으로 파악된다.

글로벌 스마트팜 시장 동향

세계 각국에서 ICT를 활용하여 산업 경쟁력을 높이고 부가가치를 창출하기 위해 다양한 노력을 기울이고 있는 가운데, 농업 분야 중에서도 스마트팜을 중심으로 한 글로벌 경쟁이 심화되고 있는 모습이다.

미국은 농업에 사물인터넷은 물론 나노 기술, 로봇 기술 등을 본격적으로 접목하려는 시도를 하고 있다. 구글의 경우 토양, 수분, 작물 건강에 대한 빅데이터를 수집해 종자, 비료, 농약 살포에 도움을 주는 인공지능 의사결정 지원시스템 기술 개발에 나선 실정이다.

네덜란드는 대표적인 원예국가로, 전체 온실의 99퍼센트가 유리온실이며 복합 환경 세어가 가능한 시스템을 구비하고 있다. 네덜란드는 수십 년간 누적된 데이터와 재배환경 최적화 노하우를 바탕으로 각종 센서와 제어솔루션을 개발하였으며, 이러한 농

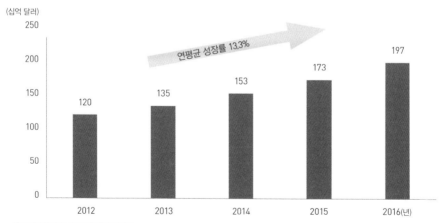

세계 스마트팜 시장 규모

출처: 중소기업청, 중소기업 기술로드맵

크리스텐센 농장의 '스웨데포닉' 시스템

업 ICT기술을 통해 생산량 및 품질 최적화를 도모하고 있다. 또한 네덜란드 프리바(Priva) 사는 세계 최고 수준의 온실 환경제어 시스템을 생산하여 세계 각국에 수출하고 있다.

일본에서는 후지쯔, NEC, IBM, NTT 등 기업들이 농업 분야에 ICT기술을 접목하여 다양한 서비스를 제공하고 있다. 일본 IBM의 농산물 이력추적 서비스, NEC의 M2M 기반 생육환경 감시 및 물류 서비스, 후지쯔의 농업관리 클라우드 서비스 시스템 등이 대표적인 사례이다.

해외 스마트팜 기업 사례

현재 국내 스마트팜 경영 농가 또는 기업들이 대부분 모니터링 및 반자동 컨트롤 기능에 치중해 있는 반면 해외 스마트팜 기업들은 첨단 분석 기술 및 로봇 기술 등을 활용하여 품질 및 생산성 향상에 힘쓰고 있

는 것으로 알려졌다. 또한 국내의 경우 스마트팜을 도입한 기업의 대다수가 소규모 농장인 반면 해외의 경우 대규모 농가, 식물공장 형태 혹은 기업형 영농의 형태를 띠는 것으로 파악된다.

덴마크 크리스텐센(Christensen) 농장에서는 빌딩 형태의 입체식 자동 식물공장과 태양광과 고압나트륨 램프를 평행한 광원 사용을 도입했다. 이 시스템을 통해 통제된 시설 안에서 빛과 공기, 열 등 생물이 자랄 수 있는 환경을 인공적으로 조절하여 공산품처럼 농산물을 계획 생산 중이다. 또한, 크리스텐센 농장은 스웨데포닉(Swedeponic)이라는 시스템을 도입하였는데, 스웨데포닉 시스템은 식물이 생육되는 라인의 폭이 식물 성장에 따라 이동하는 것이 특징이다. 모종은 생장에 따라 보다 많은 빛을 받기 위해 자동적으로 움직이며 8단계의 폭을 거쳐 출하에 이르게 된다.

독일의 비욘 도축장(Vion Crailsheim)은 비욘

해외 스마트팜 기술 도입 선도기업

구분	국가	기업	스마트팜 활용 현황
노지농업	미국	살리나스 밸리	생육환경이 센서를 통해 자동 모니터링 되고 있으며, 무인 농업로봇을 개발하여 활용
시설재배	덴마크	크리스텐센	통제된 시설 안에서 빛과 공기, 열 등 생물이 자랄 수 있는 환경을 인공적으로 조절하여 공산품처럼 농산물을 계획생산
시설재배	벨기에	홀티플란	재배베드자동이송시스템(MGS: Mobile Gully System)을 중심으로 묘 자동이식 로봇, 자동재식거리조정방식, 재배베드가 수확장소로 이송됨
시설재배	일본	와이즈 와카마츠 아키사이(Akisai) 야채공장	와이즈 후지쯔 그룹의 폐쇄형 대규모 식물 공장으로, '클린룸'이라고 불리는 식물공장에서 각종 첨단 기술을 활용하여 우량품 수확률 향상 식·농 클라우드인 아키사이 재배환경과 작물품질의 상관관계를 데이터를 통해 파악하여 날씨나 계절에 좌우되지 않고 안정적으로 농산물 재배
축산	덴마크	호센스 도축장	인건비 절감을 위해 약 100년 전부터 생산라인의 자동화를 연구해왔으며, 계류장 시설의 자동화 설비를 완비
축산	독일	비욘 도축장	비욘푸드그룹에서 운영하는 도축장으로, 특화된 기술력을 바탕으로 품질 차별화 도모

출처: 삼정KPMG 경제연구원

푸드그룹에서 운영하고 있는 도축장으로, 비욘푸드그룹은 2001년부터 2015년까지 비욘 도축장에 지속적으로 6,500만 유로를 투자해왔다. 비욘 도축장은 2014년 기준 독일 내 23퍼센트의 시장점유율을 차지하며 해외로도 제품을 활발히 수출하고 있다. 비욘 도축장에서는 돼지를 도축 시 등 지방 등을 체크하는 오토폼이 설치돼 혈액을 수평으로 방혈하고 있으며 CO2 시스템을 사용하여 돼지를 기절시킨다. 1일 가공량은 200톤 정도이며, 2014년 기준 시간당 450두를 작업하고 있다. 비욘 도축장에서는 도체를 바로 급냉시키지 않고 영하 2°C에서 두 시간 예냉을 하며, 예냉 입고 전 물분무를 통해 빙벽을 만든다. 이는 도체 내 수분감량을 줄이는 효과를 준다. 가공장에서는 예냉 입고된 지육의 수축으로 인한 지방과 지육이 붙는 현상을 방지하기 위해 에어 콤프레셔를 통해 등 지방의 세 곳에 에어를 주입하는 등의 절차를 거친다.

우리나라의 스마트팜 정책 현황

우리나라 정부는 기존의 토지·노동 의존적인 전통적 농업방식으로는 한국 농촌의 지속적인 성장을 견인하기가 힘들어진 상황임을 인식하고 농업·농촌의 지속적 성장 토대 마련을 위해 스마트팜과 같은 기술

국내 스마트팜 정책 추진 로드맵

–	농식품 ICT 융복합 확산 대책		스마트팜 확산 대책	
2010년	2013년	2014년	2015년 10월	2017년
• 매년 ICT 융복합 모델 발굴사업을 진행해 시설원예, 축산, 유통 등 총 20건의 모델 개발 및 현장 실증을 추진	• '농식품 ICT 융복합 확산대책' 마련: 생산, 유통, 소비 등 부문별 ICT 융복합 현황 진단 및 스마트팜 보급, R&D 등 정책 방향 설정	• 2014년부터 시설원예, 축산분야를 중심으로 스마트팜의 본격적인 현장 확산을 추진	• 스마트팜 확산 대책 하에 세 가지 정책적 목표 제시 :스마트팜 보급 확대 :스마트팜 운영 농가의 생산성 향상 :스마트팜 관련 산업의 선순환 생태계 조성	• 시설원예 4,000ha, 축산농가 700호, 과수농가 600호에 스마트팜 보급 목표

출처: 농림축산식품부, 삼정KPMG 경제연구원 재구성

집약적인 첨단 농업으로의 전환을 추진 중이다. 이러한 맥락에서 농림축산식품부는 2015년 10월 미래성장산업화 가속화를 위한 경쟁력 제고와 성장동력 창출을 목표로 '스마트팜 확산 대책'을 마련하고 크게 세 가지 정책적 목표를 제시했다. 정부에서 발표한 스마트팜 확산 대책은 현장 보급의 초기단계에 머물러 있는 스마트팜 사업의 현장 애로사항을 해소하고, 관련 투자 및 인프라를 확충해 스마트팜의 확산을 가속화하여 향후 수출산업으로까지 이어지도록 하기 위함이다.

스마트팜 확산 대책의 주요 내용에는 스마트팜 보급 확대, 한국형 스마트팜 개발 등의 주요 추진 과제들을 중심으로 농업 생산성을 향상시키고, 농업 및 농촌의 경쟁력을 제고한다는 내용이 포함되어 있다.

아울러 한국은 국산 스마트팜 관련 제품의 상용화 수준이 낮아 고가의 외국산 제품을 사용해야 한다는 문제점을 안고 있다. 외국산 제품 점유율이 높은 문제를 개선하기 위해 정부는 외국산보다 비용이 저렴하면서도 효율이 높은 국내 제품을 개발하고 개발된 제품을 적극적으로 보급하겠다는 계획을 밝혔다. 이에 하드웨어의 국산화는 물론 최적의 생육정보를 분석해 현장에 제공하는 소프트웨어의 국산화를 진행 중이다.

한편 한국 정부는 스마트팜 전문 인력 육성체계를 강화하고, 농가 실습교육과 사후관리 강화 등 스마트팜 운영 농가의 성과제고를 위한 현장 밀착형 지원 강화에 적극 나서며 스마트팜 보급에 힘쓰고 있다.

미국, EU, 일본의 스마트팜 정책

미국 정부는 농업의 성장이 식량 안보에 직접적인 해결책이라는 인식 하에 1990년대부터 지속가능한 농업 및 환경 촉진을 주요 전략으로 설정하였다. 미국의 국가과학기술위원회(NSTC) 주도로 ICT 융합의 기반이 되는 원천기술에 2002년 18억 달러에서 2012년 37억 달러까지 투자를 확대해왔다. 2000년에 들어 GPS를 이용한 무인주행 농작업과 조간 농자재 변량(row-byrow) 살포기술이 이용되고 있으며, 실시간 센서개발과 정밀농업 과정에서 취득한 정보인 농산물 생산이력의 이용을 추진하고 있다.

2014년에는 국립 기상 서비스(National Weather Service)와 농무부(USDA)가 오픈 데이터 정책 추진을 통해 각종 농업 서비스 개발을 촉진해오고 있다. 미국의 클라이메이트 코퍼레이션(The Climate Cooperation)은 250만 개의 기상데이터와 과거 60년 간의 수확량 및 1,500억 곳의 토양 데이터를 바탕으로 지역·작물별 수확 피해 발생 확률을 계산하고 이를 토대로 농가를 위한 맞춤 보험 프로그램을 제공한다.

미국 농장의 최첨단화가 가능하게 된 데는 기술 발전이 큰 이유로 작용하며, 특히 이러한 기술들은 '농업의 실시간 관리', '관리의 효율성 향상'에 중점을 두고 개발되었다. 이 중 기계로 농약을 살포해야 하는 대단위 농지 등에서 농약 살포량을 조절할 수 있는 기술인 '스마트 스프레이 시스템', 대형부터 소형에 이르기까지 작황 상태를 진단하고 농업 공정의 자동화를 돕는 '로봇'과 '드론', 농가의 작황과 농장 기계 상태를 실시간 관리할 수 있는 '센서' 등의 기술이 현재 상용화되고 있다. 이런 최첨단 농업 기술은 미국 정부의 적극적인 투자를 바탕으로 향후 더욱 발전할 것으로 전망된다.

유럽연합(EU)은 2004년 '지식사회 건설을 위한 융합기술 발전전략'을 수립하여 2013년까지 진행되는 '7th Framework Programme 2007~2013'을 통해 융합기술을 구체화하고 농업 분야를 이에 포함시켰다. 2014년부터는 이를 'Horizon 2020'으로 명칭을 바꾸고 농업을 주요 현안 중 하나로 포함시켜 사회적 현안 해결을 위한 지속가능한 농업의 역할을 강조해오고 있다. 유럽연합의 농업연구상임위원회(SCAR)에서는 농업 및 ICT 융합 R&D 정책 추진을 맡고 있다. 유럽연합의 농업·ICT 융합 R&D 정책은 농식품 분야에 대한 투자확대로 유럽의 지식 기반 바이오 경제(Knowledge based Bio-economy)를 달성하는 것을 목표로 추진되고 있다.

해외 스마트팜 정책 추진 상황

미국	유럽연합	일본
• 미국은 90년대부터 지속 가능한 농업 및 환경촉진을 주요 전략으로 설정 • 2000년대 ICT융합의 기반이 되는 원천기술에 대한 투자를 지속 확대해 왔으며, 2014년부터는 오픈 데이터 정책을 통해 농업 관련 서비스 개발을 촉진해오고 있음	• 1984년부터 세계 최대 R&D 프로그램인 'Framework Programme'을 추진 중. 2013년부터 농업을 해당 프로그램에 포함. 2014년에는 사회적 현안 해결을 위한 지속가능한 농업의 역할을 강조 • EU 차원의 농업분야 ICT 국제 공동 연구 프로젝트인 ICT-Agri도 추진 중	• 2011년 i-Japan 전략 수립 후 농업을 ICT 융합 기반의 신산업으로 육성하기 위해 6대 중점 분야로 선정 • 2014년 농림수산성을 주축으로 '농업 정보의 생성·유통 촉진 전략'을 수립하고 농업 관련 정책 추진 중

출처: 한국과학기술평가원, 삼정KPMG 경제연구원 재정리

한편 유럽연합은 주요 농업 프로젝트 중 하나로 'ICT-Agri 프로젝트'를 추진하고 있는데, 이는 유럽연합집행기관(European Commission)의 기금(ERANET scheme)으로 운영되는 EU 차원의 농업 분야 ICT 국제공동 연구 프로젝트이다. 본 프로젝트는 정밀 농업 분야에 대한 EU 차원의 연구역량 및 회원국 간의 연구협력네트워크 강화를 주요 목표로 두고 있다. 또한 EU 공통의 연구의제 설정을 통해 농업 분야 ICT 및 로봇 기술 연구개발의 효과성과 효율성 제고를 위해 노력 중이다. 본 프로젝트를 통해 농업분야의 지속가능성을 높이고 혁신적인 기술개발을 촉진하기 위해 유럽연합은 민관협력(Public-Private Partnership)을 장려하여 민간기업과 사용자(농부)들의 참여를 도모하고 있다.

일본 정부는 2004년 '신산업 창조전략'을 통해 융합 신산업 창조전략을 추진하고, 2011년 i-Japan 전략을 수립하면서 농업을 ICT 융합 기반의 신산업으로 육성하기 위한 6대 중점 분야 가운데 하나로 선정하였다. 일본의 농업·ICT 융합 기술은 기계화, 편리성 도모, 수익향상, 건강증대, 안정성 확보 등의 측면에서 광범위하게 적용되고 있다. 2010년 농업의 성장산업화 전략의 하나로 '농업 6차 산업화'를 도입하고, 이를 제도적으로 뒷받침하기 위해 2011년 3월, 6차 산업 관련법을 제정하여 지역활성화로 이어지도록 각종 지원을 이어나가고 있다. 2014년 농림수산성을 주축으로 '농업 정보의 생성·유통 촉진 전략(2014. 6)'을 수립하고 농업 관련 데이터의 수집 및 분석 활성화를 모색해오고 있다. 최근에는 농업·ICT 융복합 기술인 스마트애그리(Smartagri) 시스템, 영농정보관리시스템

(FARMS: Farm Management System)을 개발하여 농업의 기계화·자동화를 구현해오고 있다.

미래 스마트팜을 이끌 유망 기술

스마트팜의 미래를 형성할 주요 기술에는 무엇이 있을까. 이를 위해 해외 벤처캐피털의 스마트팜 관련 투자 동향 데이터를 기반으로 어그테크(AgTech: 첨단 정보기술과 농업을 결합한 단어인 'Agriculture Technology'의 줄임말) 부문에 중점적으로 투자하고 있는 주요 해외 투자기관의 포트폴리오를 기술 분야 및

생산·유통·가공·소비와 같은 가치사슬 측면에서 분석해보았다. 그 결과 스마트팜의 미래를 결정 지을 가장 유망한 기술은 크게 정밀농업 분야, ICT 융복합 분야, 자동화 분야 등 세 가지 분야에 포진해 있었다.

정밀농업 분야를 구성하는 주요 기술로는 의사결정지원 기술(Decision Support Tech)을 비롯해 작물 및 토양 관련 기술(Crop & Soil Technology) 등이 포함된다. ICT 융복합 분야의 주요 기술로는 스마트 장비(Smart Equipment), 센서 기술(Sensor Technology), 사물인터넷 및 농장 관리(Farm Management)

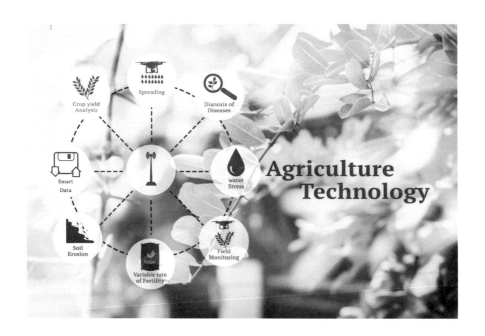

등이 있다. 마지막 자동화 분야는 스마트
팜을 구성하는 데 있어 필수적인 기술 분
야이며, 앞으로도 미래 스마트팜의 핵심
성장동력이 될 것으로 보인다. 자동화 분
야의 대표적인 세부 기술로는 드론 및 로보
틱스, 스마트 스프레이 시스템 등이 있다.

데카테스 랩스의 기술

데카테스 랩스 사례는 정밀농업 분야의 '의
사결정지원 기술' 사례를 잘 보여준다. 최
근 해외에서는 위성이 촬영한 이미지를 인
공지능으로 분석해 가치 있는 정보를 만들
어내는 서비스가 각광받고 있다. 가령, 위
성으로 촬영한 이미지를 시계열로 분석해
가까운 미래에 전개될 농업의 새로운 패턴
을 예측하는 서비스가 한 예이다. 미국 국
립연구소의 연구원들이 모여 2014년에 설
립한 데카테스 랩스는 위성 이미지와 인공
지능 기술을 이용하여 핵심 정보를 뽑아내
는데, 의사결정지원 기술을 실현하는 대표
적인 기업으로 꼽힌다.

과거 벌목회사들이 샘플을 기준으로 삼
림지역 내 나무 수를 추산했다면, 데카테
스 랩스는 관련 소프트웨어를 활용해 수
백만 에이커에 달하는 산림지역 내 나무
를 한 그루씩 정확하게 셀 수 있는 것이다.

데카테스 랩스의 보유 기술

기술요소	내용
데이터 파이프라인 (Data Pipeline)	위성, 카메라, 휴대전화 등 센서 및 기기로부터 수집된 방대한 시각 데이터를 다룸
이미지 이해 (Image Understanding)	딥러닝·인공지능의 기술을 이용해 컴퓨터 시각 데이터로부터 핵심정보를 추출
패턴 인식 (Pattern Recognition)	촬영한 장면에서 무엇이 변하고 있는지, 과거 몇 년간의 변화 등의 패턴을 분석

출처: 삼정KPMG 경제연구원이 각 기관 자료 종합

2014년 데카테스 랩스는 자사가 보유한 위
성 및 인공지능 기술을 활용해 미 농림부
보다도 정확하게 미국 내 옥수수 수확량을
예측했다. 데카테스 랩스는 위성으로 촬영
한 이미지를 분석해 2014년 미국의 옥수수
수확량이 133억 4천만 부셸(1부셸=약 36리
터)에 그칠 것이라고 예측했고, 당시 미국
농무부는 135억 3천만 부셸이라고 예상한
것이다.

미래 농업의 성공 요인

아직까지 한국에서 스마트팜은 온도, 습도
등 단순 환경 정보를 바탕으로 스마트 기
기를 통해 스프링 쿨러, 보온덮개 등 제어
기기를 작동시키는 단계에 머물러 있다. 그
러나 향후 스마트팜은 생육정보 및 기상정

경제읽어주는남자의 디지털 경제지도

보, 더 나아가 축적된 데이터를 기반으로 통합정보 및 의사결정시스템을 통해 정밀한 작물관리가 이뤄지는 방향으로 나아가게 될 것이다. 재배시설 내의 환경정보, 생육정보 등의 데이터는 개별 농가별로 축적이 가능하나, 소비자의 농축산물 소비패턴, 기상정보, 농축산물 유통정보, 농산물 생산량, 가격 정보 등은 개별 단위 농가 또는 특정 기업 혼자만의 노력으로는 축적되기 어려운 실정이다. 따라서 성공적인 스마트팜 구축을 위해서는 개별 농가 혹은 기업만이 아닌 전반적인 차원에서의 스마트팜 관련 데이터가 관리되어야 하며, 이를 위한 노력이 요구된다.

제조업 르네상스 다시 오다

제조업 부흥이 시급하다

한국경제에서 제조업의 영향력은 상당하다. 특히 4차 산업혁명이 제조업의 몰락 또는 새로운 부흥을 불러올 수 있는 현 상황에서는 더더욱 산업 근간으로서의 제조업 경쟁력 제고가 핵심 과제이다. 지난 50년 동안 세계 각국은 금융업과 지식기반 서비스업 등을 중심으로 부가가치가 증대되면서 제조업이 총부가가치에서 차지하는 비중이 하락해 왔다. 미국은 1970년 약 23.6퍼센트에서 지속적으로 하락해 2015년 기준으로 12.0퍼센트에 이르렀다. 제조업 기반의 국가라고 할 수 있는 독일과 일본도 제조업이 총부가가치에서 차지하는 비중이 하락해 왔다. 중국의 경우 제조업이 총부가가치에서 차지하는 비중이

4차 산업혁명 적응 국가 순위

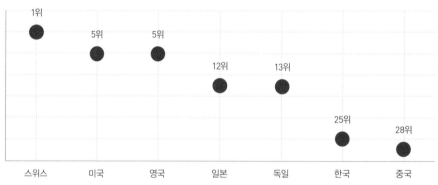

출처: UBS(2016), "Extreme automation and connectivity: The global, regional, and investment implications of the Fourth Industrial Revolution", White paper for the World Economic Forum Annual Meeting 2016.(총 139개국 대상)

주요 영역별 4차 산업혁명 적응 국가 순위

국가	노동시장 유연성	기술 수준	교육 시스템	사회간접자본	법적보호
스위스	1	4	1	4	7
미국	4	6	4	14	23
영국	5	18	12	6	10
일본	21	21	5	12	18
독일	28	17	6	10	19
한국	83	23	19	20	62
중국	37	68	31	57	64

출처: UBS(2016), "Extreme automation and connectivity: The global, regional, and investment implications of the Fourth Industrial Revolution", White paper for the World Economic Forum Annual Meeting 2016.(총 139개국 대상)

2006년 32.5퍼센트로 최고점을 기록했지만, 경제구조 개편과 서비스업 중심으로 재편되면서 2015년 27.0퍼센트로 떨어졌다. 한국도 서비스업을 중심으로 경제규모가 확대되면서 2010년 이후로 제조업 비중이 하락해 왔지만, 총부가가치의 29.5퍼센트가 제조업에서 비롯되고 있다. 그럼에도 불구하고 한국의 제조업 경쟁력은 약화되고 있다. 제조업 경쟁력을 판단하는 주요 대상국인 중국과 비교했을 때, 제조업 전반에 걸쳐 한국의 세계 시장점유율이 중국 대비 축소되는 경향이 나타난다. 중국 대비 한국의 세계 시장점유율은 제조업 전체 평균이 2000년 0.73에서 2015년 0.23으로 떨어졌다. 디스플레이 업종을 제외한 모든 제조업 영역에서 유사한 특징을 보인다. 제조업 혁신이 요구되는 시점이다.

제조강국을 향한 각국의 대응

독일은 'Industry 4.0'의 선도적 추진을 통해 제조강국으로서의 경쟁력을 확보하고자 스마트 공장의 최적화, 안정화, 사이버 공격에 대한 방어 등 다양한 연구 및 기술 개발을 추진하고 있다. 특히 제조혁신을 위한 9개의 기반 기술을 중심으로 집중적인 연구개발에 심혈을 기울이고 있다.

미국은 '첨단제조파트너십(AMP 2.0)'을 통한 제조혁신을 위해 산학연 협력연구, 제조설비와 인프라 공유체계 구축 등 종합적 개선을 주요 목표로 하고 있다. 정책적으로 적극 지원하고 있는 제조 기술 분야는 제조를 위한 고급 감지, 제어 및 플랫폼(ASCPM), 시각화, 정보학 및 디지털 제조 기술(VIDM), 신소재 제조(AMM) 등이다.

중국은 'Made in China 2025'를 국가 성장

세계 주요국들의 4차 산업혁명 대응 주요 기조

Industry 4.0 / Factory 4.0

- 9개의 기반 기술: 빅데이터, 자율 로봇, 시뮬레이션, 수평·수직 통합형 시스템, IoT, 사이버 보안, 클라우드, 3D 프린팅, 가상현실
- Reference Architecture Model for Industry 4.0(RAMI) 주도

AMP 2.0
(Advanced Manufacturing Partnership 2.0)

- 제조를 위한 고급 감지, 제어 및 플랫폼
- 시각화, 정보학 및 디지털 제조 기술
- 신소재 제조(Advanced Materials Manufacturing: AMM)

Made in China 2025 / Internet Plus

- 2020년 목표: 공업화 기본 실현, 제조대국 지위 공고화, 제조업 정보화
- 2025년 목표: 제조업 소질·혁신능력 강화, 생산성 제고, 공업화와 정보화 융합

Industry Revitalization Plan / MI2I
MI2I: Materials research by Information Integration Initiative

- 제조업 중심의 산업경쟁력 강화 위해 '산업경쟁력 강화법' 제정
- 자동운전시스템 등 차세대 인프라 구축에 2014년 100억 엔 투자

자료: 김광석, 최연경, 김기범, 박문구(2018), "4차 산업혁명과 제조혁신 : 스마트 팩토리 도입과 제조업 패러다임 변화," 삼정KPMG경제연구원, 삼정Insight55호.

전략 방향으로 정하고, 제조대국에서 제조강국으로 도약하기 위한 로드맵을 제시했다. 한편 '인터넷 플러스(Internet Plus)' 전략을 통해 신성장동력을 창출하고 제조혁신을 이루기 위한 지원 정책을 마련했다.

일본정부는 2016년 국가경제 및 사회 전반을 변화시키는 국가혁신 프로젝트인 '4차 산업혁명 선도전략'을 발표했다. 사물인터넷, 빅데이터, 인공지능, 로봇 등에 대한 종합적인 로드맵을 제시하고, 각종 법·제도를 정비하며, 주요 유망산업의 발전을 위한 인프라 구축을 지원하고 있다.

우리나라의 제조혁신 청사진

2017년 7월 국정기획자문위원회는 '문재인 정부 국정운영 5개년 계획'을 발표하며 4대 복합·혁신과제 중 하나로 '4차 산업혁명을 선도하는 혁신 창업국가' 달성을 제시했다. 2017년 8월 대통령 직속 '4차 산업혁명위원회'를 신설해 AI 소프트웨어, 하드웨어, 데이터·네트워크 분야별 핵심 원천 기술 및 이를 활용한 융합 기술 개발을 지원하며, 신산업 성장을 위한 규제 개선 및 제도 정비를 추진하는 것 등이 주요 내용이다. 더욱이 산업단지 혁신 2.0을 추진할 계획으로, 유휴부지를 활용해 지식 기반 사업 집

찍시구를 지정하고 산업단지 내 제조·생산 공정에 정보통신기술을 접목한 스마트 공장을 집중 보급할 계획이다.

한편 산업통상자원부는 2017년 4월 '스마트 제조혁신 비전 2025'를 발표해 2025년까지 스마트 공장 3만 개를 구축할 계획이라고 밝혔다. 당초 스마트 공장 보급 목표를 2020년 1만 개에서 2025년 3만 개로 상향조정한 것이다. 세부 내용으로는 첫째, 2018년까지 스마트 공장 자발적 구축 기업에 대한 인증제도를 신설할 계획이다. 둘째, 대기업 협력사 인증 호환 등 인센티브 제공을 통해 민간 보급·확산을 촉진할 방침이다. 즉 가치사슬 내 효과적 확산을 위해 업종별 대기업의 협력사 지원을 유도하고자 한다. 셋째, 2025년까지 1,500개의 선도 모델을 구축(2016년 45개)해 스마트 공장을 고도화할 계획이다. 대표 스마트 공장을 발굴해 지원금액 상향(5천만 원→2억 원) 등 인센티브를 통해 기초 수준 스마트 공장의 고도화를 촉진하고자 하는 세부 계획도 있다. 예를 들어, 솔루션, 센서, 컨트롤러, 로봇 분야의 대기업과 중소기업이 '스마트 공장 얼라이언스(Smart Factory Alliance)'를 구축해 공동 R&D, 국제표준 공동 대응 등을 추진해 제조업 생산성을 확보한다는 계획이다.

스마트 공장의 개념과 시장 전망

스마트 공장은 기존의 공장자동화(Factory Automation) 수준을 넘어선 차세대 디지털 신기술과 제조 기술이 접목된 소비자 중심의 지능화된 공장을 의미한다. 한 생산라인에서도 다양한 제품 생산이 가능하며 모듈화를 통해 대량 맞춤에서 개인별 유연생산 체계로 변화할 것으로 보고 있다. 스마트 공장으로의 전환은 제조업의 생산성을 획기적으로 향상시킬 것으로 전망되며 에너지 절감, 인간 중심의 작업환경 구현 역시 가능하다. 가상의 공간에서 제조현장을 모니터링할 뿐만 아니라 제어까지 가능해 공장 관리가 용이하며 품질 및 원가 경쟁력 강화로도 이어질 것으로 전망된다.

스마트 공장 완성을 위해서는 여러 디지털 신기술이 활용되는 바, ①사이버물리시스템(CPS) ②로보틱스 ③ 3D 프린팅 ④ 사물인터넷 기반 포그(Fog) 컴퓨팅 ⑤ 사이버 보안 등이 대표적이다. 실시간으로 제조현장의 데이터를 수집할 사물인터넷, 수집된 데이터를 실시간으로 의미 있는 결과로 만들고 의사결정을 지원할 애널리틱 및 AI 기술은 CPS의 핵심 요소가 된다. 제조설비로부터 현장 데이터를 수집해 실시간으로 제어하기 위해서는 기존 클라우드보다는 제조현장 가까이서 활용될 수 있는 포그 컴

퓨팅이 대두되고 있다. 생산현장에서의 3D 프린터 도입은 설계 단계부터 적은 비용으로 시제품을 제작할 수 있도록 지원하며, 양팔 및 협동 로봇은 생산라인에 큰 변화를 가져올 것이다. 마지막으로 ICT와 데이터 그리고 하드웨어가 결합되는 스마트 공장 도입에 사이버 보안은 선택이 아닌 필수가 될 것이다.

전 세계 스마트 공장 시장은 연평균 8.0퍼센트 성장해 2018년 2,461억 달러의 경제적 가치를 창출할 전망이다. 스마트 공장 산업은 크게 ICT 공급 시장과 디바이스 공급 시장으로 구분된다. ICT 공급 시장은 2016년 1,451억 달러에서 2018년 1,705억

달러 규모로, 디바이스 공급 시장은 2016년 644억 달러 규모에서 2018년 756억 달러 규모로 성장이 예상된다. 지역별로는 아시아 내 스마트 공장 ICT 공급 시장은 2014년 367억 달러에서 2018년 556억 달러 규모로 연평균 10.8퍼센트 성장할 것으로 보인다. 아시아 ICT 공급 시장의 성장은 대부분 중국에 기인한 것이며, 중국정부의 스마트 공장 확대 정책으로 2016년 유럽, 2019년 미주 시장 규모를 추월할 것으로 예상된다. 유럽을 비롯한 주요 선진국은 저출산 고령화 현상에 따른 생산가능 인구 감소에 대응하기 위해, 중국 등 신흥국은 인건비 상승에 대한 대응 및 제조업 경쟁

벽 강화를 위해 스마트 공장을 경쟁적으로 구축하고 고도화해 나갈 것이다. 국내 스마트 공장의 시장 규모는 2012년 24억 달러에서 2018년 44억 달러 규모로 가파르게 성장할 것으로 예상된다. ICT 공급 시장과 디바이스 공급 시장이 각각 연평균 11.6퍼센트, 8.9퍼센트 성장해 스마트 공장 보급이 상당히 빠른 속도로 확산될 것으로 전망된다. 하지만 여전히 독자적인 공장 생산 환경에 고착화돼 공장의 물리적인 확장성과 가변성에 한계를 보이고 있다. 아울러 제조 분야의 외산 솔루션 도입 비율은 약

스마트 공장 개념도

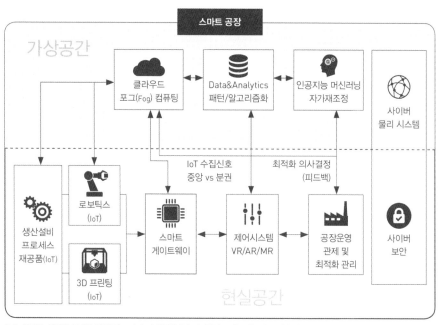

출처: 김광석, 최연경, 김기범, 박문구(2018), "4차 산업혁명과 제조혁신: 스마트 팩토리 도입과 제조업 패러다임 변화." 삼정KPMG경제연구원, 삼정Insight55호

90퍼센트에 이르며, 국내 제조기업은 주로 외산 제품과 솔루션을 도입하는 경향을 보인다. 특히 하드웨어 및 소프트웨어를 구성하는 기초 부품·컴포넌트 연구나 디지털 신기술인 IT 원천기술 확보가 취약한 실정이다.

스마트 공장의 기반 기술과 제조업 패러다임 변화

스마트 공장의 주요 기반 기술로는 사이버 물리시스템, 로보틱스, 3D 프린팅, IoT 기반 포그 컴퓨팅, 사이버 보안 기술 등이 있다. 이러한 주요 기반 기술이 제조 전 영역에 걸쳐 적용됨에 따라 제조업의 경쟁력이 놀라울 만큼 증대되는 제조혁신이 나타나고 있다. 화학, 자동차, 철강, 항공, 식료품, 섬유 등 다양한 제조산업 분야에서 스마트 공장을 도입하면서 생산성이 디지털 신기술에 의해 증폭되고 기존 소비자에게 제공하지 못하던 다양한 서비스 제공이 가능해지고 있다.

이에 따라 제조업의 패러다임 역시 변화하고 있다. 실시간 주문형 맞춤 생산이 가능해지고, 제조 공정의 디지털화가 가속화되고 있다. 재고량을 전에 없이 최소화하고, 제품 불량률을 낮추며, 인건비가 절감되면서 생산성 혁신이 나타나고 있다. 생산라인뿐만 아니라 공급사슬 전 공정에 걸쳐 IoT, 센서, 클라우드 기반의 초연결화가 가능해지면서 제조사와 부품 공급업자 간 유기적인 연결성이 강화되고 있다. 3D 프린팅 활용을 위한 소재의 첨단화가 진행되고 있고, 내구성·내열성이 요구되는 로봇을 위한 첨단 소재나 초정밀 공정을 위한 첨단 신소재 등에 대한 관심이 높아지고 있다. 마지막으로 기존 아날로그식 혹은 자동화 중심의 3차 산업혁명 생산 공정에서 필요한 기계, 부품 등의 자산 보안에서 빅데이터 중심의 사이버 보안으로 보안 분야의 핵심 영역이 이전되고 있다.

Digital Journey 로드맵 수립

제조업이 성공적인 디지털 혁신을 이루기 위해서는 우선 디지털 신기술에 대한 이해가 우선돼야 한다. 그 이해를 바탕으로 기업의 프로세스, 인력, 제품 각 차원과 범주별로 어떤 혁신을 일으킬 수 있는지에 대한 우선순위와 시기를 정해 디지털 혁신 로드맵을 수립할 수 있다. 과거엔 동종 산업의 혁신사례를 벤치마킹하는 것이 유행이었지만 기존의 프로세스, 제품, 서비스, 산업의 경계를 파괴적으로 혁신하는 디지털 혁신 시대에는 동종과 이종을 가리지 말고 디지털 신기술이 적용된 세분류 프로세스와 변화 양상을 모듈별로 구분해 자신의 기업에 맞춤식으로 적용할 수 있는 창의력이 필요하다.

디지털 신기술이 각 기업과 프로세스에 어떻게 맞춤식으로 적용될 것인지와 그 적용을 통해 산출될 수 있는 효익이 파악되면 디지털 트랜스포메이션을 위한 여정이 시작된다. 디지털 혁신은 단기간에 이룰 수 있는 목표가 아니며 각 기업의 상황에 따라 우선순위와 단계적으로 적용될 목표가 달라지기 때문에 이를 감안한 중장기적인 로드맵을 수립해야 한다. 전략적인 접근이 무엇보다 요구되는 사안이다.

KPMG가 전 세계 4,500여 명의 기업인을 상대로 설문을 실시해 2017년 9월 발표한 'Harvey Nash/KPMG CIO Survey'에 따르면 디지털 리더는 첫째, 기업의 핵심 사업에 디지털 혁신을 일으키기 위한 디지털 신기술을 안정적이고 안전한 인프라 기반에 구축한다. 둘째, 기업의 고객 및 협력사와의 의사소통을 디지털 솔루션을 통해 기업 전반의 의사결정 프로세스와 연결하고, 셋째로 디지털 사업전략과 목표한 디지털 여정(Digital Journey)의 성공을 위한 디지털 신기술의 전략적 적용을 IT전략에 반영하고, 마지막으로 원가 절감이나 운영효율 목표

보다는 혁신적 신제품과 신서비스를 통한 디지털 신사업 창안을 중요시한다.

성공적인 스마트 공장을 위한 제언

첫째, PLM·MDM 기반 기준정보 연결로 맞춤형 생산을 통해 소비자 기호 및 소비산업의 변화된 요구에 맞춘 고객별 맞춤식 제품과 서비스를 제공해야 한다. 기업이 소비자 및 소비산업의 다양한 기호 및 환경 변화를 실시간으로 수집해 즉각적인 대응 전략을 수립하고, 제품 개발, 생산, 유통, 서비스, 유지보수, 클레임 처리 등 전 과정에 참여할 수 있는 디지털 환경을 갖추기 위해서는 기업 혹은 산업의 전체 밸류체인에 걸친 데이터 생성, 수집, 패턴 분석, 의사결정 규칙 도출이 필수적인 바, 이러한 데이터와 판단의 결과를 축적하기 위한 핵심 인프라가 PLM과 MDM이다. 한편, 단계별 업무기능별 제품과 서비스의 기준정보를 체계적으로 관리하는 제품수명주기관리(Product Lifecycle Management: PLM) 및 기준정보관리(Master Data Management: MDM)를 기반으로 밸류체인의 디저털 데이터가 축적되고 연결되면 결국 CPS 구축으로 연결될 발판을 마련할 수 있다.

둘째, SW 기반 자동화와 HW 로보틱스 기

반 디지털 노동 패러다임 변화를 적극 수용해야 한다. 또한 디지털 노동에서 산출되는 데이터를 기반으로 패턴 분석, 알고리즘 도출, 지능화 의사결정 프로세스를 갖춰야 한다. 고령화 및 생산가능인구 감소 현상을 겪고 있는 주요 선진국뿐만 아니라 인건비 상승 등에 부담을 느끼는 신흥국에서도 기업은 제조 경쟁력을 갖추기 위해 디지털 노동을 적극 도입하고 있다. 한편, 기존 생산인력을 디지털 노동으로 대체하는 과정에서 로봇과 인간의 역할 변화에 대한 변화관리(인력 재배치, 훈련 및 경력개발 등 인적자원관리)가 중요한 이슈가 될 것이다. 일본은 디지털 노동으로 인한 혁신의 부가가치

증가와 비생산적 잉여노동력 활용에 대해 정부와 민간이 함께 발전적인 사회적 합의를 도출하고 있는 바, 그 모습이 가까운 미래 한국의 모습이 될 수 있다.

셋째, 플랫폼 기반 디지털 신기술로 생산성을 혁신해야 한다. 얼마 전까지만 해도 클라우드 도입은 단지 저렴한 DB 구매로 여겨졌으나 아마존, 마이크로소프트, 오라클 등이 첨단 데이터 애널리틱(Data Analytic) 및 인공지능(AI) 솔루션을 클라우드와 함께 공급하기 시작하면서 클라우드 도입은 디지털 트랜스포메이션의 핵심이 됐다. 빅데이터 분석과 AI를 적용해 디지털 혁신을 목표로 하는 CIO(최고정보관리책임자)는

경제읽어주는남자의 디지털 경제지도

IoT 및 디지털 데이터 기반 비즈니스 모델 도입으로 인한 데이터 범람에 견딜 수 있는 DB, 빅데이터 분석, AI, 가상현실(VR) 및 증강현실(AR), 챗봇(Chat Bot) 등 안정되고 일관된 IT 구조와 보안정책이 반영된 클라우드 패키지를 고려할 수밖에 없다. 이미 글로벌 리더들은 이들 공급사의 클라우드를 기반으로 스마트 공장 구현을 위한 디지털 신기술을 제조 공정에 적용해 성과를 내고 있다. 철강, 석유화학, 전자, 자동차산업 등 한국 주요 산업의 CIO도 이를 인지하고 클라우드 기반 데이터 수집, 분석, 인사이트 축적 등 디지털 여정에 뛰어들었다.

넷째, 초연결화로 사물의 인지력, 자가재조정력을 제고해야 한다. IoT 보급 및 대용량 데이터의 실시간 분석 능력을 갖춤으로써 촉발된 초연결화가 가져올 사물의 인지력, 자가재조정력 제고는 전 산업에 급격한 변화를 가져올 것이다. 이미 아마존의 컴퓨터 비전, 센서퓨전 및 딥러닝 기반 '저스트 워크아웃 기술(Just Walk Out Technology)'은 유통산업에 큰 변화를 가져왔고, 동일한 기술이 자율주행차 같은 신제품 개발 및 AI 기반 제조 공정의 현실화를 앞당기고 있다. 또한 IoT 기반 디지털 신기술은 공급사슬 전체의 유기적 연결, 플랫폼을 통한 데이터 생성과 분석으로 실시간 최적 공급

망 및 물류채널을 구현한다.

다섯째, 사이버 보안을 강화해야 한다. IoT 기반 데이터가 급증하고, 다양한 비정형 데이터가 제조 공정에서 생성 및 활용되면서 데이터로 이뤄진 사이버 세상에서 정보 유출 및 랜섬웨어 위협이 증폭된다. CPS를 지향하는 스마트 공장 제조 공정이 해킹될 경우 고객, 물류, 생산, 구매 등 밸류체인 전반의 정보가 통째로 유출될 수도 있다는 점에서 경제·사회적 문제로 비화될 수 있다. 네트워크 보안, 클라우드 보안, 상호 연결된 밸류체인 전반 데이터 보안 등에 필요한 인프라를 갖추지 않는다면 산업정보 유출 및 소비자와 소비산업 개인정보로 번질 위험이 다분한 스마트 공장을 도입해서는 안 될 것이다.

여섯째, 첨단소재의 R&D 및 기술 발전의 확보에 적극적으로 나서야 한다. 첨단 소재의 등장은 3D 프린팅을 활성화시키고 외주 거래의 내재화, 협력사 채널 변경, 공급망 및 국제통상 물류 흐름에 큰 변화를 초래하기 때문이다. 첨단소재 개발은 물리 화학적 소재 도입이지만 그로 인한 경영 의사결정의 변화를 감안할 때 디지털 혁신을 지향하는 기업이 유념해야 할 중요한 변화 중 하나다.

로봇이 만드는 로봇산업

지능형 로봇이란 무엇인가

지능형 로봇이란 인공지능 등 정보기술을 바탕으로 인간과 서로 상호작용하면서 가사 지원, 교육, 엔터테인먼트 등 다양한 형태의 서비스를 제공하는 인간지향적인 로봇을 말한다. 지능형 로봇은 단순 반복 작업을 주로 수행하는 산업용 로봇과 달리 인공지능, 휴먼인터페이스, 유비쿼터스 네트워크 등의 IT가 집적된 퓨전 시스템이다. 지능형 로봇은 외부환경을 인식하고 상황을 판단해 스스로 행동한다는 특징이 있다. 따라서 지능형 로봇에 사용되는 기술

지능형 로봇 구성도

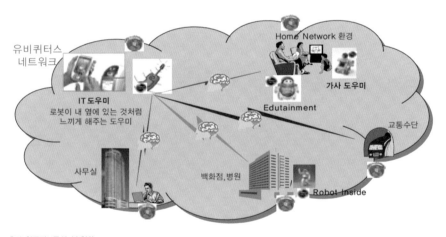

출처: 한국정보통신기술협회

지능형 로봇에 사용되는 주요 기술

기능	기술 내용
물체인식	로봇 내부 또는 클라우드에 저장된 학습정보를 바탕으로 물체의 영상, 물체의 종류, 크기, 방향, 위치 등 3D 공간정보를 실시간으로 파악하는 기술
위치인식	로봇이 스스로 공간 지각능력을 갖도록 하는 기술
조작제어	물건을 잡고 자유롭게 원하는 형태로 움직이는 기술
자율이동	외부 장애물에 관계없이 자유롭게 이동하는 기술(바퀴, 2족/4족)
Actuator	초소형 모터, 인공피부/근육 등 다양한 소재와 기계공학을 통해 움직임을 제어하는 기술

출처: 포스코경영연구원

은 크게 세 가지로 분류할 수 있다. 첫째, 센싱(Sensing) 기술이다. 온·습도, 소리, 영상, 위치 등 물리적인 환경정보 감지 센서와 물리적인 센서 값들을 조합한 가상센서 기술을 접목하여 외부정보를 인식하는 것이다. 둘째, 프로세싱(Processing) 기술이 요구된다. 외부 인식 정보와 미리 학습한 정보를 바탕으로 상대를 인식하거나 명령을 해석하여 어떤 반응을 보여야 할지 결정하는 기술이다. 셋째, 액팅(Acting) 기술로 요

약된다. 정지하거나 자율적으로 원하는 장소로 이동한 후, 기계 조작, 음성송출 등 해석 결과에 따라 행동하는 기술들의 집합이다. 이러한 관점에서 지능형 로봇에 사용되는 기술들을 정리하면 위의 표와 같다.

협동 로봇의 등장

산업용 로봇이 지능화되면서 협동 로봇이 부상하기 시작했다. 기존의 산업용 로봇은

산업용 로봇에서 협동 로봇으로의 변화

기존의 작업공간분리형 산업용 로봇 시스템(좌)과 작업공간공유형 협동 로봇 시스템(우)

안전 울타리 등을 이용해 로봇의 작업 공간을 인간의 작업 공간으로부터 근본적으로 격리시킴으로써 인간의 안전성을 확보했으나, 산업생산성 증진과 공간의 효율적 활용 등에 대한 산업체의 요구를 수용하기 위해 인간과 로봇이 작업 공간을 공유하며 협동(Collaboration)하는 사례가 2000년대 중반부터 급격하게 늘어났다. 간헐적 또는 지속적으로 인간과 같은 작업 공간을 공유하는 산업용 로봇을 협동 로봇(Collaborative Robot)이라고 부르기 시작했으며, 이러한 개념은 로봇과 로봇이 작업 공간을 공유하는 협업(Cooperative Operation)과 구별된다. 협동 로봇이 등장한 초창기에는 산업용 로봇을 협동 로봇과 비협동 로봇이라는 개념으로 나누는 로봇 관점에서의 분류법이 주를 이루었으나, 시간이 지남에 따라 이 새로운 산업용 로봇 시장을 로봇의 새로

산업용 로봇을 이용한 협동작업 종류 및 정의

협동작업 종류	협동작업 정의		사례
안전정격 감시 정지 (Safety-rated Monitored Stop)	사람이 미리 설정된 일정한 안전영역 내로 침범하는 것이 감지된 경우 로봇을 정지시킨다.		사람이 작업물을 로봇의 작업 영역에 놓는 경우
핸드 가이딩 (교시작업, Hand Guiding)	사람이 로봇의 말단 장치에 설치된 교시장치를 잡고 로봇을 조종한다.		로봇을 보조기구(고중량 부하를 감당하는)로 사용하는 경우
속도 및 이격 거리 감시 (Speed and Separation Monitoring)	사람과 로봇 사이의 이격 거리와 상대속도를 감시하면서 로봇과 사람 사이의 거리와 상대속도에 따라 로봇의 속도를 감소하거나 증가시킨다. 로봇과 사람이 부딪히는 순간에 로봇의 속도는 0이 되어야 한다.		로봇이 계속 작업을 진행하는 동안 로봇 작업영역 내로 작업부품을 투입하는 경우
일률 및 힘 제한 (Power and Force Limiting by Inherent Design or Control)	근원적인 설계나 제어기법을 이용하여 로봇이 사람과 부딪힐 때 사람에게 전달되는 힘과 일률 값을 상해발생 임계치 이하가 되도록 한다.		최근에 시장에 등장하고 있는 협동형 조립로봇처럼 중소형 로봇으로 사람과 충돌을 일으켜도 사람에게 상해를 발생시키지 않는 경우

주: ISO 10218-1:2011과 ISO 10218-2:2011
출처: ISO

경제읽어주는남자의 디지털 경제지도

운 활용 방법이라는 관점에서 평가하는 것이 더 적합하다는 의견이 대두됐다. 즉 산업용 로봇을 협동작업에 활용한다는 개념으로 새로운 시장을 바라보게 된 것이다. 협동작업의 기본 개념은 로봇과 사람이 같은 작업 공간을 공유하는 작업을 말한다. ISO 10218-1 : 2011과 ISO 10218-2 : 2011, ISO TS 15066 : 2016은 산업용 로봇을 이용한 협동작업의 종류를 옆의 표와 같이 네 가지로 나누어 정의하고 있다.

세계 로봇시장 동향

국제로봇연맹(International Federation of Robotics, IFR)의 'World Robotics 2016'에

따르면 2015년도 전 세계 산업용 로봇 판매대수는 전년 대비 15퍼센트 증가한 약 25만 4천 대, 2019년에는 41만 4천 대에 달할 것으로 전망된다. 2010년 이후 성장세로 전환되어 선진국과 중국 자동차산업의 자동화가 주요 성장 모멘텀 역할을 하는 것으로 분석된다.

지역별 산업용 로봇 설치 규모를 살펴보면, 2016년 기준 아시아 지역은 연간 19만여 대이며 2019년까지 연평균 14.5퍼센트 성장을 기록할 것으로 예상된다. 유럽과 아메리카 지역은 2016년 각각 5만 4천여 대, 4만여 대가 설치됐으며 2019년까지 8퍼센트 대의 성장을 이룰 것으로 전망된다. 특히 중국은 '중국 제조 2025' 기조에 따라 제

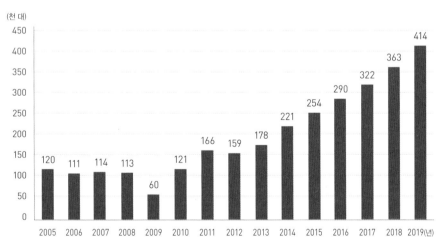

글로벌 산업용 로봇 판매 추이 및 전망

(천 대)

년	판매량
2005	120
2006	111
2007	114
2008	113
2009	60
2010	121
2011	166
2012	159
2013	178
2014	221
2015	254
2016	290
2017	322
2018	363
2019	414

출처: International Federation of Robotics

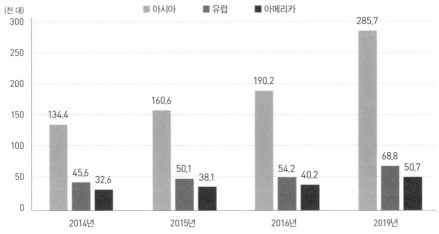

주요 권역별 산업용 로봇 설치 추이 및 전망

(천 대)
■ 아시아 ■ 유럽 ■ 아메리카

출처: International Federation of Robotic

조대국에서 제조강국으로 도약하는 과정에서 스마트 공장 솔루션을 적극적으로 도입하고, 지능형 로봇이 광범위하게 활용될 것으로 전망된다.

산업용 로봇이 확대·보급되는 과정에서 정보통신기술이 융합되고 초연결·초지능 기술이 로봇에 활용됨에 따라 전통적 로봇이 지능형 로봇으로 대체되고 있다. 산업용 로봇이나 서비스 로봇 시장 규모에서 지능형 로봇이 차지하는 비중이 높아져 정부와 기업의 관심이 커지고 있다. 더욱이 일상생활, 공항, 전시장 등 다양한 분야에서 지능형 로봇의 활용이 확산되고 있다. 음성 인식 기반의 음악 및 자료 검색, 일정 관리,

기기 제어 등의 다양한 서비스를 제공하는 지능형 로봇은 가정 및 사무실에서도 활용성이 높아질 것으로 보인다.

글로벌 기업들은 어디까지 가고 있나

가장 세계적인 로봇 기업으로 유니버설 로봇(Universal Robots)을 꼽는다. 2005년 덴마크에서 설립돼 2009년 첫 협동 로봇인 UR 시리즈를 출시한 이후 오늘에 이르렀다. 현재 가반하중 3, 5, 10kg인 UR3, UR5, UR10 등 3종의 모델을 출시했다. 협동 로봇의 대표적인 회사로, 가장 높은 시장점유율을 기록하고 있다. 2015년 미국 IT업

덴마크 유니버셜 로봇의 협동 로봇인 UR 시리즈

출처: 테라다인 홈페이지

체인 테라다인(Teradyne)에 인수된 후 더욱 공격적으로 시장을 파고들고 있다.

독일의 세계적인 산업용 로봇 회사인 쿠카(KUKA)는 7kg과 14kg의 가반하중을 갖는 7자유도 협동 로봇 LBR iiwa 시리즈를 출시했다. 2000년대 중반 독일 항공우주연구소인 DLR에서 개발한 LWR 로봇을 기술이전 받은 후 쿠카 엔지니어가 제품의 신뢰성을 높여 2010년대 초반 출시했으며, 한국에서는 2015년 정식 판매에 들어갔다. 모든 관절에 관절 토크센서를 장착해 아주 민감한 충돌까지 감지할 수 있으며, 시스템 안정성이 매우 높은 세계 최고 수준의 협동 로봇이다. 다만 가격이 1억 원이 넘어 특수 용도로만 사용되고 있으며, 생산 현장에 널리 보급되기에는 어려움이 많다.

미국의 리씽크 로보틱스(Rethink Robotics)는 2012년 7자 유도의 로봇 팔 두 개를 장착한 양팔 로봇 박스터(Baxter)를 출시해 많은 관심을 받았으며, 2015년 성능을 고급화한 7자유도 소이어(Sawyer)를 출시했다. 박스터는 양팔 로봇임에도 불구하고 2만 2천 달러의 저가로 판매돼 많은 관심을 모았지만, 관절마다 장착된 SEA(Series Elastic

쿠카의 LBR iiwa 로봇

출처: 쿠카 홈페이지

Actuator)의 영향으로 각 관절의 유격이 다소 심한 탓에 정밀도가 높지 못하다보니 지속적인 판매 부진을 겪었다. 후속 모델인 소이어는 관절 토크센서를 탑재해 한 팔임에도 박스터의 두 배 가격에 판매되고 있어 생산 현장보다는 연구용 플랫폼으로 더 적합해 보인다.

대만의 TM 로봇은 가반하중 6kg, 작업반경 700mm인 TM5-700과 가반하중 4kg, 작업반경 900mm인 TM5-900의 6자유도 협동 로봇을 출시했다. 기존 협동 로봇의 기능에다 로봇에 내장된 지능형 비전 시스템을 통해 다양한 기능을 수행할 수 있다는 점에서 주목받고 있다.

국내에서는 협동 로봇 기업으로 한화테크윈이 선전하고 있다. 2017년 3월 가반하중 5kg, 작업반경 915mm, 반복정밀도 0.1mm, 무게 20kg의 6자유도 수직다관절형 협동 로봇 HCR-5를 출시했다. 사용자 친화적인 디자인, 쉬운 프로그래밍, 직접 교시 기능과 직관적인 소프트웨어 GUI를 통해 쉽게 로봇을 조작할 수 있다. 세계 3대 디자인 어워드인 iF Award 2017 본상을 수상했다. 현재는 한화테크윈에서 분할한 한화정밀기계가 협동 로봇 사업을 수행

리씽크 로보틱스의 박스터(좌)와 소이어(우)

출처: 리씽크 로보틱스 홈페이지

한화테크원의 로봇 HCR-5

출처: 한화정밀기계 홈페이지

두산로보틱스의 로봇

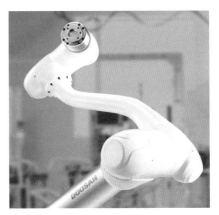

출처: 두산로보틱스 홈페이지

하고 있다. 또한 싱가포르 현지에 합작법인을 설립하고 동남아시아 협동 로봇 시장을 공략할 예정이다.

두산로보틱스는 2017년 9월 가반하중 6, 10, 15kg의 M0609, M0617, M1013, M1509 협동 로봇 4종을 출시했다. 타 회사와는 달리 동일한 가반하중에 대해서도 작업반경이 900mm, 1700mm인 2종의 라인업을 갖춰 소비자의 다양한 요구를 충족시켰다. 또한 관절 토크센서를 내장해 매우 민감한 충돌도 감지할 수 있으며, 다양한 작업에서 수행할 수 있도록 했다. 2017년 12월 경기 수원에 본사와 공장을 신축하고, 최대 2만 대를 양산할 수 있는 체제를 갖추었다.

뉴로메카(neuromeka)는 2016년 10월 연구용 플랫폼인 Indy-RP, 2017년 3월 중국산 플랫폼을 기반으로 한 Indy 3/5/10을 발표했고, 2017년 9월 자체 플랫폼 기반의 가

뉴로메카의 Indy 시리즈 (왼쪽부터) 3 / 5 / 10 / 7 / 15 / RP2

출처: 뉴로메카 홈페이지

반하중 7kg, 무게 24kg의 Indy 7을 발표하는 등 중저가 협동 로봇 시장에서 다양한 로봇을 선보이고 있다. 임피던스 제어를 통해 사람이 의도적으로 가하는 힘에 민감하게 반응할 수 있으며, 의도하지 않은 충돌에는 센서 없이 알고리즘만으로도 충돌을 감지함으로써 안전성을 보장하고 있다. 직접교시, 온·오프라인 로봇 프로그래밍 등의 기능을 제공하고 있다.

선진국의 움직임

미국은 2011년 제조업 부흥에 로봇을 적극 활용하는 첨단 제조 파트너십(Advanced Manufacturing Partnership: AMP)을 발표했고, 협동 로봇의 개발과 사용 촉진을 위한 재정 지원을 강화하고 있다. 미국 제조업 특성상 자동차산업에 사용되는 로봇이 전체의 67퍼센트를 차지하고 있다. 2015년 미국 IT업체인 테라다인이 세계 최대의 협동 로봇 회사인 덴마크 유니버설 로봇을 인수하는 등 협동 로봇의 보급에 있어 가장 활발한 움직임을 보이고 있다. 유니버설의 협동 로봇인 UR 시리즈는 2013년 세계 최초로 대량생산시설 (독일 폴크스바겐의 자동차엔진 조립 공정)에 설치되었다.

제조용 로봇 강국인 일본에서는 2020년까지 산업용 로봇 시장 규모를 현재의 두 배로 성장시키고, 일본 기업의 로봇 도입을 늘려 제조업 자동화를 추진하겠다는 계획이다. 일본에는 파낙(Fanac), 야스카와(Yaskawa), 가와사키(Kawasaki), 나치(Nachi), 다이헨(Daihen) 등 세계 최고 수준의 산업용 로봇 제조업체가 있다. 이들 회사는 기존 산업용 로봇뿐만 아니라 2017년부터는 거의 모든 회사가 협동 로봇을 선보이고 있다. 이 협동 로봇은 자기 회사의 재래식 산업용 로봇과 유사한 형태를 취하면서도 협동 로봇만의 기능을 수행하고 있다.

독일, 스웨덴, 일본 등 산업용 로봇 제조 선진국은 기존의 공간분리형 산업용 로봇 시장에서 축적한 기술력을 바탕으로 협동 로봇 시장을 선도적으로 개척했으며, 협동 로봇 시장의 조기 정착과 빠른 확대를 위해 협동 로봇 및 협동 로봇 시스템과 관련된 안전요구조건 국제표준 개발에도 앞장서 왔다. 이들 국가의 선도적인 로봇기업은 협동 로봇 시스템의 사용 특성과 시장 생성기라는 상황의 특수성으로 인해 크게 부각되는 안전과 관련한 민감한 이슈를 기존의 기술력으로 해결해 나가면서 안전 관련 국제표준을 시장에 대한 기술 진입 장벽으로 활용하고 있는 상황이다.

중국도 산업용 로봇의 핵심 시장으로 부

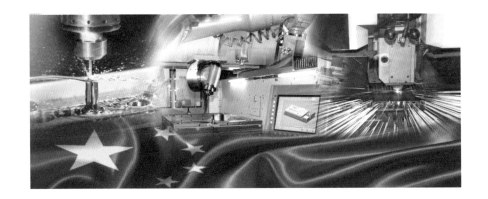

상하고 있다. '중국 제조 2025'의 10대 핵심 산업 중 하나로 '고정밀 수치 제어 및 로봇'을 채택했다. 중국 정부는 공격적인 로봇 산업 정책을 펴고 있는데, 로봇산업 발전 5개년 계획에 따라 2020년까지 로봇 내수시장 점유율을 현재의 두 배 수준인 50퍼센트까지 높일 계획이며, 2045년까지 세계 1위 제조강국 등극을 목표로 하고 있다. 중국은 2013년부터 세계 최대의 로봇 소비국가가 됐으며, 중국 내 인건비 상승 등으로 로봇에 대한 수요가 급격히 증가하고 있어 곧 세계 최대 로봇 시장을 형성할 것으로 보인다. 중국 내 여러 지역에서는 중국산 로봇을 구입한 기업에 보조금을 지급함으로써 자국 로봇 구입을 장려하고 있다. 중국 정부는 로봇 생산기업과 로봇을 도입하는 제조기업 모두에 정책적·재무적 혜택을 제공하고 있다. 예를 들어, 광둥성 불

산(佛山) 시에서는 중국산 로봇을 구입한 기업에 대당 1만 위안(약 170만 원)을 지급한다. 2014년 기준으로 로봇 수입 비중이 62퍼센트로, 주로 독일, 일본, 한국의 로봇을 수입하고 있지만 중국의 가전업체 메이디그룹이 2016년 독일 쿠카를 인수한 이후 중국 로봇회사가 비약적으로 발전하고 있다.

3D 프린팅,
대체 어디까지 복사할 것인가

적용 분야가 무한한 3D 프린팅

3D 프린팅은 컴퓨터의 3D 설계 자료를 3D 프린터로 전송하면, 3D 프린터는 고분자 물질이나 금속가루 같은 원재료를 설계도에 맞게 충분히 쌓은 후 자외선이나 레이저를 쏘아 재료를 굳혀 입체감 있는 제품을 제조하는 방식이다. 3D 프린팅 기술이 한층 한 층 미세물질을 쌓아올려 입체적인 물체를 제조한다고 해서 첨삭 가공(Additive Manufacturing, 혹은 적층 가공이나 첨가 제조) 또는 쾌속 조형(Rapid Prototyping)이라고 부른다. 3D 프린팅 기술은 1987년 미국 3D시스템즈가 세계 최초로 3D 프린터를 판매한 것을 시작으로 현재까지 약 25년의 역사를 가지고 있다. 이후 프린팅 소재 개발을 포함한 기술적 발전과 가격 하락으로 기술 수용성이 높아지면서 기업, 학교, 그리고 정부 차원에서의 관심이 급격히 증대되고 있다. 〈타임〉지는 '미국에서 급성장

하는 10대 산업'의 하나로 '3D 프린터 제조 (3D Printer Manufacturing)'를 꼽았다.

이러한 3D 프린팅은 제품 개발 시간을 단축하고 비용 절감이 가능하며, 향후 개인이 손쉽게 제품을 만드는 자가 생산이 가능하다는 특징을 갖는다. 기존에는 제품 개발 과정에서 설계 수정 시 금형을 여러 번 외주 제작해야 하므로 상당한 개발 시간과 보안 유지에 어려움이 있었다. 하지만 3D 프린팅에서는 자체 제작 또는 외부에서 구입한 3D CAD 설계도만 변경해 프린팅하면 제작이 완료되므로 저렴한 비용에 신속한 제작이 가능하다. 이에 따라 기존 제조업의 원가 절감뿐만 아니라 나아가 대량 차별화(Mass Customization), 자가 생산에 적합한 새로운 방식의 제조 모델로의 변혁이 가능해졌다. 3D 프린팅은 물체를 제작하는 거의 모든 분야에 적용 가능하다. 기업 연구소나 산업디자이너가 산업용 제조 샘

3D 프린팅 적용 사례

적용 영역	적용 방법	적용 사례
의료산업	수술전 수술 부위 상태를 파악하기 위한 시뮬레이션 모형 제작, 손상된 신체 부위를 대행하는 신체 기관을 제작하는 데 활용	2살 여아에게 로봇팔 부착, 환자의 턱을 원형 그대로 만들어 시술
자동차산업	완성차나 차량 부품의 모형을 제작하는 데 활용	테스트용 섀시, 조향장치 등을 제작해 검사와 조립 시간 단축
항공기산업	항공기 설계 모형, 소형 항공기 부품 제작	1.2m의 무인비행기 SULSA 제작, 비행
중·소형 소재산업	영화 소품 및 장난감 제조	•영화 〈아이언맨2〉의 소품을 3D 프린터로 즉석 제작해 활용 •레고사는 레고 블럭 프로토타입 제작 시 활용

플을 제작하거나 영업용 콘셉트 부품 제작하는 데 뿐만 아니라 최종 완제품 생산에도 적용 가능하다.

가늠할 수 없는 성장세

3D 컴퓨팅 비즈니스가 시작된 지 약 25년이 지났지만, 기술 개발 등의 문제로 아직까지 본격적인 상용화 시장이 형성되지 않은 단계라고 할 수 있다. 미국 시장조사 업체 가트너(Gartner)는 3D 프린팅은 2011년 7월 기준으로 현재 관련 기술에 대한 관심이 높아지는 관심 고조기에 막 들어가는 단계이며, 주류 기술로 수용되기까지는 앞으로 5~10년은 지나야 할 것으로 예상하고 있다.

전 세계 3D 컴퓨터 시장은 향후 소재 등 기술 개발과 가격 하락에 따라 크게 확대될 전망이다. 부품을 3D 프린팅으로 생산하면 미리 생산해 창고에 비축할 필요가 없으며, 오래된 부품도 도면만 있으면 다시 3D 프린팅으로 제작할 수 있어 제조 효율성을 크게 증대시킬 수 있기 때문이다. 3D 프린터 시장조사기관인 홀러스 어소시에이츠(Wohlers Associates)는 전 세계 3D 프린팅 시장규모가 2010년 이후 연평균 25퍼센트 이상의 높은 성장률을 기록해 2016년에는 약 60억 6천만 달러(약 7조 원)를 기록했다고 보고했다.

특히 최근 들어 제품 시장보다 서비스 시장이 더욱 가파르게 성장 중이다. 3D 프린팅 시장은 2016년부터 연평균 27.6퍼센트 성장해 2022년에 이르면 262억 달러에 달하는 시장이 될 것으로 전망된다. 아직은 기

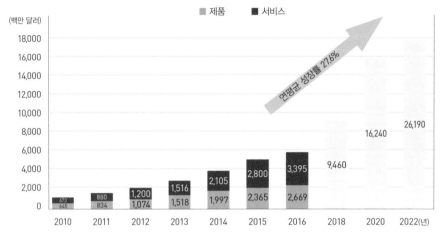

전 세계 3D 프린팅 관련 시장 현황 및 전망

■ 제품   ■ 서비스

(백만 달러)

주: 1) 제품 시장: 장비, 소재, SW 및 AS용 부품 등
  2) 서비스 시장: 3D 프린팅 출력물 제작·판매, 교육, 컨설팅 등
출처: 홀러스 어소시에이츠(2017)

업이 거의 대다수 수요를 차지하고 있으나, 보급형 3D 프린터의 대중화로 최종 소비자의 수요도 늘어날 것으로 예상된다.[1] 홀러스는 "3D 프린팅은 현재 1960년대 반도체 산업과 비슷한 수준에 도달했으며, 앞으로 얼마나 성장할지는 알 수 없다"고 말했다.[2] 홀러스 어소시에이츠 자료(2017년)에 따르면, 3D 프린터의 산업별·국가별 시장점유율 현황은 주로 전자제품과 선진국을 중심으로 시장이 형성돼 있음을 알 수 있다. 먼저, 산업별 점유율을 보면 기계(18.8%), 항공·우주(18.2%), 자동차(14.8%), 소비재·가전(12.8%), 의료(11.0%) 분야 중심으로 활용되고 있으며, 사용 용도는 기능성 부품 제작, 맞춤 조립 시제품 제작, 교육·연구개발 순이다. 한편, 국가별 점유율을 살펴보면 원천 기술 확보, 산업용 장비 및 부품 생산 등이 가장 활발한 미국이 1위(39.3%)를 차지했다. 이어 독일 2위(9.2%), 중국 3위(7.4%)이고, 한국은 1.8퍼센트의 점유율을 보이

---

[1] 3D Systems의 부사장인 Rajeev Kulkarni는 "5년 전 가장 저렴한 3D 프린터는 2만 5천 달러에서 5만 달러 정도였는데, 지금은 약 1천 달러에 불과하다"고 말함(출처: CNN Money, "3-D printers will be your next home accessory", June 6, 2011).

[2] Computerworld, "3D Printers : Almost Mainstream", December 21, 2011.

경제읽어주는남자의 디지털 경제지도

고 있다.

2017년 국내 3D 프린팅 시장은 2016년 2,527억 원보다 37.3퍼센트 증가한 3,469억 원을 기록했으며, 2022년까지 연평균 성장률 24.1퍼센트로 성장해 1조 원 규모에 달할 것으로 예상된다. 특히 교육기관 중심으로 보급형 3D 프린터의 수요가 급증하고 3D 모델링을 위한 3D 스캐너 등의 매출이 증가하면서 지속적인 성장세를 유지할 것으로 전망된다. 해외 시장과 달리 국내 3D 프린팅 장비 및 소재의 제품 시장(61.2%)은 SW 및 서비스 시장(38.8%)에 비해 큰 비중을 차지하고 있다. 장비 시장에서 3D 프린터 매출은 증가하고 있으나 외국

산 장비의 대체 효과 미미, 소재 시장 미성숙 등의 한계를 보이고 있다. 반면 서비스 시장은 교육 분야 활성화 등으로 2016년 대비 10.2퍼센트의 높은 성장세를 기록했다. 최근 보급형 3D 프린터의 확산으로 유통업체가 늘어남에 따라 3D 프린팅 기업은 2016년 기준 302개로, 2015년 253개에 비해 19.4퍼센트 증가했다. 이 중에서 서비스 기업은 41.4퍼센트(125개)로 나타났다. 업체별 종사자 현황을 보면 50명 미만 사업장이 전체 72.9퍼센트를 차지하는 등 아직은 규모의 경제를 이룰 만한 성장에는 미치지 못하고 있다.

글로벌 3D 프린팅 산업 활용도

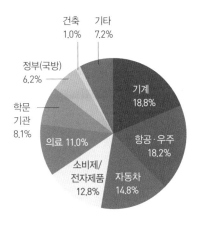

출처: 홀러스 어소시에이츠(2017년)

국가별 3D 프린팅 시장점유율

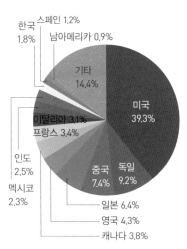

출처: 홀러스 어소시에이츠(2017년)

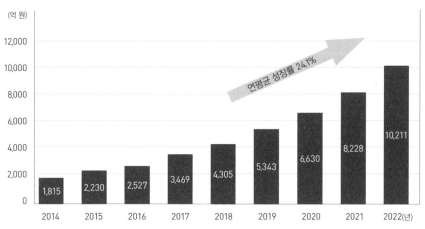

국내 3D 프린팅 관련 시장 현황 및 전망

(억 원)

2014	2015	2016	2017	2018	2019	2020	2021	2022(년)
1,815	2,230	2,527	3,469	4,305	5,343	6,630	8,228	10,211

연평균 성장률 24.1%

출처: 정보통신산업진흥원

소수의 기업이 세계 시장 선도

현재 전 세계 산업용 3D 프린팅 장비 시장의 주요 8개 기업을 대상으로 한 '해외 주요 기업의 매출액 현황'은 옆의 표와 같다. 산업용 3D 프린팅 장비 시장점유율은 스트라타시스(Stratasys)와 3D시스템즈 양사가 전체 판매량의 약 55퍼센트 이상을 차지하고 있다. 매출 측면에서도 양사가 가장 큰 수치를 기록하고 있으나, 세계 유일의 EBM(Electron Beam Melting) 방식 메탈 3D 프린터를 제조하는 스웨덴의 AAB(Arcam AB)의 성장률이 급증하는 양상을 보이고 있다.

소수의 3D 프린터 전문 기업이 세계 시장을 선도하는 가운데, 글로벌 기업의 3D 프린터 제조 및 3D 프린팅 기술 적용이 확산되고 있는 추세다. 미국 스트라타시스와 3D시스템즈가 세계 3D 프린팅 시장의 21.7퍼센트(산업용은 약 55퍼센트)를 차지하며, 지속적인 투자로 시장을 선도하고 있다. 또한 2017년 9월 HP가 새롭게 3D 프린팅 시장에 진출하는 등 산업용 3D 프린터 제조사가 크게 증가하고 있다(2015년 62개사 → 2016년 97개사). GE는 3D 프린팅 기술을 활용해 항공부품을 제작하고 있으며, 필립스는 램프 제조 공정에 적용하는 등 제조 혁신을 추진하고 있다.

미국, 유럽, 중국 등 주요국은 3D 프린터의 기능 개선(제작 속도, 정밀도 향상 등), 티타늄 등 다양한 신소재 개발, 바이오 등 차세대 핵심 분야 연구에 집중적으로 기술 개발 투자를 진행하고 있다. 세계 특허는 연평균 40.1퍼센트 증가세를 기록하고 있으며, 이 중 2016년 산업 활용 분야 특허가 76퍼센트, 3D 프린터 소재·SW가 14퍼센트를 차지한다. 특히 근래 시장 선도업체를 중심으로 M&A가 단행되면서 대형화가 진행 중이다. 3D시스템즈는 2012년 1월 3일 Z 코퍼레이션(Z Corporation)과 바이다 시스템즈(Vidar Systems) 인수를 완료했고, 오브젝트(Object)는 2012년 4월 미국의 스트라타시스 인수를 발표했다. 그뿐만 아니라 3D 프린터 시장에 대형 기업의 진입이 확대될 전망이다. 2010년에는 세계 최대 프린터 업체인 HP가 스트라타시스와 공동 협력하면서 시장에 진입했다. 최근 HP와 애플, 아마존 등 대형 기업이 3D 프린터 시장 진입을 고려하며 사업 기회를 분석하고 있다.

한편 3D 프린팅 기술은 제조업에서 최종 생산하게 될 상품의 모형인 목업(Mockup)을 제작할 때 주로 이용된다. 목업 상태에서는 수정이 용이해 제작 시간과 비용을 크게 줄일 수 있기 때문이다. 실제 상품 중 3D 프린팅이 가장 먼저 실용화된 분야는 부품 제조다. 이미 미국의 항공기 제조사 보잉은 비행기 조립에 사용할 300여 개의 부품을 3D 프린팅으로 생산하고 있다. GE 항공, 보잉 등은 수년 내 3D 프린터를 이용한 제트엔진 제조 및 산업 육성을 위해 관련 회사를 인수하거나 소형 부품을 생산하고 있다.

의료 분야도 3D 프린팅 도입에 적극적인

해외 주요 기업의 매출액 현황(산업용 장비 시장 기준)

주요기업	2015년 매출 (백만 달러)	2016년 매출 (백만 달러)	2017년 매출 (백만 달러)	2016년 연간 성장률(%)	2017년 연간 성장률(%)
3D Systems	666	678	737	2%	9%
Stratasys	696	714	778	3%	9%
ExOne	40	51	63	26%	25%
Arcam AB	576	736	936	28%	27%
Voxeljet	25	33	43	30%	31%
SLM Solutions	64	89	122	40%	37%
Materialise	111	132	157	19%	19%
Photo Labs	264	335	406	227%	21%

출처: 팩트셋(Factset)

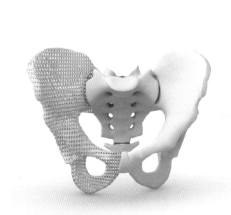

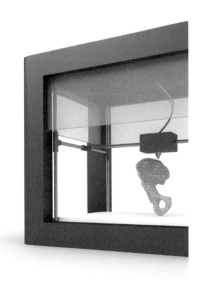

데, 그 이유는 신체를 정확하게 측정해 특정 신체 구조와 사이즈에 맞게 적용할 수 있기 때문이다(한국디자인진흥원(2013), "3D 프린팅은 어떻게 소비 문화를 바꾸는가").

국내 3D 프린터 제조기업 캐리마는 1983년 설립된 회사로, 2011년 자본금 20억 원, 매출액 60억 원의 강소기업이다. 캐리마는 자체적으로 3D 모델링 데이터를 기반으로 실제와 동일한 시제품 모형을 만드는 3D 프린터 기기를 개발했으며, 이를 이용해 디자인 모형과 각종 시제품을 제작하는 서비스를 제공한다. 이외에

3dpmart, 아이씨뱅큐, 준팩토리 등 국내 10여 개 3D 프린터 제조, 유통, 재료, 콘텐츠 포털 기업이 이름을 올릴 정도로 국내 업체의 진출은 미미한 상황이다.

미·중·일의 3D 프린팅 개발 프로젝트

2012년 8월, 미국 정부는 제조업 부활과 국내 투자 촉진을 위해 3D 프린팅 연구개발에 관한 '애디티브 매뉴팩처링 프로젝트(Additive Manufacturing Project)'를 추진했다. 총 7천만 달러를 투입했고, 정부와 컨

소시엄이 각각 3천만 달러, 4천만 달러를 투자했다. 미국 정부는 '제조업 혁신 국가 네트워크 법령' 초안을 의회에 제출하고, 본 프로젝트를 지원하기 위한 정부-산업계-학계 컨소시엄인 '미국 3D 프린팅 연구기관' NAMII(National Additive Manufacturing Innovation Institute)를 설립하기로 발표했다. 본 컨소시엄은 40개 기업, 9개 대학연구기관, 5개 지역대학, 11개 비영리조직으로 구성됐다. 미국 정부는 저임금 국가와의 경쟁을 통한 제조업 발전의 핵심 기술로 3D 프린팅을 선정하고, 관련 법령 정비, 산학 연계 연구지원을 추진 중이다. 관련 파일럿 프로그램으로 오하이오의 영스타운(Youngstown: 제조업이 흥했으나 공장 이전으로 쇠퇴한 도시)을 선정하고, 3D 프린터를 중심으로 투자할 계획이라고 밝혔다.

중국의 경우 지능형 제조업 발전 촉진의 일환으로 3D 프린팅 정책을 추진하고 있다. 지능형 제조업은 지능 기술을 제품의 설계, 생산, 관리, 서비스 등 제조 활동의 전 과정에 응용하는 것이며 제조 장비와 제조 서비스업을 포함하고 있다. 2012년 12월 발표한 '지능형 제조 기술 발전 12.5 전문규획'에서 CAD, 공업 소프트웨어, 자동화 제어, 3D 프린터, 산업로봇 등 핵심적인 지능 기술 연구개발, 장비 혁신, 시범 응용을 추진하고 있다. 중국은 연구소 중심의 기술 개발 및 기업 육성 등을 진행 중이다. 중국 쿤산에는 20여 개의 3D 프린터 개발사와 연구소가 밀집돼 있다. 칭화대 연구진이 만든 '베이징타이얼'은 2011년 기준으로 약 3천만 대의 3D 프린터를 판매하며 세계 시장의 4퍼센트를 점유하고 있다.

일본의 경우 중소기업을 중심으로 의료 분야 기술 개발 및 제품 확산을 진행하고 있다. 로봇 개발업체 스기우라 기계설계사무소(杉浦機械設計事務所)는 합성수지를 활용한 로봇 팔을 생산하고 있고, 의료기기 전문업체 파소텍(Fasotec)은 의료기, 틀니 등을 3D 프린팅을 통해 생산하고 있다. 2014년 1월 일본 사가대와 도쿄 바이오 벤처기업이 3D 프린팅 기술을 활용해 환자의 피부에서 동맥을 제작하는 기술을 공동 개발했다고 밝힌 바 있다.

영국의 경우 셰필드대학에 3D 프린터 연구 센터를 설립해 전문 연구를 진행하고 있다. 특히 영국 정부는 2012년 10월 3D 프린터 산업의 연구개발에 700만 파운드를 투자할 계획이라고 발표했다. 독일의 경우에도 프라운호퍼연구소에 20여 대의 3D 프린터를 설치하고 각종 금속을 이용한 기술 연구를 진행하고 있다.

우리나라의 3D 프린팅 정책 지원 상황

우리나라 정부도 3D 프린팅 산업 육성을 위해 본격적인 시동을 걸었다. 산업통상자원부는 산학연과 함께 2013년 7월 신제조업 패러다임을 주도할 핵심 분야로 부상 중인 3D 프린팅 산업 육성을 위한 '3D 프린팅 산업 발전전략 포럼' 발대식을 개최한 바 있다. 2016년 12월 정부는 3D 프린팅 산업 진흥 및 이용자 보호와 국내 산업 경쟁력 제고를 위한 종합적인 정책 추진 방향과 실천 전략으로 '3D 프린팅 산업진흥 기본 계획(2017~2019년)'을 마련했다. 2019년까지 3D 프린팅 글로벌 선도 국가 도약이라는 비전을 구현하기 위해 2017년부터 본격적으로 정책을 추진 중이다. 기본 계획에 따라 4대 추진 전략과 12대 정책 과제를 선정하고, 기본 계획의 충실한 이행을 위한 구체적인 계획이 수립됐다. 글로벌 시장 점유율을 2015년 4.0퍼센트에서 2019년 6.0퍼센트까지 제고하고, 국내외 특허출원 등 기술력 확보 역시 20퍼센트 수준으로 올리기 위한 구체적인 정책을 시행 중이다.

핵심 연구개발 과제 및 세부 내용

연구개발과제	주요 적용 분야	추진내용
주물사 3D 프린터	중대형 선박부품	차세대 조선부품 제조에 적합한 주물사 3D프린팅 제조공정 기술 개발 추진
광중합 3D 프린터	자동차 내장재	대형 조형물 출력이 가능한 광중합 3D프린팅 기술 개발
복합가공 3D 프린터	스마트 금형	금형 제작용 복합가공 3D프린팅장비 및 금형강 분말 제조기술 개발
고에너지 3D 프린터	발전용 부품	에너지 발전용 터빈엔진 부품제조용 3D프린팅 공정기술 개발
의료·수송·소재 3D 스캐너	3D 스캐너	3D 휴대용 스캐너 개발 기반 구축 및 애로기술 지원
초정밀, 대형 3D 프린터	산업용 부품	표면정밀도 7μm급 초대형부품 제작용 금속 3D 프린터 개발
플라스틱 3D 프린터	스포츠·재활보조	스포츠·재활보조기구 제작용 다중노즐 강화플라스틱 3D 프린터 개발
티타늄 3D 프린터	환자용 인공 고관절	인공 고관절 제작용 티타늄 복합가공기 개발
코발트크롬 3D 프린터	환자용 인공술관절	인공슬관절 제작용 초고속 코발트크롬 3D 프린터 개발

출처: 정보통신산업진흥원

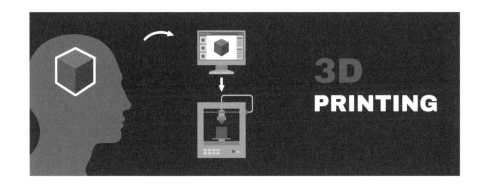

첫째, 시장 확대 측면에서는 공공·의료·산업 분야의 시범 및 선도 사업을 통해 수요를 창출하고, 시장 규모를 확대해 나갈 계획이다. 공공 분야에서는 전투용 부품 등 군수 및 안전 제품 제작을, 의료 분야에서는 환부 모형, 수술 도구 등 의료 기기 및 3D 프린팅 맞춤형 치료물 개발을, 산업 분야에서는 메탈 경량화 및 스마트 제조 제품 제작을 추진 중이다.

둘째, 기술 개발 측면에서는 의료·바이오 등 차세대 핵심 분야에 2017년 기준 232억 원을 투자해 선진국과의 기술 격차 축소 등 기술력 향상에 주력하고 있다. 미국과의 기술 격차는 2016년 현재 29년 정도로, 2017년에는 26년 정도로 줄이기 위한 노력을 기울이고 있다. 아울러 국제표준화기구의 연구 그룹 신설 주도 및 국가기술표준 제정 등 기술표준을 선도해 나갈 계획이다. 조선, 자동차 등 주력 제조업에 필요한 3D 프린팅 장비·소재 원천 기술개발을 위해 9개 핵심 과제에 총 113억 9천만 원 규모의 투자 계획이 수립됐다. 이를 통해 3D 프린팅 원천기술 및 이를 활용한 제조업의 고도화를 이룰 수 있을 것으로 기대된다.

첨단 소재 개발이 디지털 경쟁력

소재의 첨단화

화학, 자동차, 철강, 항공, 식료품, 섬유 등 다양한 제조산업에 걸쳐 스마트 공장이 도입되면서 내구성·내열성이 요구되는 로봇에 쓰일 소재나 초정밀 공정을 위한 첨단 소재가 요구된다. 3D 프린팅의 활용성을 높이는 데도 소재의 첨단화는 필수적이다. 따라서 이종 소재 간 융·복합을 통한 첨단

4차 산업혁명 시대에 소재산업의 확대

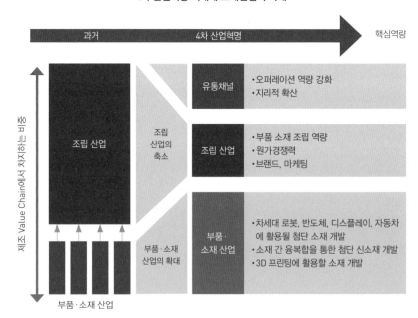

출처: 부품소재발전전략, 2005 전신산업강국기획단

소재의 개발 및 상용화는 더욱 가속화될 것이다. 과거에는 여러 부품 소재를 조립해 완제품을 만드는 조립산업이 전체 제조 밸류체인에서 큰 비중을 차지했다. 하지만 3D 프린팅과 양손 로봇을 통해 하나의 생산라인에서도 모듈화된 다양한 부품 소재의 생산이 가능해짐에 따라 부품 및 소재의 중요성은 점차 커질 것이다.

실제로 제조강국이라 불리는 독일과 일본도 4차 산업혁명 시대에 고부가가치의 융·복합 소재 개발에 집중하고 있으며 기술고도화를 통해 범용 소재에서 미래 핵심 소재의 개발로 전환을 도모하고 있다. 소재 유형별로 변화 트렌드를 살펴보았을 때, 디지털 경제의 중요 부문 중 하나인 드론과 무인자동차에는 철강보다 가볍고 단단한 구조의 경량화 금속 소재의 개발이 필수적이다. 또한 지능형 반도체, 초소형 첨단 센서와 첨단 로봇을 만들기 위해서는 고성능, 초소형 첨단 세라믹 소재와 나노 소재의 미세 공정 기술이 요구된다.

소재의 첨단화와 정부 정책

과학기술정보통신부와 산업통상자원부는 나노기술 연구성과의 확산과 나노융합산업의 비즈니스 활성화를 위해 2018년 7월 '나노코리아 2018'을 공동 개최했다. 이 행사에서 과학기술정보통신부는 '국가나노기술지도'를 발표했다. 미래사회 3대 목표를 실현하는 '나노기술로 구현하는 미래기술 30'에 대한 추진방향을 제시함으로써 미래기술 구현을 촉진하고자 하는 방향성을 보여주었다.

나노기술로 구현하는 미래기술을 실현하기 위한 구체적인 실행방안으로는 원천기술 확보 및 연구개발 단계별 이어달리기 활성화, 나노인프라 고도화, 핵심인력 양성 및 일자리 연계, 지속가능한 나노안전망 구축 등이 제시되었다. 과학기술정보통신부는 "나노기술은 4차 산업혁명 및 혁신성장의 기술적 한계를 돌파할 핵심 기반기술로서 그 가치를 가진다"며 "나노기술 개발을 통해 국민 삶의 질을 개선하고, 좋은 일자리가 창출될 수 있도록 정부가 앞장서 나가겠다"라고 밝혔다.

한편 산업통상자원부의 '나노융합산업 고도화 전략'이 제시되었다. 산업수요 맞춤형 생태계 구축, 나노융합기술 사업화 가속 등을 통해 주력산업을 고도화하고, 미래 신산업 창출 기반 마련을 위해 4차 산업혁명 초연결 기반 확보, 신수요 창출형 난제 해결, 미래 신산업 대응형 강소나노기업 육성 등의 실행 방법들을 발표했다. 산

나노기술로 구현하는 미래 기술(핵심 나노 기술)

편리하고 즐거운 삶		지구와 더불어 사는 삶		건강하고 안전한 삶	
	개인이 휴대할 수 있는 인간 두뇌 수준의 인공지능		초고효율 차세대 태양광 발전		폭발 위험이 없는 배터리
	내 손 안의 빅데이터		블랙아웃에 대비할 수 있는 연료전지		건강 100세를 위한 예방의학
	속도 무제한의 통신 환경		수소로 가는 자동차		진단과 치료를 동시에 하는 약
	디스플레이 모양과 크기를 자유자재로		5분 충전으로 서울에서 부산까지 가는 전기자동차		거부반응이 없는 인공장기
	스마트폰으로 맛보는 음식 기행		인공 나뭇잎으로 하는 광합성		내 맘대로 몸 안을 보고 치료하는 기술
	인간처럼 느끼는 사이보그		전기 공급이 필요 없는 에너지 자립형 주택		언제 어디서나 내 몸 건강체크
	충전없이 날 수 있는 드론		버려진 물을 다시 사용		나쁜 바이러스를 알려주는 인공지능 시스템
	걸으면서 생산하는 전기		자급자족이 가능한 도시 농업		세균을 막아주는 의류
	옷처럼 입을 수 있는 배터리	–	–		집안 전체 공기를 항상 맑게 하는 공기청정기
	젊은 피부를 유지하는 기술	–	–		우주에서도 한 알로 해결되는 식사
	화장을 자동으로 해주는 마스트 팩	–	–		재난현장 조난자를 신속하게 찾아내는 마이크로봇

출처: 과학기술정보통신부, '국가 나노 기술 지도'

업통상자원부는 "이번 행사가 4차 산업혁명에 기반이 되는 나노융합산업의 경쟁력 확보와 나노기업들의 세계 시장 진출의 계기가 될 것으로 기대하며, 정부는 나노기술이 기존 주력산업에 융합되어 우리 산업의 경쟁력을 강화할 수 있도록 적극 지원할 것"이라고 밝혔다.

2018년 주요 나노·소재기술개발사업들은 다음의 표로 정리해 놓았다. 예를 들어 첫번째 과제의 경우, 웨어러블 전자소자, 마이크로 로봇, 소형자율이동체 등의 시스템과 통합될 수 있는 새로운 소형 에너지원의 개발이 요구되고 있다. 3D 프린팅 기술은 다양한 응용분야로의 적용가능성으로 인해 넓은 범주의 연구 분야에서 많은 관심을 이끌고 있다. 그러나 3D 프린팅 공정기

2018년 주요 나노·소재기술개발사업

	과제명	주관 연구기관
1	EHD 인쇄를 통한 굴곡표면상 3차원 전고체 슈퍼커패시터 제작 기술 개발	연세대학교
2	나노 소재의 체내 동태 및 독성 평가 플랫폼 기술 개발을 통한 임상 적용 가능한 종양 진단·치료용 후보 물질 도출	서울대학교
3	광전자 소자용 저가, 무독성 질화물 나노 소재 원천기술 개발	한국과학기술원
4	소재 연구 데이터 수집 관리 활용 플랫폼 개발	한국과학기술연구원
5	스마트 산업 모니터링을 위한 다기능 적외선 센서 기술 개발	한국과학기술연구원
6	인체이식형 저전력 촉각기능 스마트 바이오닉 피부 개발	한국과학기술연구원
7	인체 유해 고에너지 전자기파 감지 IoT 센서용 나노 소재 및 소자 원천기술 개발	경기대학교

출처: 과학기술정보통신부

술의 적용이 가능한 실장형 에너지소자 기능성 소재는 제한적이다.

여섯 번째 과제의 경우, 보청기, 의족, 의수 등의 의료용 보조기기부터, 성형보형물, 경조직, 임플란트와 인공장기에 이르기까지 각 개인에 맞도록 최적화된 맞춤형 메디컬 디바이스 제작에 대한 기술적 수요가 증대되고 있음을 반영하여 구성되었다. 인체친화성 소재, 생체모사 소재, 자기치유 소재, 고감도·저전력 센싱 소재, 신경 인터페이스 소재 및 이들이 복합화되어 있는 스마트 바이오닉 소재 개발이 필요하다. 이러한 인체구조물 적용으로 3D 프린팅을 포함한 다양한 제조방법에 대한 연구가 진행 중이며 이에 적합한 촉각기능 보조 및 증진용 바이오닉 원천소재의 개발이 요구된다.

일곱 번째 과제는 최근 건강하고 안전한 사회 구현을 위한 국민 요구가 증대되고 있는 것과 밀접한 관련이 있다. 현재 정부 주도의 국가연구개발 사업에서 대기환경 유해물질과 식품안전 유해물질 감지에 대한 연구가 활발히 진행되는 것에 비해, 인체에 유해한 고에너지 전자기파 감지 소재 및 소자 개발은 매우 저조한 실정이며, 4차 산업혁명의 핵심인 IoT 기술의 적용을 목적으로 하는 집단 규모의 장기적 국가 과제는 전무하다. 인체유해 고에너지 전자기파의 일종인 자외선, 엑스선, 감마선 등의 경우 자외선 기반 살균 업종, 자외선 기반 산업용품 생산, 의료용 영상기기, 의료용 치료기기, 원자력 발전소 등에서 사용되고 있다. 이러한 산업계에서 종사하는 근로자가 고에너지 전자기파에 노출되는 정도를 중앙센터에서 모니터링하는 IoT 시스템을 구현함으로써 근로자의 근로환경을 개선할 수 있다. IoT에 적용 가능하며 고감도, 고성능, 높은 분해성, 신뢰도와 내구성을 갖는 인체유해 고에너지 전자기파 감지 소재 및 소자 개발은 향후 미래 시장을 선점할 수 있는 중요한 원천기술이 될 것으로 예상된다.

3D 프린팅에 신소재를 활용해 부품 제작에 나선 '보잉'

3D 프린팅은 산업용 기계 생산 다음으로 우주·항공 분야에서 가장 활발하게 이용되고 있다. 우주·항공 분야는 산업 특성상 고강도의 금속 소재를 많이 사용한다. 가볍고 빠른 속도를 내야 하는 항공기와 위성에 기존의 금속 소재는 원료가 비싸고 무거운 점이 문제로 지적돼 왔는데, 관련 업계에서는 최근 3D 프린팅 관련 기술을 기반으로 이러한 한계를 극복하려는 움직

임이 나타나고 있다.

항공기 제작 기업인 미국 보잉(Boeing)은 티타늄, 알루미늄 등 금속소재와 PC 고분자 소재 개발에 집중하고 있으며, 이러한 소재와 관련된 특허도 출원하고 있다. 보잉은 현재 3D 프린팅 기술을 활용해 항공기에 사용하는 2만 2천 개의 부품을 제작하고 있다. 여기에 기존보다 경량화된 소재를 사용해 연료비를 절감하고 부품을 견고화해 항공기와 위성의 성능 향상뿐만 아니라 유지 및 보수비용의 절감을 추구하고 있다. 실제로 보잉의 B787 기종은 기체에 탄소섬유를 사용한 고강도 복합 소재인 카본 래미네이트를 사용했는데, 이 소재는 철보다 10배 강하지만 무게는 4분의 1 수준이다. 더불어 알루미늄 합금과 티타늄 합금 등 다양한 신소재를 적용해 기존 제작 항공기보다 연료 효율을 20퍼센트 개선했다. 앞으로 보잉은 위성 제작에도 3D 프린팅 기술을 사용할 것이라고 밝혀 우주 환경에

출처: 현대종합금속 홈페이지

경제읽어주는남자의 디지털 경제지도

적합한 신소재도 연구개발해 나갈 것으로 기대된다.

현대종합금속의 첨단 용접 소재 개발

현대종합금속은 용접 재료와 장비를 공급하는 용접 전문 제조기업이다. 용접은 제조 과정에 빠짐없이 포함되며 제조업에 있어선 필수적인 부분이다. 용접은 미세하고 반복적인 작업이 필요해 대부분 사람의 노동력에 의해 이루어졌으나, 스마트 공장 구축이 확산됨에 따라 산업용 로봇의 활용이 지속적으로 증가하는 추세다. 산업용 로봇은 사람이 작업하기 힘든 환경이나 빠른 속도로 작업해야 하는 공정에 투입되며, 현대종합금속은 이러한 흐름에 발맞춰 저온, 고강도, 내열에 강한 특수용접 소재를 연구개발 해왔다.

현대종합금속의 용접 소재는 해양구조물, 조선, 자동차, 중장비를 비롯해 에너지 및 화학 플랜트, 일반 건축 구조물 등에 광범위하게 적용할 수 있다. 이는 연강용, 고장력강용, 주철용 등 여러 분야에 사용할 수 있는 소재를 개발했기 때문이다. 용도에 알맞은 소재를 사용함으로써 고속 용접과 높은 성능을 이뤄낼 수 있는 것이다. 특히 최근에는 전 세계적으로 화두가 되고 있는 친환경 트렌드로 인해 제조업계에서 환경에 대한 관심이 높아지면서 환경친화적 용접 소재를 개발하고 있기도 하다. 더불어 자동화, 경량화 등 새롭게 떠오르고 있는 용접 공정에 알맞은 용접 소재를 적극적으로 개발하고 있다.

현대종합금속의 첨단 용접 소재 개발 방향

환경친화적 용접 소재 개발	고기능성 용접 소재 개발
• Low 흄 용접 소재 개발 • Low Mn 용접 소재 개발 • Low 스패터 용접 소재 개발 • Self-Shielded 플럭스 코어드 와이어 개발	• 극저온 CTOD 특성이 우수한 용접 소재 개발 • Offshore용 초고강도/고인성 용접 소재 개발 • 내흡습 극저수소계 용접 소재 개발
고능률 용접 소재 개발	신강종 연계형 용접 소재 개발
• 일렉트로 가스 용접 소재 개발 • 고속 용접용 메탈코어드 와이어 개발	• 플랜트 저장 Tank용 Self shield EGW 개발 • 고강도 FCW 개발 • 해양구조물 S500, S550, S690강용 용접 소재 개발 • 자동화, 고효율화, 고속화, 경량화 등 새로운 용접 공정용접 소재 개발

출처: 현대종합금속

사무인력의 노동마저 디지털이 대체하다

RPA의 부상 배경

글로벌 기업들이 디지털 노동을 활용해 노동력 부족 상황에 대응하고 있다. 제조 영역에서는 스마트 공장을 도입하고 있지만, 서비스 영역에서는 RPA(Robotic Process Automation)를 도입하고 있다. 금융기업의 관리업무 중 국제 정산, 은행의 자금세탁 방지(AML) 규정 준수 영역에 RPA가 도입되고 있고, 창구업무에서는 자산관리형 가상비서, 고객응대형 감정 인식 로봇, 소액 자산보유 고객을 위한 저비용 자산관리 서비스를 개발함으로써 RPA를 실현하고 있다. 특히 인공지능 기술이 진화함에 따라 방대

한 정보를 분석하고 자연언어로 소통하는 새로운 노동 형태인 디지털 노동이 부상하고 있다. 그동안 비교적 간단하고 반복적인 작업에만 기계를 도입해 자동화 업무가 적용되었다면, 머신 러닝의 발달로 금융권에서 로보어드바이저가 업무를 처리하고 콜센터 상담사를 챗봇이 대체하는 등 다양한 영역에서 디지털 노동의 활용이 확산되고 있다. 글로벌 기업들은 수동적인 프로세스뿐만 아니라, 인공지능을 활용한 의사결정에 이르기까지 디지털 노동을 적극적으로 도입하고 있다. 이처럼 디지털 노동은 더욱 지능화됨에 따라 기업 경영에서 더욱 중요한 요소로 자리매김 할 것으로 보인다. 특히 주요 선진국들은 고령화 및 생산가능인구 감소 등에 따라 노동력 감소 문제에 대응하기 위해 디지털 노동 도입을 적극 추진하고 있다. 2017년 이미 고령사회에 진입한 우리나라도 생산가능인구 감소에 대응

하고 산업 경쟁력을 강화하기 위해 디지털 노동 도입을 통한 혁신을 지원하고 있다.

왜 RPA인가

조직 내 RPA 도입으로 가져올 수 있는 효과를 요약하면 다섯 가지다. 먼저, 민감한 데이터에 대한 접근을 방지하고, 정보의 인적 오류를 예방하는 등 안정성이 강화된다. 둘째, 입력 오류 등을 예방함으로써 정확성이 증대된다. 셋째, 기업들은 저부가가치 업무를 자동화 처리함으로써 인력을 고부가가치 업무 및 차별적 비즈니스 가치 발굴에 집중할 수 있도록 배치할 수 있다는 측면에서 효율성을 극대화 시킬 수 있다. 넷째, 무인 사무처리 능력이 강화됨에 따라 신속성이 강화된다. 마지막으로 불필요한 인력을 줄여 인건비 차원의 경제성을 증대시킬 수 있다. 한편 RPA 도입은 다양한 경제적 편익을 제공할 것이다. 첫째, 고령화 및 생산가능인구 감소에 따른 노동력 부족 문제를 해결할 대안으로 부상할 수 있다. 둘째, 인적 자원은 보다 고부가가치 업무에 집중함으로써, 위험하고 사람이 기피하는 일로부터 해방될 수 있다. 셋째, 유연근로가 가능해 지고, 초과근로시간을 줄여 일과 삶의 균형(Work-Life Balance)을 개선할 수 있다. 넷째, 세계적으로 기업들이 자동화를 진행함에 따라 품질 및 가격경쟁력을 높이고 있는 바, RPA 도입을 통해 산업경쟁력을 높일 수 있다. 즉, RPA를 통한 효율성 개선 및 인적 오류 최소화, 비즈니스 업무 프로세스 자동화, 단순반복 업무 인력의 고부가가치 업무 전환 등을 통해 국내 기업들의 대외 경쟁력을 높일 수 있다.

RPA 시장 흐름

아웃소싱 분석기업 'HfS 리서치'에 따르면

RPA 도입 효과

안정성	• 민감한 데이터에 대한 접근 방지 • 컴플라이언스 관련 인적 오류의 예방 • 추가적인 인력 없이 정보보호 및 거버넌스 수행
정확성	• 입력 자동화를 통한 오류 예방 • 데이터 무결성의 일반화 • 재작업 필요성의 감소
효율성	• 디지털화 된 데이터를 활용, 가시성과 지속적인 개선을 기대 • 고부가가치 활동에 집중할 수 있는 자원의 활성화 • 퇴사율과 관련된 비용 및 리스크 감소
신속성	• 연중 무휴로 작업 수행 가능 • 컴퓨터가 보다 높은 숙련도를 지님 • 트랜잭션 볼륨의 변경을 위해 신속하게 스케일 업/다운이 가능
경제성	• 효율적인 인건비 감소 • 인건비와 매출액의 상관관계에서 자유로워질 수 있음 • 피크 시즌을 위한 추가적인 인력 불필요

출처: KPMG International(2016)

글로벌 RPA 시장은 2016년 약 2억 7,100억 달러 규모에 달하며, 지속적으로 성장하여 2021년에는 12억 2,400억 달러 규모에 이를 것으로 전망된다. RPA 시장은 RPA 소프트웨어와 RPA 서비스로 양분된다. 먼저 RPA 소프트웨어 시장은 RPA 솔루션 플랫폼을 라이선스 형태로 판매하는 시장을 의미한다. 대부분의 RPA 벤더들은 RPA 개발 플랫폼을 만들어 교육을 이수한 개발자들이 자사의 플랫폼을 활용하여 RPA를 개발하고 구축할 수 있도록 하고 있다. RPA 벤더들 일부는 RPA 관련 서비스(컨설팅 및 설계/구축)도 하지만 대부분은 소프트웨어 플랫폼 공급자로 포지셔닝 하는 추세다.

RPA 서비스 시장도 크게 확대될 것으로 전망된다. 기업이 RPA 솔루션을 도입하기 전, 어떤 업무를 RPA로 대체할 것인지 프로세스 분석이 선행되어야 하며, RPA 도입 시 어떤 정량적 효과가 생길지, ROI가 어떻게 될지에 대한 분석이 필요하다. RPA 솔루션을 도입한 후에는 기존 인력에 대한 변화관리, 프로세스 개선 및 유지보수 서비스가 필요하다. 이러한 영역을 RPA 서비스 시장이라고 일컫는다. 'RPA 솔루션'뿐만 아니라 '기업 경영'에 대한 이해가 높은 컨설팅사들은 RPA 서비스 시장에서의 경쟁력을 높이기 위해 노력하고 있다.

하비 내쉬(Harvey Nash)와 KPMG가 2017 공동 수행한 세계 86개국 4,498명의 CIO를 대상으로 설문조사한 결과, 초대형 기업들을 중심으로 디지털 노동에 적극적으로 투자할 계획을 가진 것으로 나타났다. IT 예산 규모가 2억 5천만 달러 이상의 글로벌 기업들의 62퍼센트가 디지털 노동에

IT 예산 규모별 디지털 노동 투자 계획

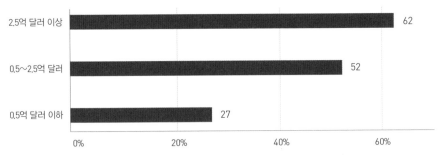

주: 디지털 노동에 투자하거나 투자를 계획하고 있는지 여부
출처: HfS 리서치(2017)

경제읽어주는남자의 디지털 경제지도

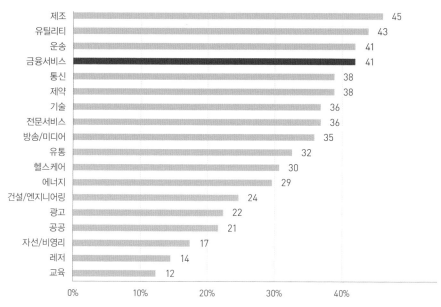

산업별 디지털 노동 투자 계획

산업	값
제조	45
유틸리티	43
운송	41
금융서비스	41
통신	38
제약	38
기술	36
전문서비스	36
방송/미디어	35
유통	32
헬스케어	30
에너지	29
건설/엔지니어링	24
광고	22
공공	21
자선/비영리	17
레저	14
교육	12

주: 디지털 노동에 투자하거나 투자를 계획하고 있는지 여부
출처: Harvey Nash and KPMG International, CIO Survey 2017

투자하고 있거나 향후에도 투자할 계획을 가지고 있었다. IT 예산 규모가 5천만~2억 5천만 달러인 경우 52퍼센트가, 5천만 달러 이하인 경우 27퍼센트가 디지털 노동에 대해 투자가 진행 중이거나 투자할 계획을 가진 것으로 나타났다.

한편 금융산업은 RPA 투자의사가 상대적으로 높은 산업으로 분류되었다. 디지털 노동에 투자하고 있거나 투자할 계획인 기업의 비중이 41퍼센트로, 제조 및 유틸리티에 이어 3위에 위치해 있다. 제조의 경우

스마트 공장 도입을, 운송은 자율주행기술 도입을 통해 디지털 노동에 투자를 하는 경향이 있기 때문에 사실상 RPA 투자의사가 강한 산업은 유틸리티와 금융서비스 영역으로 해석된다. 3대 RPA 솔루션 기업 중의 하나인 유아이패스(UiPath)의 산업별 수요처 현황을 보아도 금융산업이 44퍼센트로 가장 높고, 헬스케어 17퍼센트, 제조 8퍼센트, 통신 7퍼센트, 유통 5퍼센트로 각각 구성되어 있어, 금융산업의 RPA 투자 경향성이 상당히 높음을 이해할 수 있다.

금융산업의 경우, D&A(Data and Analytics), 블록체인, 생체인증 기술 등의 핀테크 기술들과 맞물리면서 RPA 활용 영역이 더욱 확대될 것으로 전망된다.

금융산업의 RPA 도입 사례

BOA(Bank of America)는 자산관리형 가상 비서인 '에리카(Erica)' 서비스를 제공하고 있다. 에리카는 자사 고객의 계좌 잔액을 분석해 과소비를 경고하기도 하고, 고객에게 유리한 카드대금 납부일을 추천하는 등 고객에게 편의를 제공하고 있다.

일본의 미즈호 은행(Mizuho Bank)은 전국 은행 점포에 소프트뱅크의 감정인식 로봇 '페퍼(Pepper)'를 배치해 고객 응대에 활용하고 있다. 고객들은 페퍼를 통해 미즈호 은행에서 제공하는 금융관련 정보를 검색할 수 있다. 더불어 페퍼는 이미 콜센터에서 활용되고 있는 인공지능 기술을 적용해 '유니버설 컨시어지(고객의 요구에 맞춰 모든 것을 일괄적으로 처리 해주는 일종의 가이드)'로도 활용되고 있다.

한편, 로보어드바이저 전문 운용사 및 로보어드바이저를 도입한 기존 금융투자 회사는 낮은 운용 수수료와 고객 편의성을 기반으로 소액 자산가들의 니즈를 충족시키고 있다. 로보어드바이저를 통한 투자자문 보수는 전문 자문인력 보수의 4분의 1 수준에 불과하며, 개별 고객에게 맞춤형

BOA의 에리카

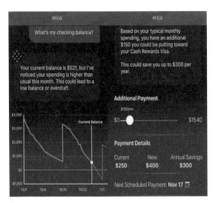

출처: Bank of America

해외 로보어드바이저 운용 금액

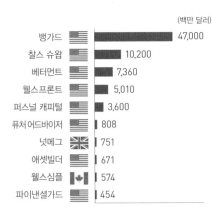

주: 2017년 2월 기준
출처: Statista

인공지능 챗봇의 금융권 콜센터 도입 효과

채팅봇 이용률 증가

모바일 상담서비스 이용률 40% (개시 2년 이내 예상)

기존 음성 상담서비스 이용률 60%

상담원 연결호 감소

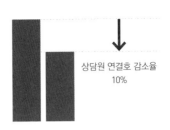

상담원 연결호 감소율 10%

콜 단가 절감

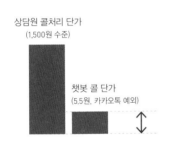

상담원 콜처리 단가 (1,500원 수준)

챗봇 콜 단가 (5.5원, 카카오톡 예외)

응답률 향상

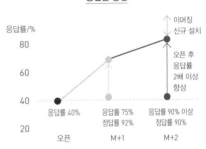

응답률/%

이머징 신규 설치

오픈 후 응답률 2배 이상 향상

응답률 40%
오픈

응답률 75% 정답률 92%
M+1

응답률 90% 이상 정답률 90%
M+2

출처: Wisenut

자문 서비스를 제공할 수 있고 고객 문의에 24시간 신속하게 응대할 수 있어 금융 소비자의 편익을 증대시키고 있다.

국내 금융기관도 RPA 도입에 박차를 가하고 있다. 한국씨티은행은 최근 로봇 소프트웨어를 활용한 RPA를 자금세탁방지 모니터링 업무에 도입하였다. 자금세탁방지 모니터링은 크게 정보 수집 및 분석 자료 준비, 자료 분석 그리고 보고 및 검토 업무로 진행되며 이번에 로봇 프로세스 자동화 프로젝트를 통해 자동화된 업무는 자금세탁방지 모니터링 전체 업무 중 약 10퍼센트에 해당되는 정보 수집 및 분석 자료 준비 업무이다. 한국씨티은행은 RPA의 도입을 통해 담당 직원들의 수작업으로 진행되던 업무가 로봇 소프트웨어로 자동화됨에 따라 단순 실수를 예방하고 생산성 증대와 해당 업무에 대한 통제 강화 및 업무 처리 정확도 향상 등 추가적인 효과를 기대하고 있다.

특히 은행을 중심으로 챗봇 시스템 구축이 활발하게 이루어지고 있다. 텍스트 대화 위주의 커뮤니케이션 방식을 선호하는 밀레니얼 세대가 향후 10년 후 주요 금융소비자로 등장할 것을 대비해 주요 은행들이 챗봇 서비스 개발을 본격화하고 있다. 국내 은행 중 가장 먼저 챗봇을 도입한 곳은 NH농협은행으로, 카카오톡과 연계한 '금융봇'을 선보여 고객들이 자주 묻는 질문에 대한 응대 및 금융 관련 정보 제공 등에 활용하고 있다. NH농협은행에 이어 신한은행, 우리은행, KEB하나은행 등도 챗봇 개발에 나섰으며, 대구은행, 부산은행 등 지방은행까지도 검토에 나서고 있다.

챗봇을 통한 업무 처리의 가장 큰 장점은 24시간 365일 자동응대가 가능하기 때문에 콜 대기시간 감소 및 심야시간 응대를 통해 고객의 편의를 도모할 수 있다는 것이다. 뿐만 아니라 상담사는 보다 전문적인 상담에만 집중할 수 있어 업무 효율성 개선에 기여할 수 있으며, 챗봇의 콜센터 도입을 통해 고객 문의 응대를 자동화함으로써 운영 비용을 절감하고 고객 만족도를

국내 로보어드바이저 도입 현황

구분	기관명	주요 특성
은행	NH농협은행	퇴직연금 자산운용, 은퇴설계
	신한은행	로보어드바이저 앱서비스
	우리은행	맞춤형 투자 포트폴리오
	하나은행	하이브리드 로보어드바이저
증권사	NH투자증권	맞춤형 투자 포트폴리오
	대신증권	자문형·펀드형·일임형 랩
	키움증권	머신러닝 기법 활용
운용사 자문사	쿼터백	금융기관과 서비스 제휴
	파운트	은행과 서비스 제휴
	디셈버앤 컴퍼니	증권사와 서비스 제휴

주: 2017년 8월 기준
출처: 각 기관 자료 종합

제고할 수 있다.

또한 아직 초기 단계에 머물러 있지만 국내 로보어드바이저 시장도 점차 활성화될 것으로 보인다. 현재 국내 로보어드바이저 시장은 은행, 증권사 등이 자체 개발한 로보어드바이저 모델과 운용사 및 자문사의 로보어드바이저와 제휴하는 모델로 양분되어 있다.

향후 대형 증권사를 중심으로 로보어드바이저 도입이 활발해지고, 로보어드바이저 관련 스타트업과 기존 금융회사와의 제휴가 증가할 것으로 예상된다.

RPA 리딩기업

포레스터 리서치(Forrester Research)는 총 12개의 RPA 솔루션 벤더사의 역량을 평가하였으며 RPA 시장을 리딩하는 회사로는 오토메이션 애니웨어(Automation Anywhere), 블루 프리즘(Blue Prism), 유아이패스가 선정되었다. RPA 상품에 대한 세부 평가항목으로는 주요 기능, 분석 역량, 아키텍처, 시스템 관리 역량, 보안, 거버넌스, 활용 가능성이었으며 오토메이션 애니웨어(3.69), 유아이패스(3.50), 블루 프리즘(3.39) 순으로 평가되었다. RPA 전략에 대한 평가 결과, 오토메이션 애니웨어(4.25)와 블루 프리즘(4.25)이 공동 1등을 하였고, 유아이패스(4.00)가 뒤를 이었다. 전략에 대한 평가는 각 회사의 경영전략, 비전, 실행력을 기준으로 종합적인 결과를 도출했다.

RPA 서비스는 기술수준별로 기초적인 자동화(Basic Automation), 지능적 자동화(Intelligent Automation), 인지적 자동화(Cognitive Automation)로 구분된다. 현재까지는 기업들이 기초적인 자동화의 도입 수준에 머물러 있기 때문에, 오토메이션 애니웨어, 블루 프리즘, 유아이패스가 가장 큰 경쟁력이 있고, 큰 시장을 확보하고 있다. 한편 아이피소프트(IPsoft)와 아라고(Arago)는 지능적 자동화 단계의 RPA에 포지셔닝하고 있고, IBM 왓슨(IBM Watson), 울프램 알파(WolframAlpha) 및 구글 딥마인드(Google DeepMind)는 최상위 단계인 인지적 자동화 단계에 포지셔닝하고 있다. RPA 수요가 고급기술로 확장됨에 따라 시장의 판도가 바뀔 가능성이 있다고 판단된다. 기업들의 수요가 고급기술 수준의 RPA로 변화함에 따라 주요 솔루션 벤더들은 인지적 자동화 단계로 포지셔닝을 바꾸어 나가고 있기도 하다.

금융서비스의 진화, 끝이 어디인가

기존 금융서비스를 해체한 핀테크

금융산업은 한국경제에서 상당한 의미가 있다. 통계를 처음 집계하기 시작한 1953년 금융산업이 한국경제에서 차지하는 비중은 0.4퍼센트에 불과했다. 그러나 금융산업이 고도화·선진화되면서 2018년에는

6.2퍼센트까지 확대되었다. 특히 핀테크가 고도화되고, 범용화되면서 금융산업이 제2의 부상기를 맞이하고 있다.

국내 핀테크 산업의 태동은 2015년 쯤으로 추정된다. IT서비스, 통신, 오픈마켓 등의 분야에서 기업들이 핀테크를 활용한 송

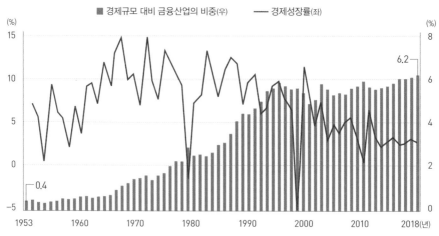

한국경제에서의 금융산업 비중

출처: 한국은행 경제통계시스템

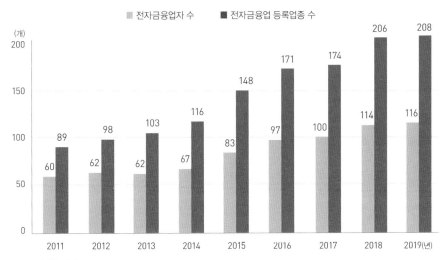

전자금융업자 및 전자금융업 등록업종 추이

■ 전자금융업자 수 ■ 전자금융업 등록업종 수

(개)

주: 2019년 3월 4일 기준
출처: 금융감독원

금, 지급결제, 자산관리 등의 금융서비스를 제공하기 시작하면서 핀테크 산업이 움텄다고 본다. 결제 부문에서는 앱카드를 출시한 삼성전자와 LG전자, 카카오페이를 제공한 다음카카오, 라인페이를 제공한 네이버, 각종 간편결제 서비스를 제공한 통신 3사, 그밖에 G마켓, 옥션 등의 오픈마켓 기업들이 선두주자로 꼽힌다.

한편 송금 부문에서는 낮은 비용으로 편리하게 송금할 수 있는 서비스를 제공하는 카카오톡의 뱅크월렛카카오가 대표적이다. 자산관리 분야에서는 인터파크의 옐로페이(Yellowpay)가 대표적인 선두주자로 가

상계좌에서 금액 충전 시 연 2퍼센트의 이자를 포인트로 지급하는 서비스를 제공하기 시작했다. 투자 부문에서는 P2P 대출을 중개하는 팝펀딩의 크라우드 펀딩이 있고, 정보보안에서는 모바일 보안, 보안솔루션 개발, 인터넷 보안업체 등의 핀테크 기술을 제공하는 라온시큐어, 시큐브, 이니텍, 안랩 등이 선두주자로 평가된다.

국내 핀테크 기업 수는 증가하고 있다. 정부의 핀테크 활성화 정책 추진과 관련 규제 완화 및 등록 절차 간소화로 꾸준히 증가하고 있다. 핀테크 기업에 관한 정의나 기준에 따라 상이하여, 국내 핀테크 기업

이 없다고 분석하는 주장도 있긴 하나, 필자는 전자금융업 등록을 기준으로 핀테크 기업 수를 추산하였다. 전자금융거래법에 따라 직불·선불 전자지급 수단의 발행이나 전자지급결제대행 등의 업무를 영위할 경우에는 일정 수준의 자본금, 물적 요건 등에 대한 금융감독원 심사를 거쳐 등록해야 한다. 핀테크 기업 수는 2011년 60개에서 2019년 3월 4일 기준 116개로 증가했다.

금융산업에서 가장 큰 화두로 부상한 핀테크는 더 빠르고 더 편리한 금융서비스를 원하는 소비자들의 트렌드에 민첩하게 대응하면서 전통적인 금융업에서 금융서비스 부분을 해체하고 있다. 이러한 현상을 '언번들링(unbundling)'이라고 부른다. '언번들링'은 지급결제, 송금, 대출, 자산관리 등 다양한 금융서비스 분야에서 이루어지고 있으며, 그 영역은 점차 확대되고 있다. 이는 기존 금융회사들이 인력과 자본을 투입하여 수행했던 금융서비스 영역을 인터넷 등 정보 네트워크에 기반한 소프트웨어의 적용으로 대신할 수 있기 때문에 가능해졌다. 이제 금융산업은 언번들링으로 인해 핀테크라는 새로운 상대와 경쟁해야 하는 것이다. 이러한 현상을 배경으로 KB국민은행, KEB하나은행, 우리은행, IBK기업은행 등의 주요 은행들도 핀테크 기술을 적극 도입해 대응해 나가기 시작했다.

핀테크는 어디까지 진화하고 있는가

① 지급/결제

4차 산업혁명 이전에는 현금 사용에 대한 의존도가 높았으나, 현금을 대체하는 신용카드, 체크카드, 모바일 카드, 포인트 결제, 가상화폐에 대한 의존도가 급증하고 있다. SMS와 PIN, 1회용 비밀번호인증 등의 간단한 인증서비스가 자리 잡고, 금융규제 완화 및 모바일 결제앱을 이용한 송금서비스 등으로 지급결제 수단이 다양화되

데일리금융그룹의 대학교 디지털화폐 사업 추진 현황

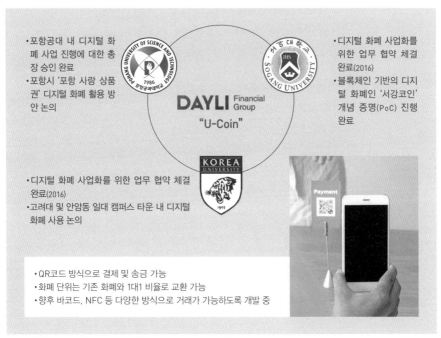

•포항공대 내 디지털 화폐 사업 진행에 대한 총장 승인 완료
•포항시 '포항 사랑 상품권' 디지털 화폐 활용 방안 논의

•디지털 화폐 사업화를 위한 업무 협약 체결 완료(2016)
•블록체인 기반의 디지털 화폐인 '서강코인' 개념 증명(PoC) 진행 완료

DAYLI Financial Group
"U-Coin"

•디지털 화폐 사업화를 위한 업무 협약 체결 완료(2016)
•고려대 및 안암동 일대 캠퍼스 타운 내 디지털 화폐 사용 논의

•QR코드 방식으로 결제 및 송금 가능
•화폐 단위는 기존 화폐와 1대1 비율로 교환 가능
•향후 바코드, NFC 등 다양한 방식으로 거래가 가능하도록 개발 중

출처: 데일리금융그룹, 삼정KPMG 경제연구원

고 있다. 향후에는 생체인식 기술, 블록체인 등에 기반해 결제시스템이 더욱 다양해질 전망이다. 한국에서는 현금거래 후 생긴 잔돈을 교통카드 등의 선불 전자지급수단에 적립하는 방법으로 2020년까지 동전 없는 사회(Coinless Society)를 구축하고자 계획하고 있다. 이를 위해 편의점과 대형마트 등의 유통매장을 중심으로 시범사업을 실시하고 있다.

국내 지급결제 시장은 가장 치열한 경쟁이 이뤄지고 있는 분야 중 하나이다. 삼성전자뿐만 아니라 네이버, 다음카카오와 같은 플랫폼사, SK텔레콤, KT, LG유플러스와 같은 통신사도 지급결제 분야에 뛰어들었으며, 그밖에 유통사, 카드사, PG사들도 경쟁에 참여하면서 경쟁이 심해지고 있다. 국내 간편결제 서비스 시장에서는 삼성전자의 삼성페이가 선두 자리를 굳히며 시장을 리드하는 추세다. 뒤이어 카카오페이와 네이버페이, 스마일페이, 시럽페이 등이 치열한 경쟁을 벌이고 있다.

한편 디지털 금융 전문기업인 데일리금융

그룹은 국내 주요 대학들과 업무 협약을 체결하고 디지털 화폐 사업을 진행하고 있다. 데일리금융그룹은 블록체인 기술을 적용한 디지털 화폐인 '서강코인' 플랫폼을 국내 최초로 서강대학교에 구축하고 있다. 캠퍼스 내 식당과 상점 이용은 물론이고 송금기능을 포함시켜 대학교 주변 상권으로의 확장도 고려하고 있다.

② P2P 금융

P2P 금융은 온라인을 통해 대출투자를 연결하는 핀테크 서비스다. 온라인을 통해 모든 대출과정을 자동화하여 지점운영비용, 인건비, 대출영업비용 등의 불필요한 경비 지출을 최소화하여 대출자에게는 보다 낮은 금리를, 투자자에게는 보다 높은 수익을 제공하는 금융과 기술을 융합한 핀테크 서비스다.

크라우드 펀딩 형식으로 대출이 진행되는 P2P 금융시장은 크게 성장하고 있다. 1퍼센트 대의 기준금리를 유지하는 저금리 시대에 평균 10퍼센트 이상의 수익을

P2P 대출 누적취급액 추이

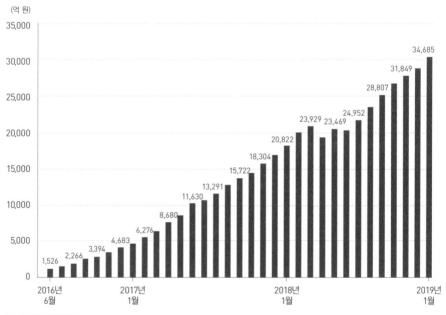

(억 원)

출처: 한국P2P금융협회

경제읽어주는남자의 디지털 경제지도

올릴 수 있기 때문이다. 한국P2P금융협회와 금융당국이 추산하는 P2P 금융시장은 2017년 1월 약 5,275억 원 수준에서 2018년 1월 기준 19,366억 원으로 약 4배가량 성장했다. 2019년에 들어서도 1월 32,913억 원, 2월 34,685억 원으로 지속적으로 증가하고 있다. 이런 추세라면 향후에도 P2P 금융시장 규모가 지속적으로 성장할 것으로 전망된다.

어니스트펀드는 대표적인 P2P 금융기업으로 개인신용대출을 전문으로 하고 있다. 어니스트펀드의 대출 잔액은 2016년 12월 140억 원 규모에서, 2017년 11월 약 463억 원 규모로 높은 성장을 기록하고 있다. 또 어니스트펀드는 P2P업계 최초로 티몬을 통해 30퍼센트 금리인하된 P2P대환대출상품을 판매하고, OK캐쉬백 포인트로 P2P 투자를 할 수 있는 독특한 마케팅을 진행하면서 P2P 금융의 저변 확대 가능성을 시사한 바 있다. 최근에는 신한은행에 이어 KB인베스트먼트, 한화인베스트먼트 등 주요 금융기관으로부터 누적 92억 원의 투자유치에 성공해 투자자들에게 신뢰받는 P2P 금융기업으로 자리매김 했다.

테라펀딩은 소형 빌라 신축에 전문으로 투자하는 P2P 금융기업이다. 누적 대출 잔액이 2016년 말 약 600억 원에서 2017년 11월 약 2,226억 원 규모로 크게 늘어 P2P 금융에서 부동산시장의 인기가 높아졌음을 실감케 하고 있다. 테라펀딩은 1순위 건축자금대출 전략을 기반으로 빌라 주인이 건축 도중 부도가 날 경우에 빌라를 경매에 넘겨 투자금을 어느 정도 회수할 수 있도록 안전장치를 마련했다.

③ 블록체인

블록체인 기술은 거래정보가 포함된 원장(Ledger)을 신뢰할 수 있는 제3의 기관(Trusted Third Party: TTP)의 중앙 서버가 아닌 P2P(Peer to Peer) 네트워크에 분산하여 기록하고 관리하는 방식을 의미한다(한국은행, 2016). 블록체인이라는 명칭은 일정 시간(10분)마다 새로운 거래내역을 담은 신규 블록(Block)이 형성되어 기존 블록에 계속 연결(Chain)되는 데이터 구조의 특성에 기인하고 있다. 이러한 블록체인 기술은 비트코인(Bitcoin)과 같은 가상 화폐에서부터 시작되어 P2P 대출, 거래기록 관리 등 최근 핀테크의 발달과 함께 다양한 분야에서 활용 가능성이 높아지고 있다.

블록체인 기술은 대출, 송금, 지급결제, 증권거래 등 기존 금융서비스 전반에 걸쳐 활용될 것으로 전망된다. 국제결제은행(BIS)은 블록체인 소액결제 시스템뿐만 아니라 거액결제 시스템 등 지급결제제도 및 금융 시스템 전반에서 활용 가능성이 큰 것으로 분석하고 있다(금융보안원, 2015). 또한 담보 설정, 주식·채권과 같은 증권 발행, 파생 상품 거래 등에도 적용되어 거래·청산·결제·기록보관 등 전통적인 서비스 제공자들의 역할과 기능이 축소될 가능성을 제시하고 있다.

국내 금융기관들은 관련 기술을 보유하고 있는 핀테크 기업과 제휴 등을 통해 블록체인 기술을 활용하는 방법을 모색하고 있다. 블록체인 기술 기반의 해외 송금서비스를 제공하거나 개인 인증 및 문서보안 등의 인증체계 시스템을 개발하는 방안을 검토 중에 있다. 그러나 아직까지는 도입 단계로 글로벌 금융기관들과의 협력을 통한 대규모 컨소시엄이나 공동 프로젝트의 참여는 나타나지 않고 있다. 블록체인 기술을 보유해 금융사들의 블록체인 시스템을 공급하는 대표적인 기업들에는 블로코(Blocko)와 코인플러그(Coinplug) 등이 있다. 특히 블로코는 전북은행에 공인인증서를 블록체인으로 대체하는 프로젝트를 수행함으로써 세계 최초로 금융업 블록체인 상용화를 추진한 사례로 꼽히고 있고, 최근 장외 주식거래, 문서공증, 스마트 컨트랙트 등의 분야에 걸쳐 서비스를 확대하고 있다.

④ 크라우드 펀딩

창의적 아이디어를 지닌 창업자가 온라인 상에서 중개업체를 통해 불특정 다수의 소액 투자자(Crowd)로부터 사업자금을 지원받는(Funding) 방식을 말한다. 크라우드 펀딩의 종류는 분류 기준에 따라 여러 방식으로 나눌 수 있으나, 일반적으로 후원/기부형, 대출형, 증권형의 세 가지로 분류한다. 먼저 후원/기부형은 소액 투자자들이 사업자에게 무상으로 후원금과 기부금을 납입하는 방식으로 금전적 보상이 없다. 반면 대출형은 사업자에게 다수의 소액투자자가 자금을 대부·대출 방식으로 투자하고 이자수익을 얻는 방식이다. 마지막으로 증권형은 사업자가 증권을 발행하고 소액 투자자가 이를 매수하여 자금을 조달하는 방식을 말한다.

2016년 1월 금융개혁의 결실로 증권형 크라우드 펀딩 제도가 시행되었다. 2017년 9월 국회 본회의에서는 크라우드 펀딩의 규제를 대폭 완화하는 내용의 「자본시장과 금융투자업에 관한 법률 일부개정법률안」(정무위원장 대안)이 통과되었다. 본 법안의 주요 내용은 크라우드 펀딩 일반투자자의 투자 한도가 연간 500만 원에서 1,000만 원으로, 특정 기업에는 200만 원에서 500만 원으로 확대되는 것이다. 또한 크라

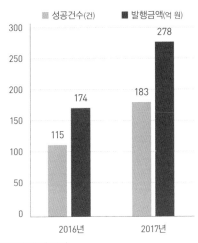

크라우드 펀딩 성공 건수 및 발행 금액

■ 성공건수(건)　■ 발행금액(억 원)

출처: 금융위원회(2018.1)

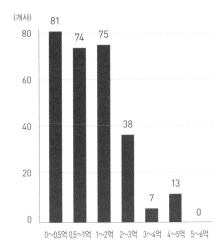

모집 규모별 크라우드 펀딩 성공 건수

(개사)

81　74　75　38　7　13　0

0~0.5억　0.5~1억　1~2억　2~3억　3~4억　4~5억　5~6억

주: SPC 제외
출처: 금융위원회(2018.1)

우드 펀딩 중개업자와 사업자는 회사 홈페이지뿐만 아니라 포털사이트를 통해 자금 모집 사실을 홍보할 수 있으며, 전매제한기간도 1년에서 6개월로 단축되었다. 2018년 2월에는 P2P 대출 가이드라인을 개정해 일반투자자의 투자한도를 기존 1천만 원에서 2천만 원으로 상향 조정했다. 2019년 2월 금융위원회는 P2P 금융 법제화를 추진해 금융회사의 P2P 금융진입을 허용할 방안을 모색하는 공청회가 열렸으며, 향후에는 P2P 사업진출 및 투자한도 규제가 더욱 완화되는 방향으로 전개될 것으로 전망된다. 2016~2017년 동안 국내 크라우드 펀딩 성공 건수는 115건에서 183건으로, 발행금액은 174억 원에서 278억 원으로 증가했다. 크라우드 펀딩 모집은 주로 2억 원 이내의 비교적 소액 규모에 집중되는 경향을 보인다. 증권형 크라우드 펀딩 제도가 시행된 직후, 2016년 2월 초 기준으로 와디즈, 유캔스타트, 오픈트레이드, 인크, 신화웰스펀딩 등 5개 업체가 금융위원회의 허가를 받아 사업을 시작했다. 와디즈의 경우 2017년 약 1,230건의 프로젝트를 공개해 약 290억 원의 펀딩금액을 모집했고, 이를 통해 청년 창업기업에 자금을 조달했다. 간편식품 제조 스타트업 '인테이크'의 간편 대용식 '밀스'도 와디즈를 통해 성장한 대표적인 사례이다.

⑤ 로보어드바이저/자산관리

핀테크의 발전과 함께 로봇 알고리즘이 자산관리와 투자를 대신해 주는 시대가 도래했다. 과거 자산관리서비스는 소수의 고액 자산가에게만 제공되던 서비스였지만 로보어드바이저의 등장으로 업계에 새로운 바람이 분 것이다. 로보어드바이저란 로봇(Robot)과 투자자문가(Advisor)의 합성어로 알고리즘을 활용하여 고객의 정보(재정상황, 투자성향)를 분석하고, 그 결과를 바탕으로 재무 자문을 제공하는 서비스를 말한다(KPMG, 2015).

로보어드바이저는 전통적 자산관리 서비스에 비해 대중성, 낮은 수수료, 접근성, 투명성 측면에서 차별성을 가지고 있다(KB금융지주 경영연구소, 2015). 전통적 자산관리 서비스는 평균 자산 3억 원 이상의 초고액자산가, 0.75~1.5퍼센트 이상에 달하는 수수료, 영업망을 통한 대면 서비스와 같은 제한이 있었다. 하지만 로보어드바이저의 경우 자산 규모의 제한이 없어져 더 많은 사람들이 이용 가능한 대중성, 핀테크 기술을 활용한 낮은 수수료의 실현, 웹페이지 또는 모바일 기기를 통한 뛰어난 접근성, 자산관리사의 주관이 아닌 알고리즘에 기반한 투명성과 같은 장점을 가지고 기존 시장의 생태계를 위협하고 있다.

국내 투자 일임 및 자문서비스 시장 또한 높은 성장세를 보이고 있다. 로보어드바이저의 경우 기존의 대형 금융사보다 쿼터백투자자문, 디셈버앤컴퍼니, AIM과 같은 비금융 회사들이 국내 로보어드바이저 시장을 선도하고 있다. 국내 대형 금융사의 경우 은행, 증권사, 운용사와 같은 금융사들이 발 빠르게 로보어드바이저 도입을 확대하고 있다.

국내 로보어드바이저 스타트업에는 대표적으로 파운트(Fount)가 있다. 파운트는 금융권 중 최초로 2017년 2월 우리은행을 시작으로, IBK기업은행, 신한금융지주회사 등에 로보어드바이저 솔루션을 제공해 왔다. 최근에는 메리츠자산운용, 현대자산운용, 트러스톤자산운용 등 자산운용사들과의 협업을 강화하고 있다. 파운트의 핵심 핀테크 기술에는 클러스터링 기술과 자산 간 상관관계 분석 기술 등이 있고, 글로벌 자산 배분을 통해서 시장 위기에도 흔들리지 않고, 꾸준하고 안정적인 성과를 만들어내는 기술력을 보유하고 있다.

모바일 자산관리 서비스를 이용하는 개인투자자 수는 월 300~1,000명씩 꾸준히 증가하고 있다.

신한은행은 최근 국내 은행권 최초로 로보어드바이저를 활용한 자산관리 서비스 '엠폴리오(M-Folio)를 출시했다. 포트폴리오 분산투자 서비스를 더 많은 고객이 편리하게 이용할 수 있도록 신한은행과 신한금융투자의 투자 노하우를 집대성한 결과물이라 할 수 있다. 로보어드바이저 서비스를 통해 설계부터 신규 및 성과관리에 이르는 자산관리 전체 프로세스를 제공하는 것이 특징이다. 출시 이후 전달 대비 펀드 신규 가입자 수 39퍼센트, 모바일 펀드 신규 가입자 수 195퍼센트로 증가하는 등 인기몰이를 하고 있다.

삼성증권의 모바일 자산관리 서비스 '뉴 엠팝(New mPOP)' 역시 출시 두 달여 만에 포트폴리오를 저장한 투자자가 700명으로, 실제 포트폴리오 기반의 투자를 한 사람은 7천 명 가량 될 것으로 추정한다.

⑥ 보안/인증

사이버 보안은 사이버상의 범죄, 테러, 해킹 목적의 접근 및 스파이 행위 등으로부터 정보, 시스템, 네트워크를 보호하는 IT 솔루션을 일컫는 말이다. 금융산업에서 빅데이터가 급격히 늘면서, 정보가 생성되는 다양한 프로세스의 정보가 가상공간에서 통합됨에 따라 정보 및 기술 유출의 위험성이 더욱 커지고 있다. 실제로 KPMG '사이버 보안과 사물인터넷 조사(Cyber Security and IoT Survey)'에 따르면 93퍼센트 응답자들은 이러한 사물인터넷과 관련된 사이버 위협에 매우 또는 어느 정도 우려하고 있는 것으로 나타났다.

사물인터넷과 블록체인 기반으로 모든 사물들이 연결된 금융산업의 경우, 금융서비스가 고객에게 전달되는 과정까지 수많

사이버 보안 세부시장

보안 유형	사이버 보안 세부 내용
네트워크 보안	네트워크에 부적절한 접근 및 방해 감시
데이터 보안	데이터베이스 또는 데이터센터에 허가되지 않은 접근으로부터 보호
신원 및 접근 보안	시스템 또는 서비스에 대한 사용자의 접근 허용성
앤드포인트 보안	네트워크에 연결된 사물에 대한 보안
애플리케이션 보안	애플리케이션 개발 초기 단계부터의 보안
클라우드 보안	사이버 공격으로부터 안전한 클라우드 컴퓨팅 보안

출처: 대한무역투자진흥공사 재인용

은 정보들이 연결되어 공유되고, 상호 유기적으로 결합된다. 개인정보 및 금융정보의 일부만 노출돼도, 플랫폼에서 연결된 속성 때문에 플랫폼 위에 축적된 전반적인 연계정보까지 유출될 위험이 커진다. 따라서 4차 산업혁명 시대에는 사물인터넷 및 플랫폼의 보안기술이 강조되고 있는바, 기업들은 보안을 위협하는 요소를 파악하고 체계적이고 치밀한 사이버 보안 전략을 수립해야 한다.

보안/인증 분야의 대표적인 스타트업에는 2015년 11월에 설립한 센스톤(SSenStone)이 있다. 센스톤은 창립 1년 만에 손익분기점에 도달했고, FIDO 국제표준 인증을 받았다. 센스톤은 차세대 사용자인증 솔루션 '스톤패스(StonePASS)'를 시작으로 공공기관 및 금융권, 일반기업 등 다양한 인증 사업을 성공적으로 수행하며 빠른 성장 가도를 달리고 있다. 센스톤은 두 번째 신기술(Dynamic One-Time Authentication)을 개발 완료하였다.

IT·보안 솔루션 전문기업 넥스지(Nexg)는 2018년 1월 일본의 마케팅 플랫폼기업 엑스타임(eXTime Inc)과 스마트 결제 솔루션 사업 진행과 관련한 양해각서를 체결했다. 엑스타임은 '타임포인트'라는 솔루션을 개발해 세계 최초로 시간 리워드 방식을 채택한 마케팅 플랫폼을 구축하고 있다. 일종의 게이미피케이션(Gamification) 광고 매체를 표방한 타임포인트는 사용자들이 특정 공간에 머물 때 포인트가 적립되며, 이 포인트를 각종 온·오프라인 제휴처에서 사용할 수 있게 설계돼 있다. 엑스타임은 제휴처(가맹점)로부터 광고비로 수입을 거두는 플랫폼 사업자로 역할을 하게 된다.

국내 주요 해외송금 핀테크 기업

기업명	설립시기	특징
센트비	2015년 9월	일본, 필리핀 송금 특화, 2백만 원 송금시 수수료 3만 원
핀샷	2016년 4월	블록체인 기술 기반, 최대 24시간 내 송금
페이게이트	1999년 8월	SWIFT망 가입, 런던, 룩셈부르크, 캄보디아 등 지사 설립
코인플러그	2013년 10월	개방형 비트코인 거래소로 시작, ATM 송금서비스
머니택	2015년 8월	동남아 개발도상국 송금서비스 주력
트랜스퍼	2010년 12월	트랜스퍼와이즈(Transferwise) 사업모델 밴치마킹

출처: 국제금융센터

⑦ 소액 해외송금

2017년 하반기부터 외국환거래법 개정안에 따라 은행권이 아닌 핀테크 업체 등을 통해서도 연간 최대 2만 달러까지 해외로 송금이 가능해졌다. 즉, 금융회사가 아니어도 일정 요건을 갖추어 기획재정부에 등록하면 '소액해외송금업' 영위가 가능하도록 한 「외국환거래법 일부개정법률안」이 2017년 7월부터 시행되었다. 본 개정법률안에 따르면, 소액해외송금업체로 등록하기 위해 자기자본 20억 원 이상, 자기자본 대비 부채총액 비율 200퍼센트 이내를 충족할 필요가 있다. 이외에도 지정된 전산설비 및 전문 인력 보유, 자금세탁행위 방지체계 수립 등 총 7가지 요건을 조항에 명시하고 있으며, 일평균 거래액의 세 배를 금융감독원에 예탁해야 한다. 신고가 면제되는 1회당 소액 송금액 한도는 기존 2천 달러에서 3천 달러로 상향 조정되었으며 연간 총 한도는 1개 업체당 2만 달러 이내로 제한된다.

2017년 6월까지는 외국환거래법상 핀테크 업체 단독으로 해외송금 서비스를 운영할 수 없다는 점으로 인해 은행권과의 컨소시엄 형성 및 협업 형태로 해외송금업에 진출해 왔다. 예를 들어, 머니그램과 우리은행 MOU, 커런시클라우드와 신한은행 공동 플랫폼 구축 등이 대표적인 사례다. 2017년 7월 이후 국내 해외송금 핀테크 업체는 다음과 같다.

센트비(Sentbe)는 2015년 9월에 설립한 소액 해외송금 핀테크 기업이다. 센트비는 블록체인 기술을 활용해 기존 은행보다 더 싸고 빠르고 간편한 온라인 해외송금 서비스를 제공한다. 기존 은행의 해외송금은 4~5만 원 이상의 고정비가 기본적으로 발생하고, 평균 2~3일의 긴 시간이 소요되는 반면 센트비를 이용하면 기존 대비 최대 90퍼센트 저렴한 수수료로 24시간 이내에 송금이 가능하다. 온라인 신청과 계좌이체만으로 서비스를 이용할 수 있어, 해외송금을 국내송금처럼 이용할 수 있다는 편의성도 큰 장점이다.

국내 해외송금 시장의 선두기업으로 시장 선점에 주력하고 있는 센트비는 2016년 2월 한국·필리핀 베타테스트 서비스 오픈 후 6개월 만에 국내 필리핀 거주자의 20퍼센트에 달하는 1만 2천여 명의 사전 가입자를 확보하는 등 외국인 근로자들로부터 큰 호응을 얻고 있다. 현재는 베트남, 인도네시아로 서비스를 확장하여 사전 가입자를 확보하고 있으며, 일본, 중국, 태국, 싱가포르, 홍콩 등 9개국 이상의 국가들로의 서비스 구축을 마무리할 예정이다.

⑧ 금융플랫폼

금융기관의 자산경량화(Asset-light Strategy) 트렌드가 뚜렷하다. 금융기관들은 수익성 개선을 위해 영업점포를 축소해 나가고 있다. 국내은행 영업점포 수는 2015년 7,325개에서 2016년 7,280개로 줄었고, 2017년 6,972개, 2018년 9월 기준으로는 6,967개를 기록하고 있다. 은행뿐만 아니라, 생명보험사, 손해보험사, 증권사 등 대부분의 금융기관들의 영업점포가 줄고 있는 현상이 뚜렷하게 나타나고 있다.

금융서비스의 상당 비중이 인터넷 뱅킹, 특히 모바일 뱅킹으로 이동하고, 계좌 개설이나 자금이체 등 대부분의 금융서비스가 스마트폰을 통해 가능해지면서 기존과 다른 새로운 은행 점포의 역할이 요구되고 있다. 이에 확장 중심의 획일적인 점포 운영에서 벗어날 필요가 생겼고, 디지털 채널과의 융화 등을 통해 저비용으로 고객과 쉽게 상호작용하거나, 소비자의 금융 니즈 변화에 적응하는 방향으로 점포 전략의 혁신이 가속화되고 있는 상황이다. 실제로 금융서비스의 전달채널별 업무처리 비중에 변화가 나타나고 있다. 영업점을 방문 하는 대면거래는 크게 줄고, 인터넷 뱅킹은 크게 늘어나 전체 금융서비스의 50퍼센트를 훌쩍 초과하고 있다. 이러한 과정에서 최근 금융사들은 비대면 금융 플랫폼을 확대 및 고도화하는 방향으로의 움직임을 뚜렷이 보이고 있다.

다양한 금융 플랫폼 선도기업들이 있다. 위에서 기술한 다양한 핀테크 영역들도 결국 금융 플랫폼의 범주에 들어간다고 할 수 있다. 이 외에도 대표적인 금융 플랫폼에는 소셜 트레이딩 서비스 플랫폼이나 인

터넷전문은행 등이 있다. 2014년 2월 카카오톡을 기반으로 한 소셜 트레이딩 서비스가 출범해 화제가 됐다. 이른바 '증권플러스 for KaKao'(이하 증권플러스, 개발사 두나무)다. 증권플러스는 국내 1위 모바일 메신저 카카오톡을 기반으로 하는 국내 최초의 '소셜 트레이딩 서비스'다. 증권플러스는 출시 이후 고속 성장을 해오고 있다. 증권플러스는 카카오톡 내 친구목록을 연동해 지인의 관심 주식 종목과 투자 방법을 공유하는 소셜 네트워크 기능이 특징으로, 유저들 간에 실거래 정보를 공유하고 투자 아이디어를 얻을 수 있는 '실전 랭킹' 서비스를 운영 중이다. 또한 '증플 토픽'과 '증권플러스 인사이트' 등을 통해 주가 및 관련 정보를 실시간으로 제공하며 주식 투자의 대중화를 이끌고 있다.

한편 인터넷전문은행은 핀테크 산업에 돌풍을 몰고 온 대표적인 금융 플랫폼이다. 2017년 국내 최초로 출범한 케이뱅크와 카카오뱅크는 기존 금융권의 신용평가 데이터 이외에도 다양한 비정형 데이터를 포함한 빅데이터 기반의 차별적인 신용평가 시스템을 제공하고 있다. K뱅크는 자체적인 CSS(Credit Scoring System)를 개발하여 기존 은행의 심사구간에 KT 및 BC카드 결제 DB, 가맹점 정보 등 광범위한 고객 지불 결제 정보, 포털·쇼핑몰 내 고가상품 검색 정보 등을 활용한 추가 승인구간을 설정하고 있다. 카카오뱅크의 경우 모바일·온라인 활동 빅데이터를 활용하여 차별화된 신용평가시스템(카카오스코어)으로 중금리 대출을 실행하고 있다. 기존 금융권의 신용평가 데이터와 더불어, 우체국쇼핑·예스24·카카오택시 등의 온라인 활용 데이터, 카카오톡을 활용한 고객 선호도, SNS 활동 내역 및 관계사슬 정보 등을 종합하여 새로운 신용평가시스템을 구축하고 있다.

⑨ 기타 분야

기타 분야에는 보험산업의 디지털라이제이션(Digitalization), 챗봇 솔루션, 빅데이터 기반 신용평가 시스템 등이 있다. 가장 큰 시장을 형성하고 있는 보험산업의 디지털라이제이션을 중심으로 살펴보자.

보험산업의 디지털라이제이션은 핀테크 및 빅데이터 분석 등의 디지털 기술이 보험서비스의 가치사슬에 광범위하게 접목됨에 따라 보험산업의 패러다임이 변화하는 과정으로 정의할 수 있다(Gartner, 2015). 지금까지 보험은 금융산업에서 가장 혁신이 더딘 분야로 꼽혀왔다. 설계사 의존도가 높아 다른 금융 업종보다 IT기술 활용이 부족했다. 그러나 디지털 기술의 급속한 발전으로 보험산업은 새로운 디지털 환경에 적응해 수익과 가치를 제공해야 하는 상황에 직면해 있다.

디지털 기술의 접목으로, 보험산업의 기존 가치사슬이 무너지고, 새로운 형태의 가치사슬이 재정립되고 있다(The Economist, 2015). 상품개발에서는 위험요율 산출 기법이 다양화되고 내·외부 데이터를 활용한 고객맞춤형 상품개발이 가능해졌다. 유통·판매 단계에서는 옴니채널을 통한 신규

보험산업의 가치사슬(Value Chain) 단계별 디지털화 가능 영역

상품개발	유통/판매	언더라이팅	보험금 지급관리	마케팅 및 고객관리
• 빅데이터 분석을 통해 고객 특성과 니즈에 맞게 다양하고 차별화된 상품 개발	• 옴니채널(웹, 온라인, 소셜, 전화 상담, 지점) 환경에서 서비스 고객의 참여 확대	• 자동화 심사 시스템을 통해 피보험자의 위험도를 분류, 보험료와 보험금 책정	• 보험금 청구절차 간소화 • 자동차와 무선통신을 결합한 차량 무선 인터넷 서비스를 활용해 보험사기 방지	• 온라인, 모바일에 최적화된 사이트를 통해 고객 확보 • 자동화 시스템을 통해 개별 고객과의 커뮤니케이션 활성화

출처: 김광석(2016.8), "4대 핀테크 동향과 금융산업의 파급영향," 정보통신기술진흥센터, 주간기술동향, pp.2-13.

경제읽어주는남자의 디지털 경제지도

고객 확보가 용이해졌다. 언더라이팅에서는 자동화된 언더라이팅 시스템을 통해 비용 효율성이 높아졌다. 특히 정기보험처럼 단순화된 상품이나 완화된 가입심사를 적용한 간편심사보험 등에 이런 시스템을 활용하는 비율이 높아졌다. 또 보험가입자가 제공한 정보와 빅데이터를 융합해 위험 예측의 정확도를 높일 수 있게 됐다.

보험금 지급 단계에서는 보험금 청구절차를 간소화하고, 보험사기를 사전에 방지할 가능성이 높아졌다(Bain & Company, 2015). 고객관리에서는 소셜미디어 등 외부 데이터를 활용해 잠재 보험소비자의 행동을 파악해 보험가입을 효율적으로 유도할 수 있게 되었다. 미국의 건강보험 고객관리업체인 레솔루션 헬스(Resolution Health)는 SNS를 질병관리에 접목해 치료 성과를 높이는 데 활용했다. 고객들에게 건강정보를 제공하면서 해당 질병 관리 정보와 고객들 간의 치료 경험을 공유하는 서비스를 함께 제공했다. 환자들의 참여로 당뇨병 등 만성질환 관리가 높은 성과를 보였고, 이 업체와 제휴한 보험사는 지급 보험금도 절감하는 효과를 봤다.

국내 보험사들은 디지털 환경에 맞는 서비스를 제공하기 위해 노력하고 있다. 상품 개발에서는 화재보험사가 통신사와 협약해 모범운전자들에게 보험료를 할인해주는 운전습관연계보험(Usage Based Insurance, UBI)상품이 출시되고 있다(정인영, 2016). 판매에서는 한화생명이 2012년 생명보험업계 최초로 전자청약서비스를 도입한 이후, 보험업계에서 속속 태블릿 PC를 통한 전자청약이 확대되고 있다. 또한 인터넷 보험슈퍼마켓 '보험다모아'의 등장으로 2016년 6월부터 온라인 보험상품 실가격 비교, 판매가 가능해지면 기존 설계사 위주의 대면채널을 상당 부분 대체할 것으로 전망된다. 또 전통적으로 언더라이터(underwriter)가 수행해온 기존 계약인수심사 기능을 IT 기술로 대체하는 '보험계약자동심사 시스템'을 활용하는 보험사도 늘고 있다.

보험금 지급 관리에서는 한화, 미래에셋생명과 NH손해보험 등이 스마트 기기로 보험금 청구 서비스를 제공하고 있다. 고객관리 차원에서는 생명보험사들이 우수 계약을 확보하고 계약을 체계적으로 관리하기 위해 노력하고 있다. 아울러 '계약유지율 예측 시스템' 도입 등 빅데이터를 활용한 고객관리를 강화하고 있다. 계약유지율 예측 시스템이란 상품계약자 특성 및 설계사 이탈률 등을 빅데이터 분석을 통해 파악하는 시스템을 말한다. 이를 통해서 보험사는 계약을 보다 체계적으로 관리할 수 있고 완전판매를 강화할 수 있을 것으로 기대한다.

규제 완화되고 정책 지원 확대된다

과학기술정보통신부(전 미래창조과학부)는 2017년 2월 신산업 규제 혁신 관계 장관 회의에서 '핀테크 규제 혁신' 방안을 발표하였다. 이번 제도 정비는 기본적으로 전통적 금융업 위주로 되어 있는 현행 규제를 혁신하고 다양한 핀테크 서비스 도입을 촉진할 것으로 기대된다. 아울러 4차 산업혁명 이후의 지능정보사회 도래로 핀테크를 통한 국민의 삶의 질 향상과 미래 성장동력 창출이라는 과제가 중요한 문제로 부상하면서, 과학기술정보통신부는 구체적으로 규제 혁신이 필요한 분야로 가상통화 및 외환송금, P2P 금융, 로보어드바이저, 핀테

관계부처 공동 핀테크 규제 혁신 계획

구분		현황	개선 방향
가상통화 및 외환송금	전 세계적으로 가상통화 거래 증가	가상통화 거래의 투명성, 건전성 확보를 위한 규율 체계 필요	가상통화 거래 중개, 보관 등 취급업에 대한 규율 체계 마련(2단계 핀테크 발전 로드맵 수립, 금융위, 2017년 6월)
	외국환 업무는 금융회사만 가능	핀테크 기업 단독으로 해외 송금서비스 업무 제공 불가	핀테크 기업 등 비금융회사에 대한 '소액 해외송금업' 허용(외국환 거래법 시행령 개정, 기재부, 2017년 12월)
P2P 금융	P2P 대출 계약 시 소비자의 계약확인 방법 제한	소비자의 계약내용 확인 방법을 자필기재, 음성 녹취로 한정	비대면 계약내용 확인방법 확대(영상통화 허용 유권해석, 금융위, 2017년 1월)
	P2P 대출에 일반대부업 규제 적용	자기자본의 10배 이내에서 대출 가능	P2P 대출업자에 한해 총자산한도 규제 완화(대부업법 시행령 개정, 금융위, 2017년 12월)
로보어드바이저	로보어드바이저 관련 테스트	로보어드바이저 서비스 안정성 및 유효성 등에 대해 테스트 시행 중	2016년 테스트를 거쳐 2017년 본격 도입 예정(로보어드바이저 테스트베드 운영 방안 마련, 금융위, 2016년 8월)
핀테크 기반 기술	핀테크 스타트업의 투자기준 불명확	기술평가보증 심사기준, 벤처캐피탈의 지원 기준 불명확	핀테크 스타트업에 대한 기술보증기금 및 벤처투자요건 명확화(창업지원법 시행령 개정, 금융위·중기청, 2016년 11월)
	은행·금투업권 중심의 '금융권 공동 핀테크 오픈 플랫폼' 구축	조회, 입출금이체 등 공동업무 위주의 표준화 API 제공	오픈 플랫폼 업계 수요 등을 고려하여 API 제공 범위 확대 등 이용 활성화 지원(금융위, 2017년 6월)

출처: 과학기술정보통신부(2017), "인공지능·가상현실·핀테크 규제혁신 방안 발표"

크 기반 기술 영역을 선정하고 개선 방향을 제시했다.

2018년 1월 22일 문재인 대통령은 '규제 혁신 토론회'에서 "지금까지 시도된 적이 없던 과감한 방식, 그야말로 혁명적 접근이 필요하다"며 "규제 개혁의 핵심은 신산업·신기술에 대해서 우선 허용하자는 것"이라며 "근거 규정이 있어야만 사업을 할 수 있다는 전제 자체를 재검토해 주길 바란다"고 지시했다. 문재인 정부는 '규제 샌드박스' 도입을 국정과제로 채택하여, 신산업의 성장을 적극 지원할 계획이다. 더욱이 금융당국은 혁신적인 서비스를 규제 없이 테스트할 수 있도록 금융혁신지원특별법 제정을 추진하여, 핀테크 활성화를 선도할

방침이다.

향후 핀테크 산업 발전의 걸림돌로 작용했던 규제가 대폭 완화되는 방향으로 바뀌고, 인공지능·빅데이터·블록체인·사물인터넷 등의 핀테크 R&D에 관한 정책지원들도 확대됨에 따라 핀테크 시장이 더욱 성장할 것으로 전망된다. 더욱이 공공빅데이터의 개방 사업이 본격화됨에 따라 스타트업과 대기업들이 공공 빅데이터 활용을 통한 다양한 금융서비스 모델을 제시할 것이고, IT기업들과 금융사들의 M&A 및 기술제휴 등이 확대되면서 핀테크 산업의 발전이 가속화될 것으로 보인다.

자동차, 이동수단에서 모바일 생활공간으로

자율주행의 서막

1980년대를 풍미했던 〈전격 Z작전〉이라는 미국 드라마가 있다. 주인공과 대화하며 스스로 이동하는 자동차 '키트'는 당시 남자들의 로망이었다. 자율주행차 연구의 시작은 1925년으로 거슬러 올라간다. 업계는 프란시스 후디나(Francis Houdina)가 개발한 원격조종 자동차에서 자율주행차가 시작되었다고 본다. 1980년대에 들어서 본격적인 자율주행 기술 개발이 이루어졌고, 내브랩(Navlap, 카네기멜론대학교의 내비게이션

연구소)은 트럭 크기의 자율주행 차량 코저(Codger)를 개발했다. 2004년에는 미국 국방고등기획국(Defense Advanced Research Projects Agency, DARPA)은 다르파 그랜드 챌린지(The DARPA Grand Challenge)를 개최했고, 이는 자율주행 기술 고도화의 디딤돌이 되었다. 최근 구글의 자율주행 연구 착수 발표를 시작으로 자율주행차 개발에 IT 기업들이 본격적으로 뛰어들었고, 자동차 업계에서도 경쟁적으로 자율주행차 개발에 뜨거운 관심이 집중되기 시작한다. 테

자율주행기술 로드맵

시기	1 2015년	2 2020년	3 2025년	4 2030년
단계	특정기능 자동화	복합기능 자동화	제한적 자율주행	완전 자율주행
기술	•자동긴급 제동 •앞차 간격 유지 크루즈 컨트롤 •차선 유지 지원 •주차 지원	•정체구간 부분자율주행 •고속도로 부분 자율주행 •자동 주차	•대부분 상황에서 자율주행 가능	•무인차

자료: 김광석, 박도휘, 강민영(2018), "인프라산업, 4차 산업혁명과 만나다." 삼정KPMG 경제연구원, 삼정Insight 57.

슬라, 포드, BMW 등 세계적인 완성차 기업들은 2021년 자율주행차를 상용화하겠다고 밝혔다.

자율주행차의 핵심기술

자율주행차(Self-Driving Car)란 운전자나 승객의 조작 없이 스스로 운행이 가능한 자동차를 말한다. 즉 자동차에 장착된 지구위치위성시스템(Global Positioning System, GPS) 수신기로 정확한 위도와 경도를 통보받아 계기판에 정밀한 지도를 제시하고 현 위치에서 목적지까지 가장 효율적으로 가

도록 해주는 차량을 뜻한다. 자동차가 자율주행차로 진화하기 위해서는 딥러닝과 영상처리 기술을 기반으로 운전자의 개입 없이 스스로 주행할 수 있어야 한다. 자율주행차는 차량기술 및 ICT기술의 융합을 통해 3단계(인지판단·조작)로 주행한다. 자동차의 변화에 따라 스마트 카(Smart Car), 커넥티트 카(Connected Car), 자율주행차가 의미상 혼재되어 사용되지만, 광의의 범위로 스마트 카는 커넥티드 카와 자율주행차를 총칭한다.

자율주행차는 크게 환경인식, 위치인식 및 매핑, 판단, 제어, HCI 등 5개의 주요 요소

와 ADAS, V2X, 정밀지도, HMI 등 4개의 핵심 기술로 구성된다. 여기서 HCI(Human Computer Interaction)는 사람-컴퓨터 간 상호작용을 돕는 작동 시스템 설계 기술 및 학문을, ADAS(Advanced Driver Assistance System)는 교통사고를 미연에 방지하기 위한 능동 안전 시스템을, V2X(Vehicle To Everything)는 통신을 통해 다른 차량의 진행 방향이나 전방의 교통 현황 등 정보 제공을, HMI(Human Machine Interface)는 사람-컴퓨터 간 소통을 위한 아날로그·디지털 전환 인터페이스를 가리킨다.

자율주행차 기술 도입은 차량 운행의 안전성을 향상시킬 수 있고 운전자의 선택에 따라 편리한 이동수단으로서의 역할을 수행할 수 있다. 특히 자동차 운행 중 발생하는 운전자의 판단 오류나 실수를 없애줌으로써 교통사고를 줄이는 효과도 얻을 수 있다. 이러한 기능은 점점 고령화돼 가는 사회에서 교통사고를 줄여 사회적 비용을 낮추는 효과도 기대할 수 있다.

자율주행차 개발 단계

미국 도로교통안전국(NHTSA)에서는 자율주행차 개발 단계를 제시했다.

자율주행 0단계는 모든 주행 시간 동안 운전자가 차량의 모든 제어(제동, 조향, 가속 등)를 책임지고 주행하며, 안전주행시스템으로부터 안전 관련 경고 정보 등을 참고해 주행하는 것을 포함한다.

자율주행 1단계는 특정한 상황에서 자율

자율주행차 5대 주요 요소별 세부 내용

5대 요소	세부 내용
환경인식	• 레이더(radar), 라이다(lidar), (스테레오)카메라 등의 센서 사용 • 정적장애물(가로등, 전봇대 등), 동적장애물(차량, 보행자 등), 도로 표식(차선, 정지선, 횡단보도 등), 신호등을 인식
위치인식 및 맵핑	• GPS/INS/Encoder, 기타 맵핑을 위한 센서 사용 • 자동차의 절대/상대적 위치 추정
판단	• 목적지 이동, 장애물 회피 경로 계획 • 주행 상황별(차선유지/변경, 좌우회전, 추월, 유턴, 급정지, 주정차 등) 행동을 스스로 판단
제어	• 운전자가 지정한 경로대로 주행하기 위해 조향, 속도변경, 기어 등 액츄에이터 제어
HCI	• HVI(Human Vehicle Interface)를 통해 운전자에게 경고/정보 제공, 운전자의 명령 입력 등 • V2X 통신을 통해 인프라 및 주변차량과 주행정보 교환

자료: 자율주행 자동차 기술동향, 한국전자통신연구원, 2013.

미국도로교통안전국이 제안한 자율주행차 개발 5단계

구분	정의	주요 내용
Level 0	비자동	• 운전자가 항상 브레이크, 속도조절, 조향 등 안전에 민감한 기능을 제어하고 교통 모니터 링 등 조작에 책임을 짐
Level 1	기능특화자동	• 운전자가 정상적인 주행 혹은 충돌 임박 상황에서의 일부 기능을 제외한 자동차 제어권 을 소유 예) 크루즈컨트롤, 차량자세제어, 자동브레이킹 등
Level 2	조합기능자동	• 어떤 환경에서도 두 개 이상의 제어 기능이 조화롭게 작동 • 운전자가 여전히 모니터링 및 안전에 책임을 지고 자동차 제어 예) 어드밴스드 스마트크루즈컨트롤, 차선중앙유지 등
Level 3	제한자율주행	• 특정 교통 환경에서 자동차가 모든 안전 기능을 제어 • 자동차가 모니터링 권한을 갖되 운전자의 제어가 필요한 경우 경보신호 제공 • 운전자는 간헐적으로 제어
Level 4	완전자율주행	• 자동차가 모든 안전 기능을 제어하고 상태를 모니터링 • 운전자는 목적지 입력 및 경로만 확인 • 자율주행시스템(제조사)이 안전 운행에 대해 책임

자료: 미국도로교통안전국(NHTSA).

주행시스템이 횡축 또는 종축 차량 제어 중 하나를 수행하며 운전자의 주행 부담을 덜고 보다 빠르게 변화에 대응하도록 돕는 다. 예를 들어, 조향 제어 없이 긴급 제동 만을 수행하거나 또는 제동 없이 차선을 유 지하기 위해 조향 제어만을 수행하는 경우 가 이에 해당된다.

자율주행 2단계는 특정한 상황에서 자율 주행시스템이 적어도 두 가지 이상의 차량 제어 기능을 수행해 운전자의 안전 주행을 돕는다. 차선을 유지하며 적응적 순항제어 기능을 사용하는 경우, 조향 제어와 가감 속 제어가 동시에 이루어지므로 이에 해당 된다.

자율주행 3단계에서는 특정한 교통 조건 및 상황에서 차량의 모든 제어를 자율주행 시스템이 맡아서 수행하고 얘기치 못한 돌 발 상황이나 자율주행시스템의 한계를 벗 어나는 경우 운전자는 차량 제어 권한을 돌려받아 주행한다. 이때 주행 권한의 전 이는 충분한 여유를 갖고 수행된다. 구글 자동차나 테슬라, GM이 자율주행 3단계 자동차를 시장에 출시하고 있다.

자율주행 4단계는 자율주행시스템이 모든 주행 시간 동안 안정적인 차량의 제어를 관 장하며 운전자는 단지 목적지 입력만을 필 요로 하는 것으로 정의하고 있다.

2025년 자율주행차 개화기가 온다

자율주행차 시대는 2025년부터 본격적인 개화기를 맞이할 것으로 예상한다. 글로벌 조사기관인 'IHS 오토모티브'에 따르면 2025년 자율주행차의 글로벌 판매량은 23만 대 수준에서 2035년까지 118만 대 수준으로 연평균 18퍼센트의 성장률을 기록할 것으로 전망된다. IHS의 자료는 현재 판매 중인 제한적인 자율주행차를 제외하고, 2025년부터 판매가 예상되는 완전 자율주행차의 판매량을 감안한 결과다.

전문조사기관인 네비게이터 리서치(Navigator Research)의 조사 결과에 따르면 글로벌 자동차업계 중 자율주행차 분야의 선도 기업은 포드, GM, 르노닛산, 다임러로 선정됐다. 포드는 2020년까지 자율주행차를 생산하고, 2021년 본격적인 시험에 돌입할 계획이라고 밝혔다. GM도 차량 공유업체, 자율주행 기술 스타트업을 인수하는 등 공격적인 행보를 통해 자율주행차 분야를 선도하기 위한 노력을 지속하고 있다. 르노닛산은 2018년 고속도로에서도 차선 변경이 가능한 차량, 2020년에는 시내 자율주행이 가능한 차량을 선보이고 2020년까지 완전 자율주행차를 출시한다는 구체적인 계획을 밝힌 상태다.

자율주행차는 완성차업체와 부품업체, IT 관련 업체와의 협업이 필요할 만큼 높은 수준의 기술력을 요구한다. 따라서 세계 각국도 자율주행차산업 육성을 제도적으로 지원하기 위한 정책을 추진하고 있다. 미국은 국방부 주도 아래 자율주

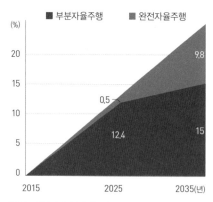

자율주행차 점유율 전망

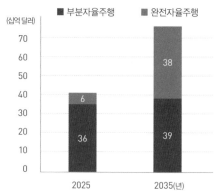

자율주행차 시장규모 전망

경제읽어주는남자의 디지털 경제지도

행차 경진대회를 개최해 주요 기업의 인재 영입에 힘을 보태고 있고, 네바다 주는 구글의 자율주행차 시험 운행을 위한 제도 개선을 2011년 세계 최초로 시행했다. 현재 미국 9개 주에서는 일반도로에서도 자율주행차의 시험 운전이 가능한 상태다. 유럽에서도 유럽연합 회원국을 중심으로 이미 2015년 자율주행차 로드맵 'EPoSS(European Technology Platform on Smart System Integration)'를 발표했다. 이 보고서를 통해 유럽연합은 현재의 자율주행차 기술 개발 수준과 향후 사회·제도적 측면의 영향을 분석하는 한편 도로체계, 법규, 제도 등이 기술 개발과 함께 궤를 같이해야 하는 필요성을 언급했다.

테슬라, 포드, 볼보, 구글인가, 다른 누구인가

자율주행차 분야 선도 기업은 크게 개발 방향이 두 갈래로 나뉜다. 구글, 엔비디아-아우디, 인텔-BMW, 포드 등의 경우 운전자가 필요 없는 100퍼센트 자율주행이 가능한 이른바 '무인자동차' 개발에 힘쓰고 있다. 한편 테슬라, 토요타, 닛산 등은 아직까지는 운전자 개입이 필요할 수밖에 없다고 판단해 우선적으로 부분 자율주행차 개발에 집중하고 있다. 자율주행 기술을 개발하는 기업은 ICT 기업과 완성차 기업이 대부분이며, 협력을 이루는 동시에 서로 견제하고 있는 상황이다.

자율주행차 시대를 앞두고 각국의 정부나 기업마다 상용화나 표준에서 주도권을 선점하기 위해 전략적 파트너십을 맺고 있

다. 실제로 2017년 12월 자율주행차 공동 연구 목적의 컨소시엄이 출범했으며, 자동차·IT·보험산업 내 기업으로 구성돼 있다. 글로벌 연합 컨소시엄은 자율주행 안전규격 및 운전규정 마련 방안을 논의하고, 미국에서 실증 시험에 착수할 예정이다. 컨소시엄에 참여하는 완성차 기업은 현대차를 비롯해 토요타, BMW, GM, 닛산, 볼보, 폭스바겐 등 12개 사이고, 차량 공유 서비스업체인 우버와 미국 물류업체 UPS가 포함돼 있다. 이처럼 대규모 연합 외에도 완전 자율주행차를 보다 먼저 성공시키기 위해 파생된 협력 관계 간에 치열한 경쟁이 예상된다. 완성차 기업은 더 나은 자율주행차 개발을 위해 반도체와 통신, IT, 정밀

지도, 자동차부품 등 다른 산업군의 선도업체들과 협력 구도를 만든다.

자율주행차 기술은 크게 고정밀 지도와 센서, AI 등으로 나뉘며, 일반적으로 완성차 업계가 핵심 기술 적용을 위해 여러 ICT업계와 협업을 모색하고 있는 현상이 나타나고 있다. 모빌아이(MobilEye)는 자율주행 분야에서 가장 많은 완성차 기업이 협력한 업체로 꼽힌다. 전 세계 신차 중 ADAS 기능을 가진 차량의 80퍼센트는 모빌아이의 기술을 채택했다. 앞서 언급했듯이 ADAS는 차선 이탈 방지나 추돌 방지 등 안전과 관련된 기술로 자율주행에 가장 기본이 된다고 할 수 있다. 참고로 현재 시판되는 차량 중 구글이나 엔비디아의 기술을 채택한 사

자율주행차 개발 협력 관계도

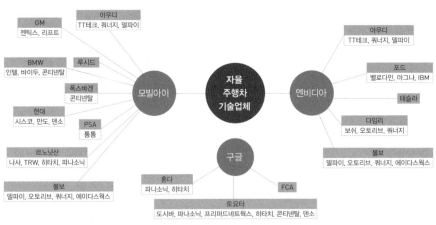

출처: 레이먼드제임스리서치, 인사이터스 가공

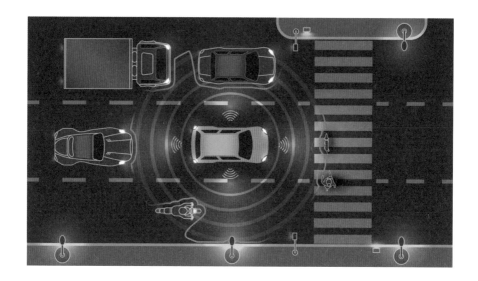

례는 없다. 모빌아이를 가장 강력한 협력 상대로 꼽는 이유는 비용과 효율성 때문이다. ADAS용 자동차 반도체 칩셋 가격이 50달러 안팎인데 비해 엔비디아 플랫폼은 1만 달러에 육박하며 구글의 기술은 추산이 불가능하다. 구글 계열사 웨이모는 IT기업 중 자율주행과 관련해 가장 선두권 기술을 보유하고 있다. 최다 자율주행 기술 특허를 보유한 토요타를 비롯해 혼다, 피아트크라이슬러 그룹(FCA) 등과 함께 자율주행차를 개발하고 있다. 다만 AI에 비해 고정밀지도 등 보유하고 있는 데이터에 대한 비용 지출이 많아 통신 및 네트워크 의존도가 높다는 지적이 제기되면서 대안으로 5세대 이동 통신(5G)이 대두되고 있다.

모빌아이와 엔비디아는 통신 두절 상태에서도 자율주행이 가능한 자동차를 제작하는 데 초점을 두고 있다. 엔비디아의 자율주행차는 AI를 탑재한 슈퍼컴퓨터를 차량에 설치하는 방식이다. 목적지 설정 시 자율주행하며, 차선이 없는 비포장 도로와 내비게이션에 없는 길도 주행이 가능하다. 이는 2018년 CES에서 자체 개발한 'BB8'과 아우디와 협력해 제작한 자율주행차로 시연했으며, 볼보 등 일부 업체는 엔비디아 플랫폼을 구입해 실제 도로에 투입하기도 했다. 다만 일반 차량에 비해 전력 소모가 많고 플랫폼 가격이 비싸다는 문제점이 있어 2020년까지 개선할 계획이다. 최근 현대자동차, SK텔레콤 등 한국 기업이 엔비디아와 협력 관계를 구축하기 위한 논의를 진행 중이다.

우리나라 기업은 어디까지 와 있나

국내 자율주행차산업은 현대·기아자동차 등 완성차업체 독자적으로 기술 개발이 이뤄지고 있으며, ICT기업 또한 별도의 협업 없이 자체적으로 개발을 추진 중이다. 현대·기아차는 2000년대 초반부터 ADAS 개발에 착수했을 정도로 기술적 측면에서 국내 업체 중 가장 앞서 있으며, 지속적으로 R&D에 투자하고 있다.

LG전자의 경우 자동차부품사업부를 통해 인포테인먼트 개발은 물론 LG화학, LG디스플레이 등 자회사와 협력해 자율주행을 위한 부품을 개발·제조·공급 중이다. 자율주행차에 필요한 대형 배터리(LG화학), 차량용 디스플레이(LG디스플레이), 차량 조명 LED(LG이노텍) 등 자회사 연계를 통해 부품을 모듈화해 공급 중이다. 특히 GM의 전기차 '볼트(Bolt)'에 들어가는 대부분의 부품 개발에 LG그룹이 참여할 정도로 자율주행차에 필요한 부품 생산 기술력을 확보했다는 평가를 받고 있다. GM, 현대·기아자동차, 토요타, 혼다 등 글로벌 선도 완성차업체뿐만 아니라 중국 완성차업체로 부품 거래 영역을 확대하는 등 해당 부품 분야를 선도하고 있다.

네이버는 2017년 서울모터쇼에 참가해 토요타 프리우스를 기반으로 제작한 자율주행차, 3D 기반 실내외 지도, 스마트 모빌리티 분야 핵심 기술 등을 발표했다. AI 및 인지 기술을 기반으로 제작된 자사의 자율주행차를 통해 도로 위의 사물 및 위치·경로 파악 등 Level 3에 해당하는 기술을 시연했다. 3차원 공간데이터 기술을 기반으로 제작된 3D 실내 정밀지도를 통해 기존 GPS로는 검색할 수 없었던 공간 기반 서비스(건물 내부 약도, 부동산 정보)를 제공하기 시작했다. 또한 차량 운전자에게 최적화된 인포테인먼트 플랫폼을 시연함으로써 자율주행차 시대에 운전자의 편의성 제고를 위해 제공해야 할 서비스 가이드라인을 제시했다.

SK텔레콤, KT 등 통신사는 보유한 시험용 자율주행차 임시운행 허가를 취득해 타 차량, 스마트 도로, 관제센터 등과의 통신용 자율주행차·5G망 연동 테스트를 진행 중이다. SK텔레콤은 국토교통부로부터 자율주행차의 임시운행을 허가받아 자사 5G 기술로 주행 시 관제센터 등과의 통신 반응 0.001초대 V2X를 적용하기 위해 준비 중이다.

우리나라 정부의 지원 정책

국내에서는 2015년 이미 '자율주행차 상용화 지원 방안'이 발표됐다. 자율주행 기술 개발 촉진과 상용화를 위한 인프라 구축을 포함해 2020년 국내에서 부분적인 자율주행이 가능한 차량을 상용화한다는 계획이다. 국토교통부는 통제된 상황에서 안전하게 반복 실험이 가능한 자율주행차 실험도시 '케이시티(K-City)'를 구축 중이며, 이곳에 자율주행 Level 3 수준 테스트에 필요한 고속주행로를 개방했다. 경기도 화성시 교통안전공단 자동차안전연구원 내에 구축 중인 케이시티는 32만㎡(약 11만 평) 규모로, 실제 고속도로, 교차로 등을 재현한 5종류의 환경과 세계 최고 수준의 실험시설을 갖췄다. 5종류 환경은 고속도로(IC 등), 도심(신호교차로 등), 교외(가로수길 등), 커뮤니티(정류장 등), 주차시설 등을 가리킨다. 최근 국토교통부는 자동차부품업체인 만도에서 신청한 시험·연구 목적의 자율주

자율주행차 임시운행허가 현황

신청기관	차 종	대수
현대자동차	제네시스	1
현대자동차	투싼(수소)	2
서울대학교	K7	1
한양대학교	그랜저	2
기아자동차	쏘울(전기)	2
현대모비스	LF소나타	1
교통안전공단	LF소나타	2
카이스트	벨로스터	1
네이버랩스	프리우스V	1
현대자동차	아이오닉(전기)	1
현대자동차	아이오닉(하이브리드)	2
서울대학교	제네시스	1
만도	제네시스	1
삼성전자	그랜저	1
계		19

출처: 국토교통부

행차 임시운행을 허가했다. 임시운행 허가를 받아 시험운행 중인 18대의 다른 자율주행차의 감지기(센서)는 대부분 외산 제품인 반면, 만도의 자율주행차는 자체 개발한 레이더와 카메라를 사용하고 있다. 만도는 실제 도로 주행을 통해 감지기 기능을 검증하고 환경 인식 정확도 등을 향상시킬 계획으로, 감지기뿐만 아니라 자율주행차에 최적화된 제동·조향·현가 장치 등에 대한 기술도 함께 개발해 자율주행차 시장을 적극 공략할 예정이다. 특히 국토교통부가 2016년 11월부터 전국 모든 도로에서 자율주행차의 시험운행을 허용한 만큼 고속도로뿐만 아니라 도심 등 다양한 환경에서 개발 부품의 성능을 확인할 예정이다.

방송통신위원회는 2017년 9월 자율주행차의 안전한 활용을 위한 논의를 시작했다. 자율주행차는 자동차가 모든 안전 기능을 제어할 수 있도록 다양하고 넓은 범위의 개인·위치 정보의 처리가 필요하나, 자칫 정보가 안전하게 보호되지 못할 경우 운전자는 물론 2차 피해가 발생할 수 있어 개인·위치 정보의 안전한 보호와 활용은 자율주행차산업 활성화를 위한 선결 조건이다. 이에 미국과 유럽에서는 '자율주행차 안전기준 가이드라인'(미 도로교통안전 국)을 발표하는 등 자율주행차 활성화를 위한 개인·위치 정보의 보호 논의가 활발하게 이루어지고 있다. 방송통신위원회는 학계, 산업계, 연구기관의 의견을 적극적으로 수렴해 개인·위치 정보의 기술적·관리적 보호 조치 기준의 명확성, 예측 가능성을 확보하기 위한 합의점을 도출하고, 자율주행산업의 활성화를 위해 노력할 계획이다.

모빌리티 혁명,
인간의 이동을 자유롭게 하다

지능혁명 시대에 온 놀라운 변화

노동, 토지, 자본이라는 생산의 3요소가, 기술, 지식, 지능으로 이전되고 있다. 특히 글로벌 리딩기업늘의 생산구조를 보면 노동보다는 기술이, 토지보다는 지식이, 자본보다는 지능이 더욱 중요함을 알 수 있다. 인류는 지식혁명 시대에 다다른 것이다.

지능이 중요한 생산요소로 자리매김하면서 모든 것이 변하고 있다. 소비, 주거, 학습, 놀이, 여가, 유통, 작업 등 모든 인류의 생활영역이 바뀌고 있다. 바뀌고 있는 대상 중 하나가 이동(Mobility)이다. 이동을 대표하는 자동차산업의 지형도 거대한 변화를 맞이했다. 에너지는 석유에서 전기로, 소재는 철에서 나노로, 운전은 사람에서 인공지능으로, 자동차 이용의 관점은 '안전'에서 '즐겁고 의미 있는 시간'으로 변화하고 있다.

사람이나 사물을 운송하는 승용차, 트럭, 버스, 배, 항공기 등이 자율기능을 갖춘 디바이스가 되고 있다. '자율주행 디바이스(Self-driving Device)'는 인류에게 이동의 자유를 주며 또 다른 큰 가치를 부여할 것으로 전망된다. 현재 스마트폰, 컴퓨터, 스마트 시계 등을 사용할 수 있는 환경을 플랫폼 사업자가 제공해 주는 것처럼 자율주행차를 포함한 수송기기도 사람과 사물의 이동을 돕는 하나의 디바이스로 플랫폼에 기반해 활용될 것으로 보인다.

자율주행 디바이스의 선두주자, 자율주행차

'자율주행'하면 맨 먼저 자율주행차가 떠오른다. 세계 주요 자동차업체뿐만 아니라 정보통신기술 기업도 자율주행차의 기술 개발에 적극 나서고 있다. 구글의 자율주행차 시험주행 거리는 100만㎞를 넘었으며, 자사의 안드로이드 운영체제가 적용된

안드로이드카를 선보일 예정이다.

인터넷과 연결된 제품은 점차 많아지고 있다. 그 가운데 자동차 분야가 가장 두드러진 성장세를 보이고 있다. IHS 마켓에 따르면 현재 전 세계에는 1,120만 대의 커넥티드 카가 주행 중인 것으로 추정된다(2017년 9월). 점점 더 많은 자동차에 전자제어장치로 알려진 특수 목적의 컴퓨터가 탑재됨에 따라 자동차는 바퀴 달린 컴퓨터로 빠르게 진화하고 있다. 테슬라는 2012년 모델S 출시 이후 지금까지 인터넷을 차량에 연결해 왔다. 스마트폰을 구입하면 통신서비스에 가입하듯, 테슬라 자동차는 인터넷 스트리밍, 실시간 내비게이션 및 데이터, 자율주행 기능 등을 제공해 왔다. 또 차량의 네트워크 연결을 통해 중요한 데이터를 수집하고 자율주행 기능을 개발하는 등의 이점을 누려왔다. 테슬라는 2018년 7월부터 프리미엄 인터넷 연결 서비스를 제공하기 시작했다. ICT기업은 변화하는 자동차산업에 참여하기 위한 다양한 전략을 마련해오고 있는데, 대표적으로 정밀지도 개발에 집중하고 있다.

SK텔레콤이나 퀄컴, 히어 등은 자동차기업 등과 협업하면서 자동차의 사물 및 인프라 인식 수준을 높이는 데 전력하고 있다. 애플은 지금까지 애플맵(Apple Maps)에 대한 대부분의 데이터를 톰톰(TomTom) 및 오픈스트리트맵(Open StreetMap)과 같은 데이터 제공업체로부터 받았지만 앞으로는 도로, 사업장 및 간판 위치와 같은 기본 지도 데이터를 모두 자체적으로 업데이트할 방침

경제읽어주는남자의 디지털 경제지도

테슬라 model 3의 내부 모습

테슬라 model 3의 내부 모습

이다. 정밀지도 영역을 선점하기 위한 방향으로 기업이 움직이고 있는 것이다.

국토교통부는 2018년 1월 '4차 산업혁명과 혁신성장'을 주제로 한 국무총리 주재 정부 업무보고에서 '국토교통 혁신성장 추진계획'을 발표했다. 2020년까지 레벨 3의 자율주행차를 상용화하고, 2022년까지 완전 자율주행 기반을 마련한다는 목표를 설정했다. 2018년에는 민간의 기술 개발 기반 구축을 위해 실제 주행환경을 재현한 세계 최고 수준의 자율주행차 실험도시 케이시티(32만㎡)를 경기 화성에 완공해 개방하고, 실제 도로를 활용한 테스트베드를 서울 도심에 구축해 신기술 실험을 적극 지원할 계획이다. 수도권 고속도로(85㎞), 서울 버스전용차로, 도시고속화도로, 제주 주요 관광도로 등을 주변 차량과 도로 정보를 실시간으로 제공하는 스마트 도로로 구축하고 있다. 또 자율주행에 필수적인 정밀 도로지도는 2017년 고속도로 등 1351㎞를 구축한 데 이어 2018년에는 주요 간선도로를 추가해 약 1,700㎞의 데이터를 확보할 예정이다.

ICT기업의 정밀지도 전략

구분	항법 지도	정밀 지도
용도	• 내비게이션 구현 목적 • 도로 단위의 정보, 경로 탐색/안내 기능	• 자율주행을 위해 차선 (Lane) 단위의 정보를 포함한 고정밀 지도
주요 콘텐츠	• 도로 단위 구축 및 표현 • 링크(Link): 도로의 형상 표현 • 노드(Node): 교차로 및 도로 연결점 표현	• 차선 단위 구축 및 표현 • Lane Model: 차선중심선/경계선 • 도로시설물: 신호등, 표지판, 연석, 노면마크
정밀도	• 약 1~5m	• 0.2m

SK 텔레콤	• 미국의 반도체 제조사인 엔비디아와 협력해 '티맵'을 HD 지도 급으로 고도화해 자율주행 서비스에 적용할 계획 • 사각지대를 정밀 지도를 통해 보완
퀄컴	• 유럽 최대 규모의 네비게이션 제작사인 톰톰(TomTom)과 자율주행 차용 • 고정밀(HD) 지도 플랫폼 개발에 계획 • 고속 주행시 위치정확도 확보를 위함
히어 (Here)	• 공동 인수한 벤츠, BMW, 아우디-폭스바겐 등 자동차사와의 협력 중이며, 자율주행 정밀 지도뿐만 아니라 센서 정보를 활용한 실시간 정보 업데이트를 강조

출처: 삼정KPMG 경제연구원

드론, 어디까지 진화할 것인가

드론산업은 국토교통 혁신성장 추진계획의 일환이며 주요 신산업으로 주목되고 있다. 드론산업은 공공 분야에서 선도적으로 수요를 발굴하고 시장을 확대할 계획이다. 국토조사, 시설물 진단, 소방 등의 분야에서 2021년까지 약 3,700대의 수요를 발굴하고 정보 교류, 컨설팅 지원, 국산제품 우선 구매 등 우수 제품에 대한 조달시장 진출도 지원할 방침이다. 이·착륙장, 통제실, 정비고 등을 갖춘 드론 전용 비행시험장 두 곳을 신규로 조성하고, 항공기급 무인기의 성능 및 인증시험을 위한 국가종합비행

시험장을 전남 고흥에 2020년까지 설치할 계획이다. 이와 함께 개발된 드론의 안전성을 인증할 수 있는 드론 안전성 인증센터와 수도권 내에 드론 자격 실기시험장도 구축할 계획이다.

한편 규제 완화에도 적극 나서고 있다. 완구류급 드론에 대한 규제가 고성능 드론과 동일했던 문제점도 개선한다. 무게, 용도 중심의 드론 분류체계를 '저성능 규제 완화, 고성능 안전관리' 원칙에 따라 드론 관리체계를 정비할 계획이다. 과학기술정보통신부는 타 전자기기(의료기기 등) 전파 교란 가능성, 고강도 전자파의 인체 유해성

수중 드론 비키

출처: 킥스타터 홈페이지

여부 등을 종합적으로 고려해 규제 완화방안을 마련하고, 국토교통부는 드론 비행허가 절차 간소화를 위해 모바일 기반 신규 비행허가시스템을 구축할 계획이다. 더욱이 5G, 빅데이터, 인공지능 등을 활용해 드론의 원격·자율비행을 지원하는 한국형 드론 교통관리체계인 K드론시스템 개발에도 착수할 방침이다.

최근 다양한 드론이 개발되고 있다. 2017년 홍콩 소싱 박람회, CES 2018 등 최신 전자 기술을 살필 수 있는 국제행사장에서 수중 드론이 등장하기 시작했다. 먼저 2017년 5월 미국의 크라우드 펀딩 킥스타터(kickstarter)를 통해 20만 달러의 모금에 성공한 비키(BIKI)가 시장에서 주목받고 있다. 비키는 화면 떨림 방지 기능을 갖

수중 드론 글라디우스

출처: 체이싱이노베이션 홈페이지(www.chasing-innovation.com)

춘 105도 4K 카메라를 장착해 최대 시속 1.8km, 수심 60m까지 잠수가 가능하다. 글라디우스(Gladius)는 최고 시속 7km, 수심 100m까지 잠수할 수 있다.

후발 주자 드로이드와 개인 이동수단 '루모'

'드로이드(Droid)'가 택배 시장의 미래가 될 수 있을까. 소규모 로봇을 의미하는 '드로이드'는 공상과학영화 등에서 인간 형태의 로봇을 가리킨다. 드로이드 제작업체인 스타십 테크놀로지스(Starship Technologies)는 스카이프(Skype) 공동창립자 아티 헤인라(Ahti Heinla)와 야뉴스 프리스(Janus Friis)가 2014년에 설립한 회사다. 스타십 테크놀로지스는 최대 20파운드를 실어 시속 4마일(약 6.4km)의 속도로 5km 이내 거리에 물류를 배송할 수 있는 드로이드를 개발했다. 드론이 비행 높이, 소음 공해 등과 관련한 규제로 상용화 시기가 불확실한 반면, 드로이드는 일반 보도를 이용해 무인 트럭이나 드론보다 규제 당국의 승인을 빨리 얻을 수 있을 것으로 예상된다.

전문가들은 인구 밀도가 높은 도시 지역에서는 사람이 직접 배송하는 게 비용을 줄이는 데 유리하며, 지방과 같은 넓은 지역에는 드론이, 규모가 상대적으로 작은 소도시나 교외 지역에는 드로이드와 같은 소

스타십 테크놀로지가 개발한 드로이드

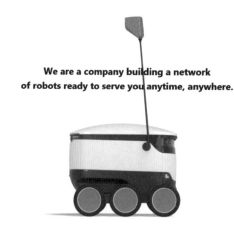

출처: 스타십 테크놀로지 홈페이지

경제읽어주는남자의 디지털 경제지도

출처: 세그웨이 로보틱스 홈페이지

규모 무인 로봇이 배송 작업에 유리하다고 분석한다.

이동 혁신에서 개인의 이동수단도 예외는 아니다. 인공지능 로봇이 탑재된 개인용 이동수단 '루모(Loomo)'가 크라우드 펀딩 사이트인 인디 고고(indiegogo.com)를 통해 론칭했다. 루모는 인공지능 로봇이 탑재돼 사람의 명령에 따라 원격 제어가 가능한 이동수단이다. 세그웨이 로보틱스가 출시한 루모는 이동수단의 기능 외에도 카메라와 마이크가 탑재돼 있으며, 얼굴과 신체를 감지하는 센서도 달려 있다. 특히 음성 인식을 통해 사용자를 추적하며 스스로 이동할 수 있다. 이렇게 사용자를 따라다니며 실시간으로 사진 또는 동영상 촬영이 가능하고, 블루투스를 통해 스마트폰 모바일 앱과 연동하면 루모가 촬영하고 있는 이미지를 볼 수 있다.

스마트 헬스케어,
어디까지 왔고 어디로 갈 것인가

스마트 헬스케어가 부상하는 4가지 배경

스마트 헬스케어에 대한 관심이 증대되는 배경은 크게 네 가지로 구분할 수 있다.

먼저, 의료서비스의 패러다임이 질병이 발생한 후에 치료를 받는 치료·병원 중심에 서 스스로 건강을 관리하는 예방·소비자 중심으로 변화하고 있다. 스마트 기기와 센서 기술을 통해 일상에서 손쉽게 자신의 식사량이나 혈압, 운동량 등 건강 상태를 기록하고 관리하는 '자가 건강 측정

(Quantified Self)' 트렌드가 확산되고 있는 것이다.

두 번째는 기술의 발전이다. 웨어러블 디바이스는 우리 몸에 밀착돼 지속해서 생체정보를 파악할 수 있게 만들어주고 있으며, 이는 자가 건강 측정 트렌드를 확산시키는 요인이기도 하다. 이뿐 아니라 다양한 ICT, 의료 기술, 빅데이터는 인공지능과 결합해 헬스케어산업에서의 혁신 서비스를 창출하고 있다.

세 번째는 의료 데이터의 빠른 증가다. IDC에 따르면 의료 데이터의 양이 2012년 500PB에서 2020년에는 2만 5천 PB로 약 50배가 증가할 전망이다. 폭발적으로 증가하는 의료 데이터를 분석하고 활용하는 방안이 중요한 이슈로 주목받고 있다.

마지막은 고령화와 만성질환자 증가로 인한 사회적 요구의 증가다. 고령화와 만성질환자 증가에 따른 의료비 급증은 공공과 가계에 부담으로 작용하고 있으며, 스마트 헬스케어가 의료비 증가에 대한 해법으로 주목되고 있다.

스마트 헬스케어란 무엇인가

스마트 헬스케어는 사물인터넷, 클라우드 컴퓨팅, 빅데이터 및 인공지능을 헬스케어와 접목한 분야이다. 기본적인 산업구조를 살펴보면, 소비자가 일상이나 의료기관 등 전문기관에서 생성해 낸 데이터를 데이터 전문기업이 수집 및 분석하고 이를 의료 및 건강관리 기업이 다시 활용해 소비자에게 자문 및 치료해주는 구조다.

개인이 생성해 낼 수 있는 데이터는 유전체 정보, 개인건강 정보, 전자의무기록(EMR: Electronic Medical Record) 등 크게 세 가지로 구분된다.

유전체 정보는 한 사람당 약 30억 개, 1TB에 달하는 유전체 염기쌍의 서열로, 정밀의료나 개인 맞춤형 신약 개발, 유전자 편집, 합성 생물학을 구현시킬 수 있다.

개인건강 정보는 웨어러블 디바이스나 헬스케어 앱 등을 통해 수집되는 개개인의 혈당 수치, 혈압, 심전도, 식단 정보 등에 관한 모든 데이터로, 이를 활용한 다양한 응용서비스가 확대되고 있다.

EMR은 과거 의료기관에서 종이차트에 기록했던 인적사항, 병력, 건강상태 등을 비롯해 처방정보 및 결과 등을 전산화한 형태를 말한다. 유전체 정보와 개인건강 정보가 건강 개선, 질환 치료 및 예방 등의 구체적인 임상적 가치와 연결되기 위해서는 EMR을 바탕으로 데이터가 분석돼야 한다. 이에 따라 전 세계적으로 의무기록의

디지털화 추세가 가속화되고 있으며, 활용성이 더욱 제고될 것으로 보인다.

스마트 헬스케어 산업은 어떻게 구성되어 있는가

스마트 헬스케어의 부상으로 과거 크게 연관이 없었던 신규 영역으로의 확장과 강화가 두드러지고 있다. 과거 의료기기, 제약회사, 의료기관을 중심으로 발전해 오던 스마트 헬스케어산업은 정보기술의 발전에 따라 점차 모바일 OS, 통신사, 웨어러블 디바이스의 영역으로 확장되고 있다. 특히 다양한 센서를 내장한 스마트폰 보급, 활동량과 생체 신호를 지속적으로 모니터링하는 웨어러블 기기의 확산, 바이오센서 기술의 발달, 저전력 초소형 하드웨어 기술 발전에 따라 ICT와 의료기기의 융합이 활발해지고 있다. 또한 세계적으로 의료비 절감과 치료의 효율성 증진을 위해 모바일 헬스케어 기기와 서비스를 활용하고자 하는 시도가 확산되면서 스마트 헬스케어산업에 대한 관심이 증가하고 있다.

향후 스마트 헬스케어는 치료 중심의 기존 헬스케어산업에서 소프트웨어·서비스·금융 등으로 생태계를 확장해 연관산업 발전을 촉진할 것으로 전망된다. 특히 기존의

스마트 헬스케어산업 생태계

■ 기존 헬스케어산업에서 확장·강화된 신규 영역

	의료기기	모바일 OS	통신사		수요자
시스템 공급자	·바이오센서 ·측정·기록장비 ·모니터링 장비	·모바일 앱 ·보안 프로그램 ·머신 러닝	·통신망 ·솔루션 ·스마트홈	**간접 제공** ▶	환자
서비스 공급자	웨어러블 디바이스 ·일상활동 기록 ·스포츠 관리 ·식생활 관리	제약회사, 의료기관 ·검진, 치료 ·처방 ·유전자 정보 ·R&D 정보		**직접 제공** ▶	일반인

지원			
정부	보험사	투자자(VC 등)	데이터베이스 관리자

출처: 강민영, 박도휘, 김광석(2018), "스마트 헬스케어의 현재와 미래," 삼정KPMG 경제연구원, 이슈모니터 79호.

치료 위주의 의료에서 예측·예방 중심의 의료로 형태가 변화하고 있음을 주목할 필요가 있다.

글로벌 스마트 헬스케어 시장 현황

전 세계적으로 스마트 헬스케어산업은 스마트폰 및 사물인터넷 기반 웨어러블 기기 등과 함께 시장 성장기에 접어들었으며 생명공학기술과 ICT가 융합된 다양한 형태의 스마트 헬스케어 제품 및 서비스가 출시되고 있다. 의료기기 전문업체뿐만 아니라 글로벌 ICT 기업부터 스타트업에 이르기까지 다양한 아이디어를 지닌 기업의 시장 진출이 가속화하고 있다. 이에 글로벌 스마트 헬스케어 시장 규모는 지속적으로 성장할 것으로 전망된다. 한국보건산업진흥원에 따르면 2014년 기준 210억 달러에 머물렀던 글로벌 스마트 헬스케어 시장 규모가 2020년에는 1,015억 달러 규모가 되면서 약 4.8배의 성장을 보일 것으로 전망했다. 스마트 헬스케어 기술 분야별로 살펴보면 빅데이터 기술이 45.9퍼센트로 시장 성장의 중추적인 역할을 할 것으로 기대된다. 앞으로 사물인터넷 등 다양한 장치와 센서가 개발되면서 의료 분야 데이터는 더 커지고 진보된 빅데이터 분석 기술을 통해 지속적인 변화를 맞이할 것으로 전망되기 때문이다.

다음으로는 인공지능(35.3퍼센트)이 꼽혔다. 인공지능의 경우 의료 검사에 도입함으로써 진단 결과를 개선할 수 있고, 신약 개발에 활용해 신약 개발 기간과 비용을 절감할 수 있는 등 다양한 장점을 보유하고 있다.

이외에 중요 기술로는 사물인터넷(14.8퍼센트), 가상·증강현실(2.5퍼센트), 로보틱스(1.6퍼센트) 순으로 나타났으며, 다양한 기술이 향후 스마트 헬스케어산업 성장에 크게 기여할 것으로 보인다.

국내 스마트 헬스케어 시장 현황

국내 스마트 헬스케어산업도 지속적으로 성장하고 있다. 2015년 의료·바이오 분야에 대한 신규 벤처 투자는 3,170억 원으로 2011년(933억 원)에 비해 세 배 이상 증가한 것으로 나타났다. 특히 한국벤처캐피털협회의 '벤처 캐피털 마켓 브리프(Venture Capital Market Brief)'에 따르면 많은 벤처캐피털이 미래 유망 분야로 스마트 헬스케어를 지목해 향후에도 투자 확대 추세가 지속될 것으로 전망된다. 향후 사물인터넷, 소프트웨어 등과 더불어 의료기기, 바이오·제약 분야에 대한 투자 확대 가능성이 높을 것으로 보인다.

국내 스마트 헬스케어산업의 지속적인 성

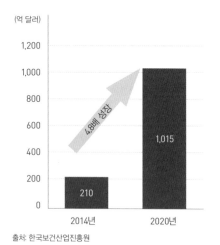

글로벌 스마트 헬스케어 시장규모 전망

출처: 한국보건산업진흥원

스마트 헬스케어의 주요 기술 분야

출처: 한국정보화진흥원

경제읽어주는남자의 디지털 경제지도

5대 신산업 분야(R&D) 예산 편성 현황

(억 원)

분야	2017년	2018년	2017년 대비 증감
전기·자율주행차	1,241	1,491	250
IoT 가전(스마트홈)	717	816	98
에너지 신산업	4,059	4,175	116
바이오·헬스	1,571	1,992	421
반도체·디스플레이	582	720	137
합계	8,171	9,193	1,022

출처: 산업통상자원부

장세를 예측해 볼 수 있는 또 다른 근거로 정부의 정책 방향을 들 수 있다. 2017년 12월 18일 산업통상자원부가 발표한 '새정부의 산업정책 방향'에 따르면 '5대 신산업 선도 프로젝트'에 바이오·헬스 분야가 포함됐다. 또한 2017년 12월 26일에는 바이오·헬스가 포함된 5대 신산업의 기술 개발에 2018년 산업통상자원부 연구개발 총예산의 29.1퍼센트에 이르는 9,193억 원을 지원할 계획이라 밝혔다. 여기서 주목할 점은 5대 신산업의 기술 개발 예산 중 바이오·헬스 사업의 예산이 가장 높은 증가를 보였다는 점이다. 바이오·헬스 사업의 예산은 2017년 대비 421억 원 증액된 1,992억 원을 2018년 연구개발 투자에 편성했다. 또한 절대적인 규모도 에너지 신산업에 이어 두 번째 많은 비중(5대 신산업 분야 전체 예산의 21.7퍼센트)을 차지한다. 이를 통해 향후 정부가 바이오·헬스 사업에 대한 정책 지원을 확대해나갈 것임을 확인할 수 있다.

각국 정부가 주도하는 바이오 빅데이터 구축

스마트 헬스케어의 핵심이 되는 정밀의료 및 개인별 맞춤 진료는 유전체 분석으로부터 시작된다. 인간 유전체 분석을 통해 정확한 질병 스크리닝을 할 수 있고, 적합한 약물과 용량 선택이 가능해지며, 종합적으로 의료 비용을 절감할 수 있기 때문이다. 많은 양의 유전체 정보를 확보하고 이를 빅데이터로 구축하기 위해서는 대규모 자금 투입이 필요하다. 또한 진단, 처방, 치료를 위한 유전자 변이를 찾아내기 위해 기준이 되는 표준 유전체를 구축해야 하며 이를 바탕으로 유전자 염기서열과 질환, 의약품, 처방법에 대한 연구가 필요하다.

인간의 유전 정보는 약 30억 개의 DNA 염기쌍으로 구성돼 있으며, 이 염기쌍의 서열을 밝혀내고 이를 빅데이터로 구축하기 위해 세계 각국에서 인간 게놈 프로젝트(Human Genome Project: HGP)가 진행되고 있다. 미국은 2015년 정밀의료계획의 일환인 100만 명의 유전자 분석 프로젝트와 2016년 캔서 문샷(Cancer Moonshot) 프로젝트를 통해 암 관련 및 질병 관련 데이터를 확보하고 있다. 영국은 2012년 말부터 희귀질환자, 암환자 및 가족을 포함한 약 7만 명으로부터 게놈 10만 개 시퀀싱을 분석해 게놈 서열 데이터와 의료기록, 질병 원인, 치료법 등을 밝혀내는 '게노믹스 잉글랜드(Genomics England)' 프로젝트를 진행하고 있

다. 국내에서도 정부 주도로 헬스케어 빅데이터 구축과 활용을 추진 중이다. 신약, 화장품, 의료기기, 보험상품을 개발하는 수요기업에 주요 병원 및 공공기관에 축적된 진료, 처방 등의 헬스케어 데이터를 거래하는 것이 주요 골자다.

인공지능 기반 스마트 헬스케어의 부상

인공지능 기반의 글로벌 스마트 헬스케어 시장규모는 2015년 8억 달러에서 연평균 42퍼센트의 빠른 성장을 통해 2021년 66억 달러에 달할 것으로 전망된다. 머신러닝, 딥러닝, 자연어 처리, 이미지 인식, 음성인식 등의 인공지능 기술이 의료 분야

경제읽어주는남자의 디지털 경제지도

에 접목되면서 헬스케어산업에 새로운 서비스를 창출시킬 것으로 보인다. 인공지능 기술을 통해 미래 헬스케어 서비스는 많은 양의 유전자 정보를 스스로 분석하고 학습해 질환 발현 시기를 예측하거나, 개인 맞춤형 진단 및 생활습관 정보 제공을 통해 질병 발현 예방에 도움을 줄 수 있을 것이다. 진료 시에는 의사와 환자 간 대화가 음성인식 시스템을 통해 자동으로 컴퓨터에 입력되고, 저장된 의료 차트 및 의학정보 빅데이터를 통해 질병 진단정보를 제공하거나, 컴퓨터 스스로가 환자의 의료영상 이미지를 분석하고 학습해 암과 같은 질환에 대한 진단정보를 의사에게 제공해 진단을 도울 수 있다. 또한 개인 맞춤형 데이터를 통해 개인별 약물의 부작용을 예측하여 처방에 도움을 줄 수도 있을 것이다.

특히 전 세계적으로 고령화와 의료비 부담에 따른 저렴하고 신속한 의료서비스가 요구되기 때문에 인공지능 관련 연구개발 정책 등을 범정부 차원에서 추진하고 있다. 인공지능 분야 글로벌 선도 국가인 미국은 인공지능을 활용한 정밀의료 추진을 통해 의료의 질적 수준 제고에 집중하고 있다. 유럽은 인공지능의 의료정보 플랫폼 결합 및 유전체 분석에 집중하고 있으며, 일본은 유전체 분석과 인공지능 적용 로봇 전략을 통해 개인 케어 및 맞춤형 의료 서비스 제공에 집중하고 있다.

원격의료, 메디컬 온디맨드 서비스의 시작

원격의료는 언제 어디서나 환자가 원할 때 진료가 가능하기 때문에 전 세계에서 주목하고 있다. 시장 데이터 조사업체 스태티스타(Statista)에 따르면 전 세계 원격의료 시장 규모는 2015년 181억 달러에서 2021년 412억 달러로 연평균 14.7퍼센트로 성장할 것으로 전망된다. 특히 고령화가 가속화되고 만성질환자가 증가하고 있기 때문에 원격진료에 대한 수요는 더 많아질 것으로 보인다.

글로벌 원격의료 시장은 원격모니터링, 원격진료상담, 원격의료교육, 원격의료훈련, 원격수술 등으로 구분된다. 현재 가장 큰 시장을 형성하고 있는 분야는 원격진료 상담 서비스지만, 향후 노년층의 증가나 당뇨병, 파킨슨병 등과 같은 질환의 증가는 원격모니터링 서비스 분야를 빠르게 성장시킬 것으로 보인다.

원격의료는 특히 미국을 중심으로 크게 활성화돼 있다. 매케슨(Mckesson), 필립스헬스케어, GE헬스케어, 서너(Cerner) 등이 미국 원격의료 시장을 이끄는 대표적 기업으로, 헬스케어와 IT를 접목한 건강관리 업체다. 특징적으로는 대형 민간보험업체 유나이티드헬스케어가 원격의료에 참여하는 의사들과 관련 인프라 업체에 인센티브를 제공하며 이해관계를 절충하고 있다.

우리나라의 경우도 최근 환자와 병원을 연결해 효율적으로 환자를 모니터링 및 케어하고 정보를 전달할 수 있는 엠오디의 스마트케어시스템을 전국 100여 개 병원에서

엠오디의 환자관리 시스템 서비스 분류

자료: 엠오디

경제읽어주는남자의 디지털 경제지도

도입하고 있다. 엠오디는 Bed Side Station 서비스를 중심으로 성장한 의료기기 전문 기업이다. Bed Side Station 서비스는 입원 환자의 무료함을 해결할 수 있는 단순 개인 TV로 시작했다. 예를 들어 대형 병실의 병상마다 독립된 영상기기를 제공해 8인실을 8개의 1인실로 만들었다는 평가를 받기 시작했다. 이후 다양한 멀티미디어 서비스 지원, 환자 교육영상 지원, EMR, PACS(Picture Archiving and Communication System, 의학영상정보 시스템) 등 의료 IT 서비스를 포괄하는 방향으로 확장해 왔다.

결국 엠오디는 의료기관을 스마트 병원으로 패러다임을 변화시키고 있다. 2015년 메르스 사태를 기점으로 의료계는 면회객, 환자 간 전염되는 원내 감염에 대한 이슈가 대두됐고 이에 따른 조치로 정부 및 보건 당국은 병실의 병상 간격 확대, 보호자 없는 병실(간호·간병 통합서비스) 운영 확대 등 후속 대책을 발표해 왔다. 정부 및 보건당국의 조치로 대한병원협회는 병동의 간호 인력 부족, 간호사의 업무 과중 및 환자 안전에 대한 대책을 호소하고 있어 Bed Side Station의 수요가 확대될 것으로 전망된다. 최근 의료기관은 Bed Side Station을 사물 인터넷의 허브로 활용해 다양한 기기를 이용하는 환자의 체온, 혈압, 심박, 활동량,

링거 투여량 등을 모니터링하는 기능을 확보해 나가고 있다.

엠오디의 서비스는 원격진료 및 병원의 디지털 트랜스포메이션을 진행시켜 병동의 간호업무를 보다 효율적으로 운영하고, 의료진과 환자의 진단정보를 공유하는 플랫폼으로 확장해 나가고 있다. 4차 산업혁명에 적극적으로 대응하는 의료 인프라 혁신 병원인 인하대병원, 연세세브란스병원, 포항세명기독병원, 목포한국병원 등 전국 150여 개 병원은 엠오디의 의료 인프라를 선도적으로 도입하고 있다.

로봇은 인간 의사를 대신할 수 있을까

로봇산업과 의료 로봇

의료산업 또한 디지털 트랜스포메이션의 물결을 피할 수 없다. 이 중에서도 의료 로봇이 크게 주목받고 있다. 의료 로봇은 환자에게 수술시간 단축과 더불어 출혈 및 전염 가능성 감소 등의 효과를 주고, 의사에게는 피로감과 수술 시 떨림 현상을 줄여주는 등 긍정적인 요소가 많기 때문이다. 또한 의료기관 차원에서도 진료시간이 축소되므로 효율적인 운영을 꾀할 수 있다.

국제로봇연맹(International Federation of Robotics: IFR)은 로봇산업을 크게 '제조용 로봇'과 '서비스용 로봇' 시장으로 분류하며, 의료 로봇은 서비스용 로봇 중에서 전문서비스 로봇에 포함돼 있다. 의료 로봇은 진단시스템, 로봇 수술 및 치료, 재활 시스템, 기타 의료 로봇으로 구성된다. 의료

의료부문 관련 서비스용 로봇 분류

분류			설명
서비스용 로봇	전문서비스 로봇	의료 로봇	진단 시스템
			로봇 수술 및 치료
			재활 시스템
			기타 의료 로봇
	개인서비스 로봇	노약자 및 장애인 지원	전통 휠체어
			개인 보조 장치
			개인용 이동수단

자료: 로봇산업의 국내외 동향 및 전망, KDB산업은행, 2015

로봇 산업 분류

대분류	중분류	소분류
1. 제조업용 로봇	2-1. 빌딩 서비스용 로봇	2-3-1. 복강경 수술 로봇
2. 전문 서비스용 로봇	2-2. 사회 안전 및 극한직업 로봇	2-3-2. 관절 수술 로봇
3. 개인 서비스용 로봇	2-3. 의료 로봇	2-3-3. 혈관 수술 및 내시경 수술 로봇
4. 로봇 부품 및 부분품	2-4. 사회인프라 로봇	2-3-4. 내비게이션 기반 수술 로봇
5. 로봇 시스템	2-5. 군사용 로봇	2-3-5. 수술용 로봇 수술 도구
6. 로봇 임베디드	2-6. 농림 어업용 로봇	2-3-6. 재활훈련용 로봇
7. 로봇 서비스	2-7. 엔터테인먼트용 로봇	2-3-7. 의료진단 및 검사용 로봇
		2-3-8. 환자 이동용 리프트침대 로봇
		2-3-9. 기타 의료 로봇

출처: "로봇 산업 특수 분류 2차 개정", 통계청, 2011

로봇은 의료 현장의 다양한 분야에 로봇 기술을 융합해 보다 안전하고 편리한 의료 서비스를 제공하는 시스템으로, 식품의약품안전처에서는 로봇 기술을 사용하는 의료용 기기 또는 시스템을 의료 로봇(Medical Robot)으로 정의하고 있다.

우리나라는 2006년 국가과학기술위원회에서 국가 전략산업으로 로봇산업을 선정, 정책 지원을 위한 통계 인프라 구축의 일환으로 로봇산업 특수 분류를 제정했다. 2008년 1차 개정이 있었고, 2011년에도 산업통상자원부에서 로봇산업 특수 분류에 대한 2차 개정을 요청함에 따라 제조업 이외의 로봇 관련 산업을 포함해 대분류 7개, 중분류 48개, 소분류 229개로 변경됐

다. 2차 개정된 로봇산업 특수 분류는 위의 표를 참조하면 된다.

2015년 식품의약품안전처에서 발간된 '경피적 시술 보조 로봇의 안정성 및 성능 평가 시험법 가이드라인'에 따르면, 의료 로봇의 경우 수술 로봇(Surgery Robot)과 수술 보조 로봇(Surgery Assistant Robot)으로 정의했으며 수술 로봇은 수술의 전 과정 또는 일부를 의사와 함께 작업하는 로봇으로 정의하고 있다. 수술 로봇 시스템은 의사의 조작에 의하거나 미리 작성된 수술 예비 계획 시스템에 의해 직접 수술을 수행하는 것으로 정의했다. 수술 보조 로봇은 수술자의 동작을 보조해 주거나(복강경 수술 로봇의 경우), 동작의 정밀도 확보를 보조해 주거

나(정형외과 수술 로봇의 경우), 영상정보 등 수술 부위의 기하학적 정보의 보조(뇌수술 보조 로봇, 생검·Biopsy 로봇의 경우) 등 수술의 정밀도와 정확도, 수술의 편의도 제고를 위해 수술자의 보조를 위한 각종 기능적·정보적 보조 기능을 수행하는 로봇시스템을 통칭한다고 기술하고 있다.

의료 로봇의 필요성과 특징

고령화사회에 접어들면서 생명 연장과 질병 치료, 건강에 대한 관심이 증대함에 따라 양질의 의료서비스에 대한 요구와 함께 의료 로봇에 대한 관심도 커지고 있다. 정보기술, 기계기술 등 첨단 기술이 융합해 정밀하고 안정적인 제어가 가능하다는 로봇의 장점에 비추어 의료 로봇의 필요성은 크게 다섯 가지로 요약할 수 있다.

첫째, 기존에 불가능했던 수술을 가능하게 해준다. 둘째, 보다 정확한 시술이 가능하다. 셋째, 방사선 피폭 환경에서 의사를 대신함으로써 의사들의 부담을 덜어주며 각종 진단 정보를 활용해 의사의 숙련도에 의존하지 않은 안정된 시술이 가능하게 된다.

넷째, 재활 치료에 있어서 환자의 의지를 반영해 보다 능동적으로 로봇장치를 구동함으로써 효과적인 치료가 가능하게 된다. 마지막으로, 부족한 의료진 문제를 해결하고 시간적·공간적인 제약을 극복해 의료진과 환자를 매개하는 역할을 수행할 수 있다.

의료 로봇은 사람의 생명을 다룬다는 특수성을 반영해 개발된다. 그중 개발 초기 단계부터 필수적으로 고려해야 할 사항은 유효성, 안전성, 신뢰성이고 그 외에도 적합성과 멸균성 등에 따라 만들어진다. 이를 자세히 설명하면 다음과 같다.

첫째, 로봇을 이용한 새로운 수술기법 및 절차는 기존의 수술방법에 비해 유효해야 한다. 수술의 성공률이 향상되거나, 치료 효과가 우수하거나, 수술시간이 단축되거나, 의료진의 방사선 피폭량을 줄여주는 의학적 효과가 명백하게 입증돼야 한다.

둘째, 안전성이 요구된다. 의료 로봇이 사람의 생명을 다루는 제품인 만큼 적용되는 규격과 인·허가에 필요한 국제적 요건이 엄격하게 적용된다. 의료 로봇은 사람과 공간을 공유하며 다양한 환경에서 사용돼야 한다는 점을 고려해야 하기 때문에 가능한 한 모든 위험 상황에 대한 대책이 수립된 플랫폼으로 개발돼야 한다.

셋째, 신뢰성이 필요하다. 의료 로봇은 사용되는 환경에서 임상적·공학적으로 요구되는 동작을 안정적으로 수행할 수 있고, 기능 및 성능의 저하가 예측 가능해야 한다. 이와 같이 의료 현장의 특수성을 고려한 의료 로봇을 개발하기 위해서는 해부학적 지식과 임상 경험을 보유한 의료진 및 로봇 개발 기술을 가진 개발자 간의 의견을 공유함으로써 동일한 개발 방향으로 나아갈 수 있도록 긴밀한 협조체제가 구축돼야 한다.

의료 로봇의 핵심기술

의료 로봇의 핵심기술은 크게 로봇의 설계 및 평가 기술, 로봇 및 통합시스템 제어 기술, 센서 응용 및 의료영상 처리 기술, 시뮬레이터의 제작 및 운용 기술과 인·허가를 위한 임상시험 계획 기술, 인·허가 획득 기술 등이 있다. 여기서 메커니즘 설계 기술, 제어 및 운용 기술 등의 의료 로봇 전반에 걸친 공통 기반 기술과 제품별로 특화된 제품 특화 기술로 구분해 각각의 세부적인 기술을 다음과 같이 정리할 수 있다.

첫째, 로봇 메커니즘 설계 기술이다. 다자유도 구조의 슬레이브 로봇을 마스터 장치로 편리하게 조정할 수 있는 마스터 장치 메커니즘 설계 기술, 하중분석을 통한 로봇 구동부 액추에이터 선정 및 조인트부 설계 기술, 로봇의 관절을 구성하는 핵심 부품인 감속기 최적 설계와 관련해 요구 수명을 만족하는 베어링 사양 설계 기술, 치형 설계 기술, 소형화 기술, 진동저감 기술 등이 요구된다.

둘째, 제어 및 운용 기술이다. 의사가 로봇을 손으로 교시할 때 의사의 손과 로봇 간의 접촉력을 실시간 계산해 환자의 안전을 확보하면서 로봇을 구동하는 수동 가이드 기술, 의사의 조작 편의성을 고려한 로봇·사용자 인터페이스 기술, 의료환경에 적합한 센서 선정 및 장착부 메커니즘 설계 기술, 마스터 장치를 이용해 슬레이브 로봇을 직관적으로 구동시키기 위한 매칭 기술 등이 요구된다.

셋째, 시뮬레이션 기술이다. 생체의 기관, 조직 등을 실제와 비슷하게 느낄 수 있도록 강성과 재질 등을 고려해 모델링하는 기술, 실제 수술실의 배치나 밝기 등 환경을 재현할 수 있도록 분석하고 모델링하는 기술, 가상공간에서 환부나 조직모델에 접촉하거나 힘을 가할 때 모델이 어떻게 변형, 거동할 것인지를 계산하고 예측하는 햅틱 렌더링 기술 등이 요구된다.

넷째, 수술용 로봇 관련 기술이다. 수술실 공간을 효율적으로 사용하고 환자에 대한 접근성을 확보하기 위한 로봇의 콤팩트 설계 기술, 직관적인 조작과 사용자 편의성을 갖춘 높은 수준의 조작성 및 강성을 고려한 최적 설계 기술, 의사와 환자의 안전을 고려한 로봇의 제어 기술, 다양한 수술 동작을 구현하기 위한 수술도구 설계 기술, 수술 계획 기술, 방사선 시술 환경에 적합한 재료의 선정 및 가공 기술 등이 요구된다.

다섯째, 의료용 내비게이션 기술이다. 3차원 위치계측시스템을 이용해 수술 도구와 환자의 3차원 위치 및 자세를 실시간으로 추적하는 기술, 수술계획 단계에서 취득한 진단영상과 수술 직전에 취득한 진단영상 간의 영상정합 기술, 수술도구를 환자의 환부에 도달시키기 위해 환자의 환부 위치 및 자세를 수술도구의 기준좌표계로 정의하는 공간정합 기술, 진단 영상(X-ray, CT, MRI 등)으로부터 얻어진 의료 영상의 노이즈 제거, 신체 내부 기관의 추출(Segmentation), 화질 향상 등의 영상 처리 기술 및 단면 이미지로부터 3차원 영상으로 가시화하는 기술 등이 요구된다.

여섯째, 재활 및 기타 의료 로봇 관련 기술이다. 정상적인 보행운동을 유도하기 위해 보행운동의 패턴, 관절의 움직임 등을 분

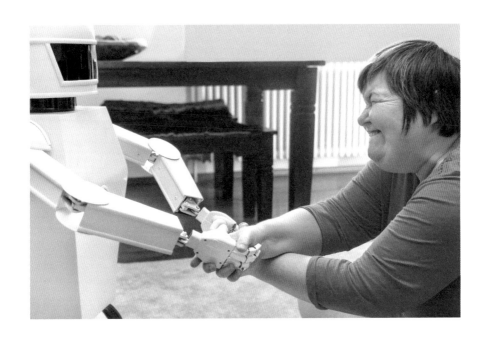

석하는 기술, 신체의 일부가 마비된 환자를 위해 정상적인 움직임을 기구로 재현해 주는 기술, 다양한 신체 특성을 가진 환자 개개인에게 빠른 시간 안에 맞춤형으로 세팅해 주는 기술, 환자의 자세를 분석해 치료 경과를 정량적으로 평가하는 기술, 생체신호를 기반으로 치료 경과를 점검하거나 능동적으로 로봇 관절을 구동하기 위한 생체신호 인터페이스 기술, 이동형 보조 로봇을 위한 휴먼·머신 인터페이스 기술, 주행경로계획 기술 및 모션플래닝 기술 등이 요구된다.

의료 로봇은 어디까지 와 있나

국제로봇연맹의 'World Robotics 2015'(2015년 9월)에 따르면, 2014년 세계 로봇 시장은 2013년 149억 달러 대비 12.3퍼센트 성장해 167억 달러로 증가했으며, 최근 5년 간 연평균 20퍼센트의 성장세를 보였다. 의료 로봇이 속한 서비스용 로봇 시장의 경우 2014년 59억 달러로 2013년 대비 11.2퍼센트 증가했으며, 최근 5년간 연평균 16퍼센트의 성장률을 나타냈다. 의료 로봇 시장은 2016년 49억 달러에서 연평균 21.1퍼센트 성장해 2021년에는 128억 달러 규모에 이를 것으로 전망된다. 이 중 수

세계 로봇 시장 규모 추이

(백만 달러)

구분		2009	2010	2011	2012	2013	2014	전년 대비	연평균 성장률
제조용		3,976	5,678	8,278	8,496	9,507	10,737	12.9%	22%
서비스용	전문	2,200	3,353	3,569	3,636	3,662	3,779	3.2%	11%
	개인	601	537	363	1,224	1,704	2,186	28.3%	29%
합계		6,777	9,568	12,483	13,356	14,873	16,702	12.3%	20%

출처: World Robotics 2015, IFR

술용 로봇이 전체 의료 로봇 시장의 60퍼센트에 달할 것으로 예상되는데 이는 로봇 시스템의 확장, 영상 플랫폼과의 결합, 캡슐 로봇 시스템 등의 기술 진보뿐만 아니라 인구 고령화, 신경 및 정형외과 장애 발생률 상승, 원격 진료 수요 증가 등으로 인해 수술용 로봇 시장의 성장세가 두드러질 것으로 기대되기 때문이다.

2016년 세계 40개 의료 로봇 업계 영업 수익은 74억 7천만 달러이며, 향후 5년간 15퍼센트 가량 안정적으로 성장해 2020년에는 114억 달러에 이를 것으로 예측했다.

의료 로봇의 용도별 국내 생산액 현황

(백만 원)

구분	2012년	2013년	2014년	2013년 대비 증감률
복강경 수술 로봇	400	400	15,400	3,750%
관절 수술 로봇	401	0	0	–
혈관 수술 및 내시경 수술 로봇	0	300	600	100%
내비게이션 기반 수술 로봇	0	0	0	–
수술용 로봇 수술 도구	0	150	0	–
재활훈련용 로봇	1,669	1,989	2,000	0.6%
의료 진단 및 검사용 로봇	145	0	3,000	0%
환자 이동용 리프트침대 로봇	0	200	0	0%
기타 의료 로봇	487	5,765	1,041	△81.9%
총계	3,102	8,804	22,041	150.4%

출처: 2014 로봇산업실태조사, 한국로봇산업협회

수술로봇 국내 시장 전망

(백만 달러)

구분	2013년	2014년	2015년	2016년	2017년	2018년	연평균 성장률
한국	10.9	13.4	17.9	24.4	32.9	49.1	45.1%

출처: 프로스트앤설리번, "Image-guided Surgery and Robot-assisted Surgery Market in Asia-Pacific"(2014)

특히 수술용 로봇의 시장 규모는 전체 로봇 시장의 60퍼센트에 달할 것이라고 전망했고, 현재 의료 로봇 시장은 북미 지역이 최대 시장이며 향후 아시아 시장으로 이동할 것이라고 밝혔다. 중국 투자자문공사는 '2016~2020년 중국 의료 로봇(300024)산업 심도 연구 및 투자전망 예측 보고'에서 향후 의료기기는 인공지능 위주로 발전될 것이며, 특히 의료 로봇 시장점유율은 점점 증가할 것이라고 밝혔다.

한편 한국로봇산업협회에서 499개 업체를 대상으로 한 '2014 로봇산업 실태조사'에 따르면, 국내 의료 로봇은 2012년 이후 지속적인 성장세를 보이며 2014년 220억 원으로 전년 대비 150.4퍼센트 성장세를 보였고 전문서비스용 로봇 시장에서 의료 로봇이 가장 큰 규모를 차지하고 있다. 의료 로봇의 용도별 국내 생산액 추이를 보면, 2014년 복강경 수술 로봇이 154억 원으로 2013년(4억 원) 대비 3,750퍼센트로 크게 증가했고 의료 로봇 중 가장 높은 생산액을 기록했다. 의료진단 및 검사용 로봇

은 30억 원, 재활훈련용 로봇은 20억 원으로 그 뒤를 잇고 있다. 관절 수술 로봇, 내비게이션 기반 수술 로봇, 수술용 로봇 수술도구, 환자 이동용 리프트 침대 로봇은 저조한 수치를 보였다. 미국 컨설팅회사 프로스트앤설리번(Frost&Sullivan)에서 발표한 'Image-guided Surgery and Robot-assisted Surgery Market in Asia-Pacific' 자료에 따르면 한국의 수술 로봇 시장의 경우 2018년까지 연평균 45.1퍼센트로 성장할 것이라고 예측했다.

주요 로봇 개발 사례

첫 번째는 자율 수술 로봇의 사례다. 2016년 돼지의 내장 봉합수술을 효과적으로 완료한 자율 수술 로봇 스타(Smart Tissue Autonomous Robot: STAR)가 주목을 받았다. 스타는 봉합술 도구와 의료 영상 기술이 탑재된 로봇 팔로 구성돼 있다. 이 로봇은 봉합을 할 부분과 방법을 찾기 위해 최고의 외과수술 정보가 담긴 컴퓨터 프로그램

인터치헬스의 텔레메디슨 로봇

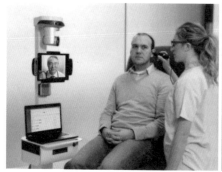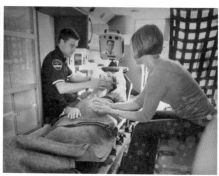

출처: 인터치헬스 홈페이지

을 사용한다. 스타는 세계에서 최초로 연조직(Soft Tissue)을 봉합한 로봇이다.

두 번째 사례는 마이크로 혈관 치료 로봇이다. 지름 1mm 이하 크기의 마이크로 로봇이 혈관 속을 타고 다니면서 병변 관찰 및 제거에 활용되며 치료 및 검사, 의료용 마이크로 로봇 개발이 활성화되고 있다. 특히 혈관 치료 로봇은 최첨단 기술이며 한국의 경우 인체 혈관 이동형의 자체 추진기로 인체의 미세한 혈관에서 자유롭게 이동하면서 노폐물 등을 제거할 수 있는 의료용 마이크로 로봇을 세계 최초로 개발했다. 현재 극소형 로봇의 경우 에너지원, 구동, 제어 등을 해결하기 위해 연구 중이다.

세 번째 사례로 박테리아 기반 의료 로봇이 있다. 전남대 연구팀은 2016년 대장암, 유방암 등 고형암(고형장기에 발생하는 암으로

대장암, 유방암, 위암, 간암, 췌장암 등)을 추적하고 치료할 수 있는 의료용 마이크로 로봇을 개발했다. 이 마이크로 로봇은 직경 약 20마이크로미터의 크기로 자체 암 지향성을 지닌 대식세포를 약물 전달체로 이용해 효율적인 암 치료가 가능하며 면역세포를 이용한 방식은 인체에 거부반응이 없고 자기장 구동 기술과 결합돼 더욱 진보된 항암 치료 기술로 활용될 것이라고 한다.

네 번째, 원격 상담 로봇이 있다. 인터치헬스(InTouch Health)의 텔레메디슨(Telemedicine)은 원격으로 환자와 상담할 수 있도록 개발된 로봇으로 영상을 통해 멀리 떨어진 의사와 환자가 상담을 하고, 그에 따른 처방을 내려줄 수 있는 장비로 장거리 이동 시간을 줄일 수 있으며, 의사와 간호사들이 신기술을 습득해 환자 치료

경제읽어주는남자의 디지털 경제지도

에 전념할 수 있도록 개발돼 큰 호응을 받고 있다. 특별히 뇌졸중 환자들을 보살피고 치료하는 시설에서 많이 활용되고 있다. 자동으로 구동하며 영상 화면과 카메라, 그리고 기타 기능성 부품으로 구성돼 있고 2013년에 미국식품의약국(FDA) 인증을 획득한 후 의료시설과 의료 서비스 제공업체, 그리고 대학병원 등에서 사용되고 있다.

4장
바다에서 경주하는
'토끼와 거북이' 편

거북이가
이기는 버전이 시작됐다

바다에서 경주하자고 했어야지

다시 강조하지만 지금까지 소개했던 디지털 트랜스포메이션의 모습은 미래의 모습이 아닙니다. 현재 지구상 어딘가에서 실현된 모습입니다. 세상이 정말 많이 바뀌고 있지요? 세상이 얼마나 디지털 트랜스포메이션 되고 있는지 체감하고 계십니까?

우리가 너무 잘 아는 '토끼와 거북이' 이야기를 떠올려보시죠. 토끼와 거북이 이야기에 깔린 중요한 전제가 있습니다. 토끼와 거북이가 '산'에서 경주를 했다는 점입니다. 바다에서 경주를 했다는 이야기가 아닙니다. 전제가 바뀌면 이야기도 바뀌고 결과도 바뀝니다. 만약 토끼와 거북이가 바다에서 달리기를 했다면 누가 이겼을까요? 바다거북이가 얼마나 빠른대요! 물속에서 바다거북이를 본 스쿠버다이버들은 잘 알고 계시죠.

변곡점에 서다

지금 우리가 사는 세상의 변화는 '산'에서 '바다'로의 전환
이라고 할 만큼 강력합니다. 그렇다면 산에서의 경주를 준비
할 때와 바다에서의 경주를 준비해야 할 때 갖춰야 할 것이
다르지 않겠습니까?

산에서의 달리기를 준비할 때는 운동화 끈을 조여 맨다든
가 고기능의 러닝화나 러닝복을 산다든가 등의 노력을 해야
할 것입니다. 그러나 바다에서의 경주를 준비할 때는 운동화
끈을 조여 매는 노력 따위는 통하지 않습니다. 운동화 대신
오리발을 준비하거나 차라리 맨발로 나서야 할 것입니다. 이

경제읽어주는남자의 디지털 경제지도

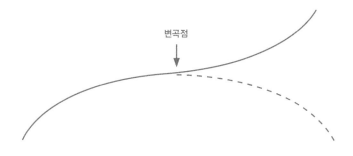

변곡점

렇게 우리의 환경과 산업이 근본적으로 변화하고 있음을 보여주는 중요한 용어가 바로 변곡점(Inflection Point)입니다. 수학적으로 기울기가 점점 0이 되다가 기울기가 올라갈지 내려갈지 모르는 시점을 말합니다. 변곡점에서 중요한 것은 앞으로 미래가 어떻게 전개될지 내다보지 않는 정부나 기업이나 개인은 변곡점 지점에서 하강한다는 사실입니다. 앞서 등장했던 토이저러스나 시어스, 코닥의 모습으로 남을 수 있다는 얘기입니다.

팩트로 얘기해봅시다

우리는 산에서 경주를 하다가 바다에서 경주를 해야 하는, 전혀 새로운 게임의 참가자입니다. 우리는 어떻게 해야 할까요? 이러한 변화는 비단 기업의 얘기만은 아닙니다. 모든 개인의 문제입니다. 개인은 수많은 다른 개인과 조직과 나라와 함께 유기적으로 얽혀 있으며 거대한 시대의 조류 속에 몸담고 있기 때문입니다. 따라서 세상의 변곡점과 근본적인 변화를 통찰한다는 것은 자신의 인생 변곡점, 인생 리셋의 기회를 준비한다는 의미입니다.

이 얘기를 객관적으로 접근해봅시다. 팩트를 통해 본인이 속한 회사의 역량과 자신의 직업 및 능력을 점검해보고 변화의 방향을 모색해보시길 바랍니다.

노동과 고용구조의 변화를 살피는 데서 시작해보죠. 필자인 제가 현대경제연구원 재직 중에 발표했던 보고서 〈고용의 10대 구조적 변화〉 내용 중에서 '만15~64세 생산가능인구 추이'를 살펴보겠습니다. '생산가능인구'의 정의는 만15세 이상의 모든 사람입니다. 그 중 '만15~64세 사이'의 생산가능인구의 추이를 보여주는 것이 바로 이 그래프입니다. 보시는 대로 만15~64세 사이의 생산가능인구가 2010년대 중반을

만15~64세 생산가능인구 추이

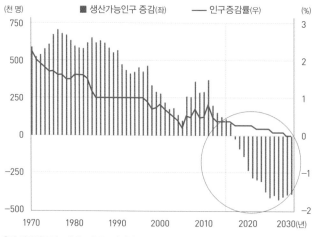

출처: 김광석(2014) 고용의 10대 구조적 변화

기점으로 줄기 시작합니다. 전체 인구는 증가 속도가 둔화되다가 2032년부터 감소하기 시작합니다. 즉 2032년부터는 인구증감률이 마이너스로 바뀌는 모습이지요. 한창 일할 때라고 보는 나이 대에 있는 사람의 수가 15년도 안 되서 줄기 시작합니다. 줄어드는 인구 가운데서 이 책을 읽는 독자 여러분의 나이대가 일할 기회는 충분할까요?

'연령대별 취업자비중 추이'를 보여주는 표를 보시죠. 1980년대에는 청년층이 전체 취업자 수에서 차지하는 비중이 약 30퍼센트(정확히 28.5퍼센트)였습니다. 참고로 청년층은 만15세에서 만29세까지를 말합니다. 1990년대는 30대가 약 30퍼센트(정확히 29.7퍼센트)를 차지합니다. 2000년대 들어서는 40대가 약 30퍼센트(정확히 27.8퍼센트), 2010년대 들어서는 장년층(만50세~만64세)이 약 30퍼센트(정확히 29.9퍼센트)를 차지합니다. 만65세 이상은 노년층에 속합니다.

그런데 장년층이 2025년이 되면 노년층으로 이탈하기 시

연령대별 취업자비중 추이

(%)

구분	1980년대	1990년대	2000년대	2010년대
청년층	28.5	23.1	16.8	15.2
30대	27.6	29.7	24.8	21.5
40대	21.7	24.1	27.8	25.3
장년층	18.8	18.6	24.0	29.9
노년층	3.3	4.5	6.6	8.1

출처: 김광석(2017, 2019) 고용의 10대 구조적 변화
주: 각 년대는 말년 기준임(1989년 말, 1999년 말, 2009년 말, 2016년 말)

작합니다. 전체 취업자 수에서 약 30퍼센트를 차지하던 장년
층이 이탈하기 때문에 2025년쯤이 되면 새로운 고용환경이
펼쳐집니다. 물론 만65세 이상도 일하고 계실 분이 많을 겁니
다. 노년층의 취업자 수 비중이 느는 추세니까요. 그러나 현재
가장 많은 비중을 차지하는 장년층 취업자가 노동시장에서
이탈하면서, '일자리 부족'이 아닌 '인력 부족'의 시대로 전환
될 것입니다. 지금 자라는 청소년들에게는 '하고 싶은 일'을
할 수 있는 시대가 올 것입니다.

그렇다면 어떤 준비가 필요할까요? 먼저 '하고 싶은 일들'
이 무엇인지 찾고, 그 중에서 '내가 잘할 수 있는 일'을 골라
야 합니다. 디지털 트랜스포메이션이라는 거대한 물결도 이
해해야 합니다. 2025년쯤에는 전혀 다른 능력과 인재가 필요
할 겁니다. 세상의 흐름을 이해해야만 지금 우리 개개인이 무
엇을 준비해야 할지 점검할 수 있습니다. 이런 관점에서 일의

미래, 직업의 미래를 생각해야 할 때입니다.

팩트로 말하는 글로벌 기업의 인재 조건

2018년 세계경제포럼(World Economic Forum)은 '미래 일자리 보고서 2018(The Future of Job's Report 2018)'을 발표했습니다. 이 보고서는 전 세계 생산량의 70퍼센트를 차지하는 기업들의 인사 책임자들을 대상으로 조사 분석한 결과물로, 글로벌 기업들이 어떤 인재를 원하는지가 구체적으로 드러나 있습니다.

보고서에 따르면, 2022년까지 기업들이 도입할 것으로 보이는 주요 기술로는 빅데이터 분석, 앱이나 웹에 기반한 시장(예를 들면 전자상거래, 온라인 쇼핑 등), 사물인터넷, 머신러닝, 가상증강현실, 암호와, 웨어러블 전자기기, 블록체인, 신소재, 3D 프린팅 등이 있습니다. 쉽게 말해 4차 산업혁명의 기반이 되는 기술들이죠. 이미 우리나라도 대기업을 포함해 테크기업들이 인공지능 전문가들을 열심히 찾고 있습니다. 보고서에서 말한 기술들을 미래 경쟁력으로 갖추기 위해서 해당분야 전문 인력을 찾고 있지만 부족하다는 얘기죠. 인공지능을 전공한 전문가가 별로 없는데 어떻게 대학에서 인공지능을 배운 사람이 많겠습니까?

보고서에 있는 또 다른 의미 있는 표를 살펴보겠습니다. 2018년 사람이 하던 일이 2022년에 기계로 얼마나 대체되는지 보여주는 표입니다. 다음 페이지에 있는 표를 참조하시죠.

어떤 영역을 막론하고 기계가 인간을 대체하는 비중이 커진다는 사실을 알 수 있습니다. 그런데 주목해야 할 점이 있습니다. 상당히 많은 영역에서 기계가 대신하지만 어떤 영역은 기계로 완전히 대체할 수 없다는 것입니다. 대표적으로 의사결정, 계획, 조정, 관리 분야는 사람이 직접 할 수밖에 없습니다. 또 의사소통하거나 사람 사이의 교류도 마찬가지입니다. 반면 입사서류 정리나 검증과 같은 채용과정은 기계가 진행합니다. 사람이 원서를 읽지 않습니다.

정리하면, 기계로 대체되는 일들은 '누가 더 빨리하느냐, 누가 더 잘 외우느냐'의 영역에 해당됩니다. 이런 일을 잘해봐야 아무 의미도 없습니다. 암기는 접어야 합니다. 미래는 교과서

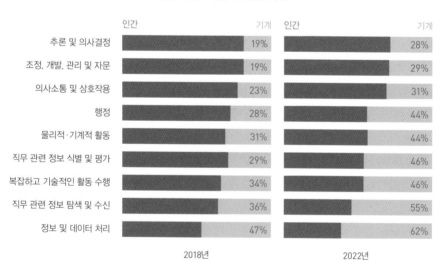

인간-기계의 작업시간 변화 예측

	2018년 인간	2018년 기계	2022년 인간	2022년 기계
추론 및 의사결정		19%		28%
조정, 개발, 관리 및 자문		19%		29%
의사소통 및 상호작용		23%		31%
행정		28%		44%
물리적·기계적 활동		31%		44%
직무 관련 정보 식별 및 평가		29%		46%
복잡하고 기술적인 활동 수행		34%		46%
직무 관련 정보 탐색 및 수신		36%		55%
정보 및 데이터 처리		47%		62%

출처: 세계경제포럼(2018)의 '미래 일자리 리포트'

경제읽어주는남자의 디지털 경제지도

를 펴 놓고도 풀 수 없는 문제를 풀어야 하는 시대입니다. 자료를 해석·분석하고 미묘한 사안에 대해 의사결정해야 하는 시대입니다. 더 빨리 계산하고 더 빨리 외우는 교육은 무의미합니다. 흔히 말하는 창의적 역량이 요구된다는 겁니다.

지금까지 우리나라의 산업은 미국이나 유럽의 리딩 기업들의 모델과 행태를 그대로 답습해서 성장했습니다. 얼마나 빨리 따라가느냐로 결정된 겁니다. 고민이나 창조적 해결법이 필요하지 않았죠. 빨리 복사해서 붙이면 되는 일이었습니다. 그러나 이제는 상황이 바뀌었습니다. 이제 우리가 저들을 리드해가야 하는 지점에 섰습니다. 누군가 이미 닦아놓은 길을 가야 하는 것이 아니라 없는 길을 만들어서 가야 하는 시대입니다.

2022년 기업이 원하는 인재의 역량과 그렇지 않은 역량 톱10

	2022년 가치가 올라가는 역량	2022년 가치가 내려가는 역량
1	분석적 사고와 혁신	손재주, 인내력, 정확성
2	적극적 학습과 학습 전략	기억력, 언어능력, 청각적·공간적 능력
3	창의성, 독창성, 주도성	재무, 원자재 관리
4	기술 설계와 프로그래밍	기술 설치 및 유지보수
5	비판적 사고와 분석력	읽기, 쓰기, 산술적 계산, 적극적 청취
6	복잡한 문제를 해결하는 능력	인사관리
7	리더십과 사회적 영향력	품질관리, 안전의식
8	감성 지능	협업능력, 시간관리
9	추론, 문제해결 능력과 아이디어 발상	시각, 청각, 스피치 능력
10	시스템 분석 및 평가	기술 이용, 감독, 통제

출처: 세계경제포럼(2018)의 '미래 일자리 리포트'

세계경제포럼이 밝히는 2022년에 기업이 요구하는 인재의 능력은 무엇일까요? 앞의 표를 한번 보시죠. 대표적으로 분석적 사고, 혁신성, 창의성, 감성 지능을 들 수 있고요. 반대로 손재주, 기억력, 단순한 읽기나 쓰기 능력은 중요하지 않습니다. 보고 읽은 것에서 의미를 유추하고 분석하는 능력이 필요하다는 거지요.

바뀐 기술을 요구하는 흐름에 기업이 어떻게 대응하는지 살펴보면 미래 인재가 어떤 능력을 갖춰야 하는지 더 잘 드러납니다. 기업들이 가장 많이 채택한 전략은 '신기술을 갖고 있는 사람을 정규직으로 뽑겠다'는 겁니다. 두 번째는 관련 업무 자동화, 세 번째가 기존 직원 재교육입니다. 세 번째 전략을 보통 업스킬(up-skill), 리스킬(re-skill) 또는 업스킬링(up

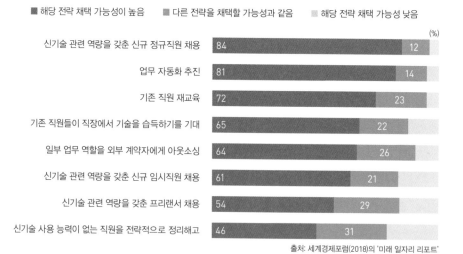

2022년 바뀐 기술 요구에 대응하는 기업 전략

■ 해당 전략 채택 가능성이 높음　　■ 다른 전략을 채택할 가능성과 같음　　■ 해당 전략 채택 가능성 낮음

		(%)
신기술 관련 역량을 갖춘 신규 정규직원 채용	84	12
업무 자동화 추진	81	14
기존 직원 재교육	72	23
기존 직원들이 직장에서 기술을 습득하기를 기대	65	22
일부 업무 역할을 외부 계약자에게 아웃소싱	64	26
신기술 관련 역량을 갖춘 신규 임시직원 채용	61	21
신기술 관련 역량을 갖춘 프리랜서 채용	54	29
신기술 사용 능력이 없는 직원을 전략적으로 정리하고	46	31

출처: 세계경제포럼(2018)의 '미래 일자리 리포트'

경제읽어주는남자의 디지털 경제지도

-skilling), 리스킬링(re-skilling)이라고 합니다. 기존 역량에 새로운 지식을 더하고 기술을 배워서 업그레드 하는 것을 말합니다. 주목할 만한 기업 전략 중 하나는 다섯 번째입니다. 즉 아웃소싱입니다. 프리랜서를 고용하겠다는 하위의 전략과도 일맥상통합니다. 해당 인력이 기업에서 상시 필요하지는 않기에 그때그때 고용하겠다는 겁니다. 프리랜서 전성시대가 온다는 얘기가 이런 얘기입니다. 자신에게 독보적이고 전문적인 능력과 역량이 있다면 어느 기업과도 자유롭게 언제든 일할 수 있는 겁니다. 지금과는 전혀 다른 고용구조 속 일자리죠.

보셨다시피 미래에는 여러 산업영역에서 사라지는 일자리와 등장하는 일자리가 있습니다. 다시 말하면 '일자리 규모'에 변화가 생긴다기보다는 '일자리 구조'가 바뀐다고 해석하는 게 맞습니다. 매뉴얼에 맞게 착실하게 실행할 줄 아는 인력 대신 디지털 혁신과 휴먼터치(human touch) 분야에 능력 있는 인력이 채용됩니다. 일자리 구조에 변화가 생기는 겁니다. 이러한 구조 변화에 무엇을 준비하고 계십니까? 기업은 고용의 구조변화에 맞춤화된 인적자원관리 전략이 필요합니다. 개인은 의사소통능력, 창의력, 자기주도적 학습능력, 융합적 사고력을 가져야 합니다.

일상이 디지털 트랜스포메이션

지금까지 말한 이 모든 변화를 한마디로 '디지털 트랜스포메이션'의 결과라고 말할 수 있습니다. 세계의 가치 변화에 서부터 산업의 패러다임, 기업의 비즈니스 모델, 일자리 문제, 국가 전략, 개인의 삶의 방식… 현재 인간 활동과 관련된 모든 문제에 디지털 트랜스포메이션은 연결되어 있습니다.

이 책을 읽는 분 중에 영세업체, 중소기업, 골목가게 운영자가 계시나요? 혹시 디지털 트랜스포메이션이 일부 대기업과 IT기업, 특정 개인들의 생존 문제라고 생각하시지는 않나요? 그렇다면 스마트폰이 얼마나 빠르게 초등학생과 노인의 일상생활에까지 침투했는지 떠올려 보십시오. 디지털 트랜스포메이션은 일상입니다. 삶입니다.

제가 역삼동에서 찍은 어느 슈퍼마켓 유리창에 붙은 홍보물을 끝으로 마무리하겠습니다. 역삼동에 많은 구멍가게가 있을 테지만 이 구멍가게가 디지털 트랜스포메이션을 보여주는 모습은 감동적이기까지 합니다. 이 가게는 모바일 주문이 가능하도록 서비스하고 있습니다. '장보기 귀찮아. 우리 슈퍼는 모바일 주문 가능합니다'라는 문구가 이를 말해주지요. 구멍가게 나름대로 디지털 트랜스포메이션 흐름에 맞춰 나가려는 움직임입니다.

모든 구멍가게에게 대응하기 어려운 변화가 찾아왔지만, 이 구멍가게는 변화에 적절히 대응하고 있는 모습입니다. 세상이 변하는데, '나는' 변하지 않을 것입니까? 환경이 산에서 바다로 바뀌는데, '나는' 여전히 운동화 끈을 조여 매고 있습니까? '나도' 변화된 환경을 이해하고, 그 환경에 적합한 준

비를 해야 할 때입니다. 디지털 트랜스포메이션이라는 거대한 파도, 거스를 수 없습니다. 파도를 잘 이해하고, 잘 타야 합니다.

본문 사진 크레딧

16쪽 Sharaf Maksumov/Shutterstock.com 22쪽 Leonard Zhukovsky/Shutterstock.com(상단 왼쪽), bunlee/Shutterstock.com(상단 오른쪽), IVY PHOTOS/Shutterstock.com(하단 왼쪽), gcpics/Shutterstock.com(하단 오른쪽) 36쪽 Seika Chujo/Shutterstock.com(가운데) 42쪽 Yourg/Shutterstock.com(왼쪽) 45쪽 S. Kuelcue/Shutterstock.com 48쪽 FREEDOMPIC/Shutterstock.com 52쪽 aminkorea/Shutterstock.com 58쪽 Syafiq Adnan/Shutterstock.com 65쪽 Flystock/Shutterstock.com 70쪽 Seika Chujo/Shutterstock.com(왼쪽) 73쪽 Paolo Bona/Shutterstock.com 74쪽 Sorbis/Shutterstock.com(왼쪽), zauganize/Shutterstock.com(오른쪽) 77쪽 SamaraHeisz5/Shutterstock.com 83쪽 RoseyPhotos/Shutterstock.com 86쪽 Shaynepplstockphoto/Shutterstock.com 90쪽 OpturaDesign/Shutterstock.com 101쪽 Piotr Swat/Shutterstock.com 102쪽 pianodiaphragm/Shutterstock.com(왼쪽), Sibuet Benjamin/Shutterstock.com(오른쪽) 124쪽 SergeevDen/Shutterstock.com 216쪽 VDB Photos/Shutterstock.com 219쪽 Sergej Cash/Shutterstock.com(오른쪽) 283쪽 Khairil Azhar Junos/Shutterstock.com

133쪽 (왼쪽부터) Flickr by Paul Joseph, CC BY/Flickr by Timothy Takemoto, CC BY / Flickr by Gavin Whitner, CC BY

경제읽어주는남자의
디지털 ♀
경제지도

지은이 | 김광석

1판 1쇄 발행 | 2019년 4월 17일
1판 3쇄 발행 | 2020년 1월 8일

펴낸곳 | (주)지식노마드
펴낸이 | 김중현
디자인 | 제이알컴
등록번호 | 제313-2007-000148호
등록일자 | 2007. 7. 10

(04032) 서울특별시 마포구 양화로 133, 1201호(서교동, 서교타워)
전화 | 02) 323-1410
팩스 | 02) 6499-1411
홈페이지 | knomad.co.kr
이메일 | knomad@knomad.co.kr

값 16,000원

ISBN 979-11-87481-56-0 03320

이 도서의 국립중앙도서관 출판예정도서목록(CIP)은 서지정보유통지원시스템 홈페이지(http://seoji.nl.go.kr)와
국가자료공동목록시스템(http://www.nl.go.kr/kolisnet)에서 이용하실 수 있습니다.(CIP제어번호: CIP2019011891)

* 잘못 만들어진 책은 구입하신 서점에서 교환해 드립니다.